JavaScript für Ungeduldige

Cay Horstmann ist Hauptautor von *Core Java*™, Band I und II, 11. Auflage (Pearson, 2018), *Scala for the Impatient*, 2. Auflage (Addison-Wesley, 2016) und *Core Java SE 9 for the Impatient* (Addison-Wesley, 2017). Er ist emeritierter Professor für Informatik an der San José State University (Kalifornien, USA), Java-Champion und häufiger Redner auf Konferenzen der Computerbranche.

Cay Horstmann

JavaScript für Ungeduldige

Der schnelle Einstieg in modernes JavaScript

Cay Horstmann

Lektorat: Melanie Andrisek
Übersetzung: Volkmar Gronau
Copy-Editing: Alexander Reischert, *www.aluan.de*
Satz: G&U Language & Publishing Services GmbH, Flensburg, *www.GundU.com*
Herstellung: Stefanie Weidner
Umschlaggestaltung: Helmut Kraus, *www.exclam.de*
Druck und Bindung: mediaprint solutions GmbH, 33100 Paderborn

Bibliografische Information der Deutschen Nationalbibliothek
Die Deutsche Nationalbibliothek verzeichnet diese Publikation in der Deutschen Nationalbibliografie; detaillierte bibliografische Daten sind im Internet über *http://dnb.d-nb.de* abrufbar.

ISBN:
Print 978-3-86490-801-9
PDF 978-3-96910-093-6
ePub 978-3-96910-094-3
mobi 978-3-96910-095-0

1. Auflage 2021

Wieblinger Weg 17
69123 Heidelberg

Hinweis:
Dieses Buch wurde auf PEFC-zertifiziertem Papier aus nachhaltiger Waldwirtschaft gedruckt. Der Umwelt zuliebe verzichten wir zusätzlich auf die Einschweißfolie.

Schreiben Sie uns:
Falls Sie Anregungen, Wünsche und Kommentare haben, lassen Sie es uns wissen: hallo@dpunkt.de.

5 4 3 2 1 0

Inhalt

Für Chi, die geduldigste Person in meinem Leben

Vorwort

Erfahrene Programmierer, die mit Sprachen wie Java, C# oder C++ vertraut sind, finden sich oft in Situationen wieder, in denen sie mit JavaScript arbeiten müssen. Das liegt daran, dass es immer mehr webgestützte Benutzerschnittstellen gibt und JavaScript nun einmal die *Lingua franca* der Browser ist. Das Electron-Framework hat die Anwendung dieser Sprache auf Rich-Client-Anwendungen ausgedehnt, und es gibt verschiedene Möglichkeiten, um JavaScript-Apps für Mobilgeräte zu erstellen. Auch serverseitig wird JavaScript immer häufiger eingesetzt.

Vor vielen Jahren galt JavaScript als eine Sprache zur Programmierung im Kleinen. Ihre Features konnten für umfangreiche Programme ziemlich verwirrend und fehleranfällig sein. Mit den heutigen Standardisierungsbemühungen und dem Angebot an Werkzeugen hat die Sprache sich jedoch weit über diese bescheidenen Anfänge hinaus entwickelt.

Leider ist es schwierig, modernes JavaScript zu lernen, ohne mit veraltetem JavaScript überschüttet zu werden. In den meisten Büchern, Kursen und Blogposts geht es um den Übergang von älteren JavaScript-Versionen, was für Personen nicht hilfreich ist, die von anderen Sprachen kommen.

Das ist die Lücke, die ich mit diesem Buch füllen möchte. Ich gehe davon aus, dass Sie bereits ein kompetenter Programmierer sind und sich mit Verzweigungen und Schleifen, Funktionen, Datenstrukturen und den Grundlagen der objektorientierten Programmierung auskennen. Ich erkläre Ihnen, wie Sie in modernem

JavaScript produktiv arbeiten können, und erwähne veraltete Merkmale nur am Rande. Sie lernen hier, wie Sie modernes JavaScript nutzen, ohne über die Fallstricke der Vergangenheit zu stolpern.

JavaScript ist nicht perfekt, aber es hat sich für die Programmierung von Benutzerschnittstellen und für viele serverseitige Aufgaben als gut geeignet erwiesen. Wie Jeff Atwood es einmal vorausschauend formulierte: »Jede Anwendung, die in JavaScript geschrieben werden *kann*, *wird* irgendwann auch in JavaScript geschrieben.«

Arbeiten Sie dieses Buch durch, um zu lernen, wie Sie die nächste Version Ihrer Anwendung in modernem JavaScript schreiben können.

Fünf goldene Regeln

Wenn Sie auf einige wenige klassische Features von JavaScript verzichten, können Sie das Maß an geistiger Anstrengung erheblich verringern, um die Sprache zu erlernen und anzuwenden. Die folgenden Regeln werden Ihnen jetzt zwar noch nicht viel sagen, aber ich führe Sie hier trotzdem zum späteren Nachschlagen auf – auch um Ihnen zu zeigen, wie beruhigend wenige es sind:

1. Deklarieren Sie Variablen mit `let` oder `const`, nicht mit `var`.
2. Verwenden Sie den strikten Modus.
3. Seien Sie sich immer über die Typen im Klaren und vermeiden Sie die automatische Typkonvertierung.
4. Machen Sie sich damit vertraut, wie Prototypen funktionieren, aber verwenden Sie für Klassen, Konstruktoren und Methoden die moderne Syntax.
5. Verwenden Sie `this` nicht außerhalb von Konstruktoren und Methoden.

Darüber hinaus gibt es noch eine Metaregel: *Schauen Sie sich keinen Wat-Code an*, also diese verwirrenden Ausschnitte aus JavaScript-Code, die mit einem sarkastischen (und orthografisch nicht korrekten) »Wat?!« kommentiert sind. Manche Leute haben Spaß daran zu zeigen, wie furchtbar JavaScript angeblich ist, indem sie obskuren Code analysieren. Aus solchen Übungen habe ich jedoch nie etwas Sinnvolles mitgenommen. Welchen Vorteil bietet es Ihnen etwa zu wissen, dass `2 * ['21']` den Wert `42` ergibt, `2 + ['40']` aber nicht, wenn Ihnen die goldene Regel Nr. 3 klipp und klar sagt, dass Sie nicht mit Typkonvertierungen herumdoktern sollten? Wenn ich in eine solche verwirrende Situation gerate, frage ich mich normalerweise, wie ich sie vermeiden kann, anstatt sie in allen unnützen Einzelheiten zu erklären.

Lernstoff von unterschiedlichem Niveau

Den Lernstoff in diesem Buch habe ich so angeordnet, dass Sie die benötigten Informationen leicht wiederfinden können, wenn Sie sie brauchen. Das ist allerdings nicht unbedingt die richtige Anordnung, wenn Sie das Buch zum ersten Mal lesen. Um Ihnen das Lernen zu erleichtern, habe ich jedes Kapitel mit einem Symbol für das Niveau des behandelten Stoffs versehen. Einzelne Abschnitte, die auf einem höheren Niveau angesiedelt sind, bekommen dabei ihre eigenen Symbole. Lassen Sie diese Abschnitte bei der ersten Lektüre aus und lesen Sie sie erst dann, wenn Sie dazu bereit sind.

Zur Kennzeichnung habe ich die folgenden Symbole verwendet:

Der ungeduldige Hase steht für ein **grundlegendes Thema**, das selbst die ungeduldigsten Leser nicht überspringen sollten.

Alice kennzeichnet ein Thema von **mittlerem Niveau**, mit dem sich die meisten Programmierer vertraut machen sollten, allerdings nicht unbedingt beim ersten Lesen.

Die Grinsekatze weist auf ein **fortgeschrittenes Thema** hin, das Framework-Entwicklern ein Lächeln entlocken mag. Die meisten Anwendungsentwickler können diese Abschnitte jedoch getrost ignorieren.

Der verrückte Hutmacher schließlich kennzeichnet **komplizierte Themen**, die einen in den Wahnsinn treiben können und sich nur für Leser mit krankhafter Neugier eignen.

Der Aufbau dieses Buches

In **Kapitel 1** legen wir mit den Grundlagen von JavaScript los: mit Werten und ihren Typen, mit Variablen und vor allem mit Objektliteralen. **Kapitel 2** behandelt den Steuerungsfluss. Wenn Sie mit Java, C# oder C++ vertraut sind, können Sie dieses Kapitel wahrscheinlich einfach überfliegen. In **Kapitel 3** lernen Sie Funktionen und die funktionale Programmierung kennen, die in JavaScript eine große Rolle spielt. JavaScript hat zwar ein Objektmodell, allerdings unterscheidet es sich stark von dem klassengestützter Programmiersprachen. **Kapitel 4** beschreibt dieses Objektmodell ausführlich, wobei der Schwerpunkt auf der modernen Syntax liegt. Die **Kapitel 5 und 6** behandeln die Bibliotheksklassen, die Sie am häufigsten zur Arbeit mit Zahlen, Datumsangaben, Strings und regulären Ausdrücken verwenden werden. Diese ersten sechs Kapitel sind auf grundlegendem Niveau, wobei einige etwas anspruchsvollere Abschnitte eingestreut wurden.

Die folgenden vier Kapitel behandeln Themen von mittlerem Niveau. In **Kapitel 7** erfahren Sie, wie Sie mit Arrays und anderen Sammlungstypen aus der JavaScript-Standardbibliothek arbeiten. Wenn Ihr Programm von Benutzern in aller Welt verwendet wird, sollten Sie der Internationalisierung besondere Aufmerksamkeit schenken, um die es in **Kapitel 8** geht. **Kapitel 9** über asynchrone Programmierung ist für alle Programmierer äußerst wichtig. Die asynchrone Programmierung war in JavaScript ziemlich kompliziert, ist mit der Einführung von Promises und der Schlüsselwörter `async` und `await` aber viel einfacher geworden. Außerdem hat JavaScript jetzt ein standardmäßiges Modulsystem, das Thema von **Kapitel 10** ist. Darin erfahren Sie, wie Sie Module von anderen Programmierern nutzen und ihre eigenen schreiben können.

In **Kapitel 11** geht es um Metaprogrammierung auf fortgeschrittenem Niveau. Sie sollten es lesen, wenn Sie Werkzeuge erstellen, um beliebige JavaScript-Objekte zu analysieren und umzuwandeln. **Kapitel 12** schließt die Erörterung von JavaScript mit einem weiteren fortgeschrittenen Thema ab, nämlich Iteratoren und Generatoren: zwei äußerst nützliche Mechanismen, um beliebige Folgen von Werten zu durchlaufen und zu produzieren.

Schließlich gibt es noch ein Bonuskapitel, nämlich **Kapitel 13** über TypeScript. Dabei handelt es sich um eine Erweiterung von JavaScript, die eine Typüberprüfung zur Kompilierzeit bietet. Es gehört nicht zum JavaScript-Standard, ist aber sehr populär. Lesen Sie dieses Kapitel, um selbst zu entscheiden, ob Sie beim einfachen JavaScript bleiben oder die Typisierung zur Kompilierzeit nutzen wollen.

Dieses Buch soll Ihnen solide Grundkenntnisse der *Sprache* JavaScript verleihen, sodass Sie sie souverän nutzen können. Informationen über die Werkzeuge und Frameworks, die einem ständigen Wandel unterliegen, müssen Sie dagegen an einem anderen Ort suchen.

Warum ich dieses Buch geschrieben habe

JavaScript ist eine der am häufigsten verwendeten Programmiersprachen der Welt. Wie viele Programmierer kannte ich zunächst ein bisschen Pidgin-JavaScript. Eines Tages aber musste ich ziemlich überstürzt echtes JavaScript lernen. Doch wie?

Es gab zwar eine Menge Bücher, mit denen Programmierer, die sich nur gelegentlich mit Webentwicklung befassen, ein bisschen JavaScript lernen konnten, aber so viel verstand ich von der Sprache ohnehin. Das *Nashornbuch* von Flanagan[1] war 1996 zwar großartig, setzt die Leser von heute aber zu vielen Missgriffen der Vergangenheit aus. *Das Beste an JavaScript* von Douglas Crockford[2] hat die Java-

1. David Flanagan, *JavaScript: Das umfassende Referenzwerk*, 6. Auflage (O'Reilly Verlag, 1997)
2. O'Reilly Verlag, 2008

Script-Welt 2008 wachgerüttelt, aber ein Großteil seiner Botschaft ist bereits in nachfolgende Änderungen der Sprache eingeflossen. Außerdem gibt es viele Bücher, die JavaScript-Programmierern der alten Schule die Welt der modernen Standards nahebringen, aber sie beschäftigen sich mit zu vielen klassischen JavaScript-Elementen, die mir nicht behagen.

Das Web ist voll von Blogs zum Thema JavaScript, allerdings von sehr unterschiedlicher Qualität. Einige sind korrekt, aber viele zeigen nur ein ziemlich schwaches Verständnis. Für mich war es nicht sehr sinnvoll, das Web nach Blogs zu durchsuchen und jeweils zu prüfen, wie wahrheitsgetreu sie sind.

Merkwürdigerweise konnte ich kein Buch für die Millionen Programmierer finden, die Java oder eine ähnliche Sprache kennen und JavaScript in seiner heutigen Form ohne den historischen Ballast lernen wollen.

Also musste ich es selbst schreiben.

Danksagung

Ein weiteres Mal möchte ich meinem Herausgeber Greg Doench für die Unterstützung dieses Projekts danken sowie Dmitry Kirsanov und Alina Kirsanova für das Korrekturlesen und den Satz des Buches. Mein besonderer Dank geht an meine Lektoren Gail Anderson, Tom Austin, Scott Davis, Scott Good, Kito Mann, Bob Nicholson, Ron Mak und Henri Tremblay, die sorgfältig Fehler aufgespürt und wohlüberlegte Vorschläge für Verbesserungen gemacht haben.

Cay Horstmann
Berlin
März 2020

1
Werte und Variable

In diesem Kapitel lernen Sie die Datentypen kennen, mit denen Sie in JavaScript-Anwendungen arbeiten können: Zahlen, Strings und andere primitive Typen sowie Objekte und Arrays. Sie erfahren hier, wie Sie solche Werte in Variablen speichern, wie Sie Werte von einem Typ in einen anderen umwandeln und wie Sie sie mithilfe von Operatoren kombinieren.

Selbst begeisterte JavaScript-Programmierer geben zu, dass einige Konstrukte von JavaScript – die eigentlich dabei helfen sollen, Programme möglichst kurz und knapp zu schreiben – zu widersinnigen Ergebnissen führen können und daher am besten vermieden werden sollten. In diesem und den folgenden Kapiteln werde ich solche Probleme aufzeigen und einige einfache Regeln für sicheres Programmieren vorstellen.

1.1 JavaScript ausführen

Es gibt verschiedene Möglichkeiten, um während der Lektüre dieses Buches JavaScript-Programme auszuführen. Da JavaScript ursprünglich zur Ausführung in einem Browser gedacht war, können Sie JavaScript-Code in eine HTML-Datei einbetten. Um Werte anzuzeigen, rufen Sie darin die Methode `window.alert` auf. Eine solche Datei sieht wie folgt aus:

```
<html>
   <head>
      <title>My First JavaScript Program</title>
      <script type="text/javascript">
         let a = 6
         let b = 7
         window.alert(a * b)
      </script>
   </head>
   <body>
   </body>
</html>
```

Wenn Sie die Datei in einem Browser öffnen, wird das Ergebnis wie in Abbildung 1–1 in einem Dialogfeld angezeigt:

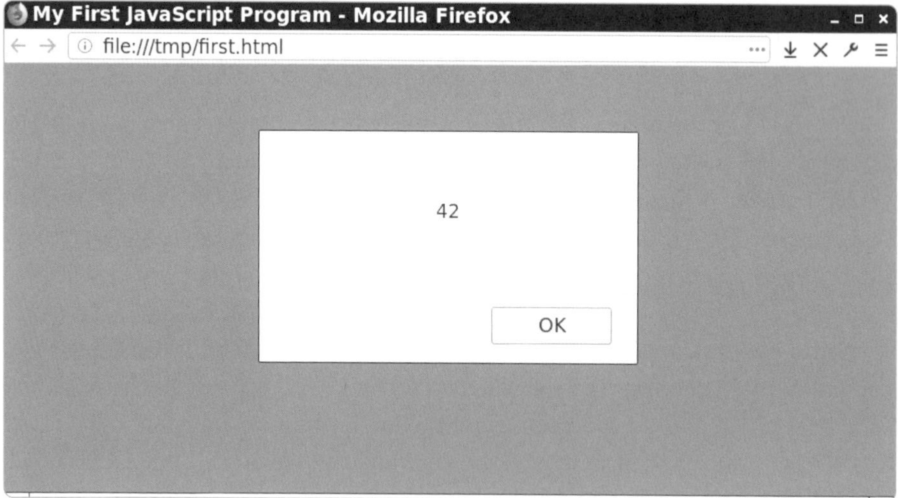

Abb. 1–1 *Ausführung von JavaScript-Code in einem Browser*

Sie können auch kurze Folgen von Anweisungen in die Konsole eingeben, die zu den Entwicklerwerkzeugen des Browsers gehört. Suchen Sie den Menübefehl oder die Tastenkombination zur Anzeige dieser Werkzeuge. (In vielen Browsern ist das die Taste `F12` oder die Kombination `Strg` + `Alt` + `I` bzw. `cmd` + `alt`

+ [I] auf dem Mac.) Bringen Sie dann die Registerkarte *Konsole* in den Vordergrund und geben Sie darin Ihren JavaScript-Code ein (siehe Abb. 1–2).

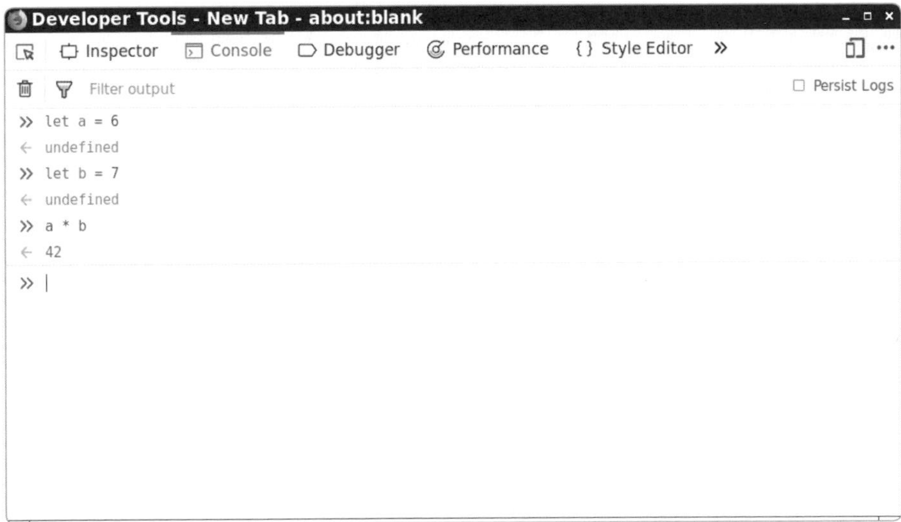

Abb. 1–2 *Ausführung von JavaScript-Code in der Entwicklerkonsole*

Eine dritte Möglichkeit besteht darin, Node.js von `http://node.js.org` zu installieren, ein Terminalfenster zu öffnen und darin das Programm `node` auszuführen. Dadurch wird eine JavaScript-»REPL« gestartet (Read-Eval-Print Loop, also etwa »Lese-, Ausführungs- und Ausgabeschleife«). Darin können Sie Befehle eingeben und sich die Ergebnisse anzeigen lassen (siehe Abb. 1–3).

Abb. 1–3 *Ausführung von JavaScript-Code in der Node.js-REPL*

Wenn Sie längere Codefolgen ausführen wollen, schreiben Sie die Anweisungen in eine Datei. Für Ausgaben verwenden Sie dabei die Methode `console.log`. Beispielsweise können Sie die folgenden Anweisungen in eine Datei aufnehmen, die Sie `first.js` nennen:

```
let a = 6
let b = 7
console.log(a * b)
```

Führen Sie anschließend den folgenden Befehl aus:

```
node first.js
```

Im Terminal wird nun die Ausgabe des Befehls `console.log` angezeigt.

Sie können auch eine Entwicklungsumgebung wie Visual Studio Code, Eclipse, Komodo IDE oder WebStorm verwenden. Darin können Sie, wie in Abbildung 1–4 gezeigt, JavaScript-Code bearbeiten und ausführen:

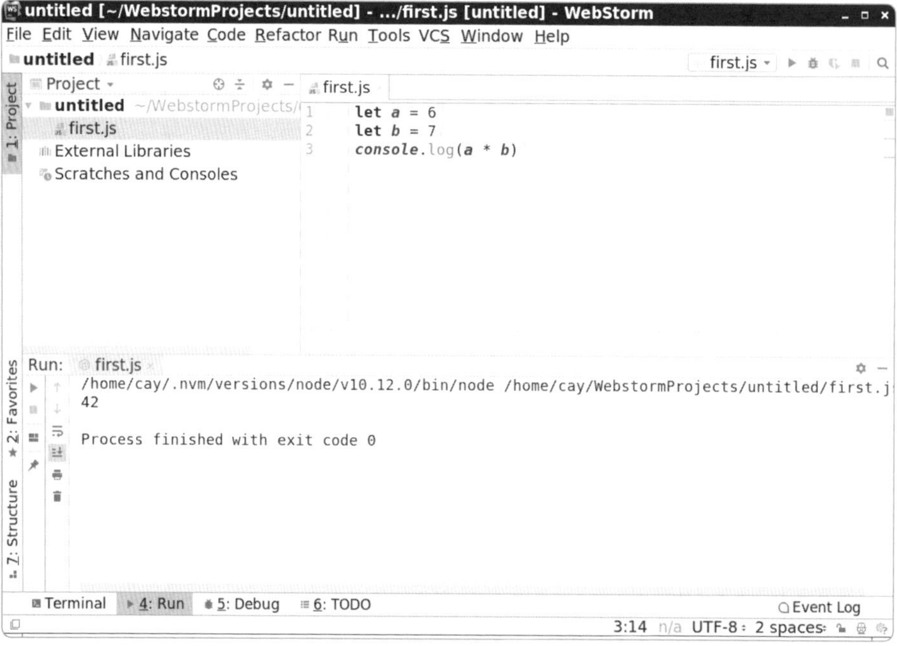

Abb. 1–4 Ausführung von JavaScript-Code in einer Entwicklungsumgebung

1.2 Typen und der Operator typeof

Werte in JavaScript sind jeweils von einem der folgenden Typen:

- eine Zahl
- einer der booleschen Werte `false` oder `true`
- einer der besonderen Werte `null` oder `undefined`
- ein String
- ein Symbol
- ein Objekt

Die Typen, die keine Objekte sind, werden zusammengenommen als *primitive Typen* bezeichnet.

Mehr über diese Typen erfahren Sie in den folgenden Abschnitten. Die einzige Ausnahme bilden die Symbole, die erst in Kapitel 11 behandelt werden.

Den Typ eines gegebenen Werts können Sie mit dem Operator `typeof` herausfinden, der einen der Strings `'number'`, `'boolean'`, `'undefined'`, `'object'`, `'string'` oder `'symbol'` oder einen von wenigen weiteren möglichen Strings zurückgibt. Beispielsweise ergibt `typeof 42` den String `'number'`.

Hinweis

Obwohl der Typ `null` nicht identisch mit dem Typ `object` ist, ergibt `typeof null` den String `'object'`. Das ist leider historisch so gewachsen.

Vorsicht

Ähnlich wie in Java können Sie in JavaScript Objekte als Wrapper für Zahlen, boolesche Werte und Strings konstruieren. Beispielsweise werden sowohl `typeof new Number(42)` als auch `typeof new String('Hello')` zu `'object'` ausgewertet. Allerdings gibt es in JavaScript keinen sinnvollen Grund dafür, solche Wrapper-Instanzen zu erstellen. Da sie eher für Verwirrung sorgen, ist ihre Verwendung in vielen Programmierstandards untersagt.

1.3 Kommentare

In JavaScript können Sie zwei verschiedene Arten von Kommentaren einfügen. Einzeilige Kommentare beginnen mit // und laufen bis zum Ende der Zeile:

```
// Einzeiliger Kommentar
```

Dagegen können mit /* und */ abgegrenzte Kommentare mehrere Zeilen umspannen:

```
/*
   mehrzeiliger
   Kommentar
*/
```

In diesem Buch verwende ich eine Serifenschrift, um die Kommentare in Listings deutlicher hervorzuheben. In Ihrem Texteditor werden die Kommentare wahrscheinlich farbig gekennzeichnet sein.

> **Hinweis**
>
> Anders als Java bietet JavaScript keine besondere Formatierung für Kommentare zur Dokumentation. Für diesen Zweck können Sie jedoch Drittanbieterwerkzeuge wie JSDoc (`http://usejsdoc.org`) nutzen.

1.4 Variablendeklarationen

Mit der Anweisung `let` können Sie einen Wert in einer Variablen speichern:

```
let counter = 0
```

In JavaScript haben Variable keinen festen Typ. Daher können Sie in jeder Variablen Werte beliebigen Typs speichern. Beispielsweise ist es zulässig, den Inhalt von `counter` durch einen String zu ersetzen:

```
counter = 'zero'
```

Während es wohl kaum jemals sinnvoll sein dürfte, so etwas zu tun, erleichtern untypisierte Variablen es Ihnen in manchen Situationen, generischen Code zu schreiben, der mit unterschiedlichen Typen funktioniert.

Wenn Sie eine Variable nicht initialisieren, hat sie den besonderen Wert `undefined`:

```
let x // Deklariert die Variable x und setzt sie auf undefined
```

> **Hinweis**
>
> Vielleicht ist Ihnen aufgefallen, dass die vorstehenden Anweisungen nicht mit einem Semikolon abschließen. Ebenso wie in Python sind Semikolons am Zeilenende in JavaScript nicht erforderlich. Während in Python unnötige Semikolons als »unpythonisch« gelten, sind JavaScript-Programmierer darüber geteilter Ansicht. In Kapitel 2 werde ich die Argumente beider Seiten besprechen. Im Allgemeinen versuche ich mich aus solchen fruchtlosen Diskussionen herauszuhalten, aber in diesem Buch musste ich mich für eine Vorgehensweise entscheiden. Den semikolonfreien Stil habe ich aus einem ganz einfachen Grund gewählt: Code dieser Art lässt sich nicht mit Java oder C++ verwechseln. So lässt sich auf den ersten Blick erkennen, dass es sich um JavaScript handelt.

Wenn Sie den Wert einer Variablen niemals ändern, sollten Sie sie mit der Anweisung `const` deklarieren:

```
const PI = 3.141592653589793
```

Sollten Sie versuchen, den Wert in einer solchen Konstante zu ändern, tritt ein Laufzeitfehler auf.

In einer einzigen `let`- oder `const`-Anweisung können Sie auch mehrere Variable deklarieren:

```
const FREEZING = 0, BOILING = 100
let x, y
```

Viele Programmierer ziehen es jedoch vor, jede Variable in einer eigenen Anweisung zu deklarieren.

> **Vorsicht**
>
> Es gibt zwei veraltete Formen der Variablendeklaration, die Sie vermeiden sollten, nämlich die Deklaration mit dem Schlüsselwort `var` und die Deklaration ohne jegliches Schlüsselwort:
>
> ```
> var counter = 0 // Veraltet
> coutner = 1     // Aufgrund des Tippfehlers wird eine neue Variable
>                 // erstellt!
> ```
>
> Die Deklaration mit `var` weist einige erhebliche Mängel auf; mehr darüber erfahren Sie in Kapitel 3. Variable bei ihrer ersten Zuweisung zu erstellen, ist offensichtlich gefährlich, denn wenn Sie den Variablennamen falsch schreiben, wird eine andere Variable angelegt. Aus diesem Grund gilt diese Vorgehensweise im *strikten Modus*, in dem solche veralteten Konstrukte verboten sind, als Fehler. Wie Sie den strikten Modus einschalten, erfahren Sie in Kapitel 3.

Tipp

Wenn Sie sich nach den im Vorwort aufgeführten fünf goldenen Regeln richten, können Sie die Verwirrung, die solche klassischen JavaScript-Merkmale verursachen, größtenteils vermeiden. Die ersten beiden dieser Regeln lauten:

1. Deklarieren Sie Variablen mit `let` oder `const`, nicht mit `var`.
2. Verwenden Sie den strikten Modus.

1.5 Bezeichner

Die Namen von Variablen müssen der allgemeinen Syntax für *Bezeichner* folgen. Bezeichner dürfen aus Unicode-Buchstaben, Ziffern sowie den Zeichen _ und $ bestehen. Ziffern dürfen nicht am Anfang stehen. In manchen Tools und Bibliotheken werden Namen mit $-Zeichen verwendet und manche Programmierer setzen einen Unterstrich an den Anfang oder das Ende von Bezeichnern, um private Merkmale zu kennzeichnen. Daher ist es am besten, wenn Sie bei den Namen, die Sie selbst festlegen, auf das Zeichen $ sowie auf _ am Anfang und Ende verzichten. Interne Unterstriche sind kein Problem, aber viele JavaScript-Programmierer bevorzugen die Camel-Case-Schreibweise mit Binnenmajuskel, um einzelne Namensbestandteile abzugrenzen.

Die folgenden Schlüsselwörter dürfen nicht als Bezeichner verwendet werden:

```
break case catch class const continue debugger default delete do
else enum export extends false finally for function if import in instanceof
new null return super switch this throw true try typeof var void while with
```

Im strikten Modus sind auch die folgenden Schlüsselwörter unzulässig:

```
implements interface let package protected private public static
```

Die folgenden Schlüsselwörter wurden erst kürzlich hinzugefügt. Sie können sie noch aus Gründen der Rückwärtskompatibilität als Bezeichner nutzen, sollten es aber lieber nicht tun:

```
await as async from get of set target yield
```

Hinweis

In Bezeichnern können Sie beliebige Unicode-Buchstaben und Ziffern verwenden, also beispielsweise auch Folgendes:

```
const ϖ = 3.141592653589793
```

So etwas ist jedoch unüblich, da vielen Programmierern die Möglichkeiten zur schnellen Eingabe solcher Zeichen fehlen.

1.6 Zahlen

JavaScript hat keinen expliziten Typ für Integer. Alle Zahlen sind Fließkommazahlen mit doppelter Genauigkeit. Natürlich können Sie ganzzahlige Werte verwenden; kümmern Sie sich einfach nicht um die Unterschiede zwischen `1` und `1.0`. Aber wie sieht es mit Rundungen aus? Alle ganzen Zahlen zwischen `Number.MIN_SAFE_INTEGER` ($-2^{53} + 1$ gleich –9.007.199.254.740.991) und `Number.MAX_SAFE_INTEGER` ($+2^{53} - 1$ gleich 9.007.199.254.740.991) werden exakt dargestellt. Das ist ein größeres Intervall als das für Integer in Java. Solange die Ergebnisse innerhalb dieses Intervalls bleiben, sind arithmetische Operationen auf Integern exakt. Außerhalb dieses Bereichs dagegen kann es zu Rundungsfehlern kommen. Beispielsweise wird `Number.MAX_SAFE_INTEGER * 10` zu `90071992547409900`.

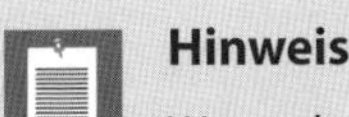

Hinweis

Wenn der Integer-Bereich nicht ausreicht, können Sie auch große Integer mit einer beliebigen Anzahl von Stellen verwenden. Mehr darüber erfahren Sie in Kapitel 5.

Beim Rechnen mit Fließkommazahlen kann es wie in allen Programmiersprachen zu Rundungsfehlern kommen. Beispielsweise wird `0.1 + 0.2` wie in Java, C++ und Python zu `0.30000000000000004` ausgewertet. So etwas ist unvermeidlich, da es keine exakte binäre Darstellung für Dezimalbrüche wie `0.1`, `0.2` und `0.3` gibt. Wenn Sie mit Euro- und Centbeträgen rechnen müssen, sollten Sie daher alle Werte als ganzzahlige Vielfache eines Cent angeben. In Kapitel 5 werden Sie noch weitere Formen von numerischen Literalen kennenlernen, z.B. Hexadezimalzahlen.

Um einen String in eine Zahl umzuwandeln, können Sie die Funktionen `parseFloat` und `parseInt` verwenden:

```
const notQuitePi = parseFloat('3.14') // Die Zahl 3.14
const evenLessPi = parseInt('3')      // Der Integer 3
```

Mit der Methode `toString` dagegen konvertieren Sie eine Zahl in einen String:

```
const notQuitePiString = notQuitePi.toString() // Der String '3.14'
const evenLessPiString = (3).toString()        // Der String '3'
```

Hinweis

Anders als in Java, aber ebenso wie in C++ gibt es in JavaScript sowohl Funktionen als auch Methoden. Bei den Funktionen `parseFloat` und `parseInt` handelt es sich nicht um Methoden. Deshalb werden sie nicht mit der Punktschreibweise aufgerufen.

Hinweis

Wie der vorige Code zeigt, ist es möglich, Methoden auf numerische Literale anzuwenden. Dabei müssen Sie die Literale jedoch in Klammern einschließen, damit der Punkt nicht fälschlicherweise als Dezimaltrennzeichen aufgefasst wird.

Vorsicht

Was geschieht, wenn Sie in einem Fall, in dem ein Integer erwartet wird, einen Dezimalbruch verwenden? Das hängt von der jeweiligen Situation ab. Nehmen wir an, Sie wollen aus einem String einen Teil-String entnehmen. Dabei werden Dezimalbrüche als Positionsangaben abgeschnitten, sodass sich der nächstkleinere Integer ergibt:

```
'Hello'.substring(0, 2.5) // Der String 'He'
```

Geben Sie aber einen Dezimalbruch als Index an, lautet das Ergebnis `undefined`:

```
'Hello'[2.5] // undefined
```

Es lohnt nicht, sich damit zu beschäftigen, wann ein Dezimalbruch anstelle eines Integers verwendet werden kann und wann nicht. Machen Sie in solchen Situationen deutlich, was Sie beabsichtigen, indem Sie ausdrücklich `Math.trunc(x)` oder `Math.round.(x)` aufrufen, um die Nachkommastellen abzuschneiden bzw. die Zahl auf den nächsten Integer zu runden.

Bei einer Division durch null lautet das Ergebnis `Infinity` oder `-Infinity`. Allerdings wird `0 / 0` zu `NaN` ausgewertet, der Konstante »not a number«. Manche Funktionen, die Zahlen generieren, geben `NaN` zurück, um auf eine fehlerhafte Eingabe hinzuweisen. Beispielsweise wird `parseFloat('pie')` zu `NaN` ausgewertet.

1.7 Arithmetische Operatoren

JavaScript verfügt über die üblichen Operatoren +, -, * und / für Addition, Subtraktion, Multiplikation und Division. Beachten Sie, dass der Operator / stets eine

Fließkommazahl ergibt, selbst wenn beide Operanden Integer sind. Beispielsweise ergibt `1 / 2` die Zahl `0.5` und nicht `0`, wie es in Java oder C++ der Fall wäre.

Ebenso wie in Java, C++ und Python ergibt der Operator `%` den Rest der Division zweier nichtnegativer Integer-Operanden. Wenn `k` ein nichtnegativer Integer ist, wird `k % 2` für ein gerades `k` zu `0` ausgewertet und für ein ungerades `k` zu `1`.

Sind `k` und `n` positiv (und möglicherweise nicht ganzzahlig), dann ist `k % n` der Wert, der sich ergibt, wenn fortgesetzt `n` von `k` subtrahiert wird, bis das Ergebnis kleiner als `n` ist. Beispielsweise ergibt `3.5 % 1.2` den Wert `1.1`, das Ergebnis der zweimaligen Subtraktion von `1.2`. Was bei negativen Operanden geschieht, erfahren Sie in Übung 3.

Der Operator `**` steht ebenso wie in Python (und schon in Fortran) für eine Potenzierung. Der Wert von `2 ** 10` ist `1024`, der von `2 ** -1` ist `0.5` und der von `2 ** 0.5` die Quadratwurzel von 2.

Ist einer der Operanden eines arithmetischen Operators der »Not-a-Number-Wert« `NaN`, so ist das Ergebnis ebenfalls `NaN`.

Wie in Java, C++ und Python können Sie Zuweisungen und arithmetische Operationen kombinieren:

```
counter += 10 // Identisch mit counter = counter + 10
```

Die Operatoren `++` und `--` inkrementieren bzw. dekrementieren eine Variable:

```
counter++ // Identisch mit counter = counter + 1
```

Vorsicht

Ebenso wie Java und C++ folgt auch JavaScript dem Beispiel von C und erlaubt es, den Operator `++` vor oder nach der Variable anzugeben, was den Prä- bzw. Post-Inkrementwert ergibt:

```
let counter = 0
let riddle = counter++
let enigma = ++counter
```

Welchen Wert haben `riddle` und `enigma`? Wenn Sie es nicht wissen, können Sie es herausfinden, indem Sie die vorige Beschreibungen genau lesen, den Code ausprobieren oder sich an den großen Quell des Wissens wenden, das Internet. Allerdings rate ich Ihnen dringend, niemals Code zu schreiben, für den Sie solche Kenntnisse benötigen.

Manche Programmierer halten die Operatoren `++` und `--` für so verwerflich, dass sie sich weigern, diese zu benutzen. Es gibt auch keinen echten Grund dafür, denn schließlich ist `counter += 1` nicht viel länger als `counter++`. In diesem Buch werde ich die Operatoren `++` und `--` zwar verwenden, aber niemals in Zusammenhängen, in denen ihr Wert erfasst wird.

Wie in Java wird der Operator + auch zur String-Verkettung verwendet. Wenn s ein String ist und x ein Wert eines beliebigen Typs, dann sind sowohl s + x als auch x + s Strings, die dadurch zustande kommen, dass x in einen String umgewandelt und mit s verkettet wird.

Betrachten Sie dazu das folgende Beispiel:

```
let counter = 7
let agent = '00' + counter // Der String '007'
```

Vorsicht

Wie Sie gesehen haben, ist der Ausdruck x + y eine Zahl, wenn beide Operanden Zahlen sind, und ein String, wenn es sich bei mindestens einem Operanden um einen String handelt. In allen anderen Fällen sind die Regeln ziemlich kompliziert und die Ergebnisse nur selten sinnvoll. Entweder werden beide Operanden in Strings verwandelt und verkettet oder in Zahlen konvertiert und addiert. Beispielsweise wird der Ausdruck `null + undefined` zu der numerischen Addition `0 + NaN` ausgewertet, die wiederum `NaN` ergibt (siehe Tabelle 1–1). Bei den anderen arithmetischen Operatoren wird nur eine Umwandlung in Zahlen versucht. So ergibt beispielsweise `6 * '7'` den Wert 42, da der String `'7'` in die Zahl 7 konvertiert wird.

Wert	Umwandlung in Zahl	Umwandlung in String
Eine Zahl	Die Zahl selbst	Ein String aus den Ziffern dieser Zahl
Ein String aus Ziffern, die eine Zahl bilden	Der Wert der Zahl	Der String selbst
Der leere String `''`	`0`	`''`
Jeder andere String	`NaN`	Der String selbst
`false`	`0`	`'false'`
`true`	`1`	`'true'`
`null`	`0`	`'null'`
`undefined`	`NaN`	`'undefined'`
Das leere Array `[]`	`0`	`''`
Ein Array, das eine einzige Zahl enthält	Die Zahl	Ein String aus den Ziffern der Zahl
Andere Arrays	`NaN`	Die Elemente, umgewandelt in Strings und durch Kommata getrennt, z. B. `'1,2,3'`.
Objekte	Standardmäßig `NaN`, kann aber angepasst werden	Standardmäßig `'[object Object]'`, kann aber angepasst werden.

Tab. 1–1 *Umwandlung in Zahlen und Strings*

Tipp

Verlassen Sie sich nicht auf die automatische Typumwandlung bei arithmetischen Operatoren. Die Regeln sind kompliziert und können zu unerwarteten Ergebnissen führen. Wenn Sie Strings oder einelementige Arrays als Operanden verarbeiten wollen, dann wandeln Sie sie explizit um.

Tipp

Verwenden Sie lieber Template-Literale (siehe Abschnitt 1.11, »Template-Literale«) als die String-Verkettung. Dadurch müssen Sie sich nicht merken, was der Operator + bei nichtnumerischen Operanden macht.

1.8 Boolesche Werte

Der boolesche Typ kann die beiden Werte `false` und `true` annehmen. In einer Bedingung werden Werte beliebiger Typen in einen booleschen Wert umgewandelt. Dabei werden `0`, `NaN`, `null`, `undefined` und der leere String zu `false` konvertiert und alle anderen zu `true`.

Das klingt zwar ganz einfach, aber wie Sie im folgenden Kapitel noch sehen werden, kann das zu verwirrenden Resultaten führen. Um Unklarheiten auf ein Minimum zu reduzieren, ist es sinnvoll, in Bedingungen grundsätzlich echte boolesche Werte zu verwenden.

1.9 null und undefined

JavaScript kennzeichnet das Fehlen eines Wertes auf zwei verschiedene Arten. Wenn eine Variable deklariert, aber nicht initialisiert wird, ist ihr Wert `undefined`. Das geschieht häufig bei Funktionen: Wenn Sie eine Funktion aufrufen, aber keinen Parameter bereitstellen, hat die Parametervariable den Wert `undefined`. Der Wert `null` dagegen dient dazu, die beabsichtigte Abwesenheit eines Wertes zu kennzeichnen.

Ist diese Unterscheidung sinnvoll? Darüber gehen die Meinungen auseinander. Manche Programmierer meinen, dass die Verwendung zweier solcher Verlegenheitswerte fehleranfällig ist. Deshalb raten sie dazu, nur einen davon zu verwenden. Das sollte dann `undefined` sein, da es nicht möglich ist, diesen Wert in JavaScript zu vermeiden, wohingegen Sie auf `null` (fast) immer verzichten können.

Nach der gegenteiligen Ansicht sollten Sie weder Werte auf `undefined` setzen noch `undefined` von einer Funktion zurückgeben lassen, sondern für fehlende Werte stets `null` verwenden. Dadurch bleibt `undefined` als ein Signal reserviert, das auf ernste Probleme hindeutet.

> **Tipp**
>
> Einigen Sie sich bei jedem Projekt auf die eine oder die andere Vorgehensweise, also entweder `undefined` oder `null` zur Anzeige der beabsichtigten Abwesenheit eines Wertes zu verwenden. Dadurch ersparen Sie sich später endlose philosophische Diskussionen und unnötige Prüfungen auf `undefined` und `null`.

> **Vorsicht**
>
> Im Gegensatz zu `null` ist `undefined` *kein* reserviertes Wort, sondern eine Variable im globalen Gültigkeitsbereich. Früher war es sogar möglich, der globalen Variablen `undefined` einen neuen Wert zuzuweisen! So etwas zu tun, ist natürlich eine furchtbare Idee, und heutzutage ist `undefined` eine Konstante. Allerdings können Sie immer noch *lokale* Variable mit dem Namen `undefined` deklarieren. Das ist allerdings nach wie vor eine schlechte Idee. Deklarieren Sie auch keine lokalen Variablen mit den Namen `NaN` und `Infinity`.

1.10 String-Literale

String-Literale sind in einfache oder doppelte Anführungszeichen eingeschlossen, also z.B. `'Hallo'` oder `"Hallo"`. In diesem Buch verwende ich dazu immer einfache Anführungszeichen.

Wenn innerhalb eines Strings ein Anführungszeichen der gleichen Art steht, mit der der String begrenzt ist, dann müssen Sie es mit einem Backslash maskieren. Auch Backslashs selbst und die Steuerzeichen aus Tabelle 1–2 müssen Sie mit Backslashs maskieren.

Beispielsweise ist `'\\\'\'\\\n'` ein String von fünf Zeichen Länge, der die Zeichenfolge `\''\` gefolgt von einem Zeilenumbruch enthält.

Um beliebige Unicode-Zeichen in einen JavaScript-String aufzunehmen, können Sie sie einfach eingeben oder kopieren, wobei die Quelldatei jedoch eine geeignete Kodierung verwenden muss (z.B. UTF-8):

```
let greeting = 'Hello 🌐'
```

Wenn Ihre Dateien unbedingt ASCII-Format haben müssen, können Sie stattdessen die Schreibweise `\u{`*Codepunkt*`}` verwenden:

```
let greeting = 'Hello \u{1F310}'
```

Maskierungssequenz	Maskiertes Zeichen	Unicode-Wert
`\b`	Rückschritt	`\u{0008}`
`\t`	Tabulator	`\u{0009}`
`\n`	Zeilenvorschub	`\u{000A}`
`\r`	Wagenrücklauf	`\u{000D}`
`\f`	Seitenvorschub	`\u{000C}`
`\v`	Vertikaler Tabulator	`\u{000B}`
`\'`	Einfaches Anführungszeichen	`\u{0027}`
`\"`	Doppeltes Anführungszeichen	`\u{0022}`
`\\`	Backslash	`\u{005C}`

\Zeilenumbruch	Fortsetzung in der nächsten Zeile	Nichts – es erfolgt kein Zeilenumbruch:
		`"Hel\`
		`lo"`
		ergibt den String `"Hello"`.

Tab. 1–2 *Maskierungssequenzen für Sonderzeichen*

Leider gibt es bei der Verwendung von Unicode in JavaScript einen bösen Haken. Um die Feinheiten zu verstehen, müssen wir einen Blick auf die Geschichte von Unicode werfen. Vor der Erfindung von Unicode gab es verschiedene, nicht miteinander vereinbare Systeme zur Zeichenkodierung, wobei ein und dieselbe Bytefolge für Benutzer in Europa, Russland oder China ganz andere Bedeutungen haben konnte.

Unicode sollte diese Probleme lösen. Als man in den 80er Jahren mit dieser Vereinheitlichung begann, schien es so, als reiche ein 16-Bit-Code völlig aus, um sämtliche Zeichen in allen Sprachen der Welt zu kodieren und dabei noch Platz für zukünftige Erweiterungen zu lassen. 1991 wurde Unicode 1.0 veröffentlicht, worin knapp die Hälfte der verfügbaren 65.536 Codewerte belegt war. Als JavaScript und Java 1995 erschienen, nutzten sie die Unicode-Kodierung. In beiden Sprachen sind Strings Folgen von 16-Bit-Werten.

Im Laufe der Zeit aber geschah das Unvermeidliche: Der Umfang von Unicode überstieg den Vorrat von 65.536 Zeichen. Heutzutage nutzt Unicode 21 Bits, was nach gängiger Meinung nun wirklich ausreichen sollte. JavaScript aber ist bei den 16-Bit-Werten stecken geblieben.

Um zu erklären, wie dieses Problem gelöst wird, müssen wir uns ein bisschen mit dem technischen Hintergrund beschäftigen. Ein Unicode-*Codepunkt* ist ein 21-Bit-Wert, der mit einem Zeichen verknüpft wird. JavaScript nutzt die UTF-16-Kodierung, die alle Unicode-Codepunkte durch einen oder zwei 16-Bit-Werte oder *Codeeinheiten* darstellt. Für Zeichen bis `\u{FFFF}` wird jeweils eine Codeeinheit verwendet. Alle anderen Zeichen dagegen werden mit zwei Einheiten kodiert, die aus einem reservierten Bereich stammen und nicht zur Darstellung irgendwelcher anderer Zeichen genutzt werden. Beispielsweise wird `\u{1F310}` durch die Folge `0xD83C 0xDF10` kodiert. (Eine Beschreibung des Kodieralgorithmus finden Sie auf `https://de.wikipedia.org/wiki/UTF-16`.)

Mit den Einzelheiten der Kodierung müssen Sie sich nicht beschäftigen, aber wissen, dass einige Zeichen eine einzelne 16-Bit-Codeeinheit erfordern, andere dagegen zwei.

Beispielsweise hat der String `'Hello 🌐'` eine Länge von 8, obwohl er nur sieben Unicode-Zeichen enthält (einschließlich des Leerzeichens zwischen `Hello` und 🌐). Mit dem Operator `[]` können Sie auf die Codeeinheiten eines Strings zugreifen. Der Ausdruck `greeting[0]` ist ein String, der nur aus dem Zeichen `'H'` besteht. Allerdings funktioniert dieser Operator nicht bei Zeichen, die aus zwei Codeeinheiten aufgebaut sind. Die Codeeinheiten für das Zeichen 🌐 befinden sich an den Positionen 6 und 7. Die Ausdrücke `greeting[6]` und `greeting[7]` sind Strings der Länge 1 und enthalten jeweils eine einzige Codeeinheit, die aber kein Zeichen kodiert. Mit anderen Worten: Es handelt sich nicht um gültige Unicode-Strings.

Tipp

In Kapitel 2 werden Sie erfahren, wie Sie mit einer `for-of`-Schleife die einzelnen Codepunkte abrufen können.

Hinweis

Sie können in String-Literalen auch 16-Bit-Codeeinheiten angeben, müssen dabei aber die geschweiften Klammern weglassen: `\uD83C\uDF10`. Für Codeeinheiten bis `\u{0xFF}` können Sie die Hexmaskierung verwenden, also z. B. `\xA0` statt `\u{00A0}`. Allerdings kann ich mir für beides keinen guten Grund vorstellen.

In Kapitel 6 lernen Sie die Methoden für die Arbeit mit Strings kennen.

Hinweis

In JavaScript gibt es auch Literale für reguläre Ausdrücke. Mehr darüber erfahren Sie in Kapitel 6.

1.11 Template-Literale

Template-Literale sind Strings, die Ausdrücke enthalten und mehrere Zeilen umspannen können. Sie werden in Backticks (`...`) eingeschlossen:

```
let destination = 'world' // Regulärer String
let greeting = `Hello, ${destination.toUpperCase()}!` //Template-Literal
```

Die in ${...} eingebetteten Ausdrücke werden ausgewertet, bei Bedarf in einen String umgewandelt und dann in das Template eingefügt. Im vorigen Beispiel ergibt sich dadurch der folgende String:

```
Hello, WORLD!
```

Sie können auch weitere Template-Literale in dem ${...}-Ausdruck verschachteln:

```
greeting = `Hello, ${firstname.length > 0 ? `${firstname[0]}. ` : '' }
${lastname}`
```

Alle Zeilenumbrüche innerhalb des Template-Literals werden in den String aufgenommen. Betrachten Sie dazu das folgende Beispiel:

```
greeting = `<div>Hello</div>
<div>${destination}</div>
`
```

Hier wird greeting auf den String '<div>Hello</div>\n<div>World</div>\n' mit Zeilenumbrüchen hinter jeder Zeile gesetzt. (Für den resultierenden String werden die Windows-Zeilenende-Zeichen \r\n in das Unix-Zeilenende-Zeichen \n umgewandelt.)

Um in Template-Literale Backticks, Dollarzeichen und Backslashs aufzunehmen, müssen Sie sie mit Backslashs maskieren. Die Zeichenfolge `\`\$\\` enthält die drei Zeichen `$\.

Hinweis

Als *Tagged-Template-Literale* werden Template-Literale bezeichnet, denen eine Funktion vorausgeht:

```
html`<div>Hello, ${destination}</div>`
```

Hier wird die Funktion html mit den Template-Fragmenten '<div>Hello, ' und '</div>' sowie dem Wert des Ausdrucks destination aufgerufen.
In Kapitel 6 erfahren Sie, wie Sie eigene Tag-Funktionen schreiben.

1.12 Objekte

JavaScript-Objekte unterscheiden sich von denen in klassengestützten Sprachen wie Java und C++. Ein JavaScript-Objekt ist lediglich eine Menge von »Eigenschaften« genannten Name-Wert-Paaren wie dem folgenden:

```
{ name: 'Harry Smith', age: 42 }
```

Ein solches Objekt enthält nur öffentliche Daten und bietet keine Kapselung und kein Verhalten. Es ist auch keine Instanz einer bestimmten Klasse. Kurz gesagt, ist es etwas ganz anderes als ein Objekt im Sinne der objektorientierten Programmierung. Wie Sie in Kapitel 2 noch sehen werden, ist es zwar möglich, Klassen und Methoden zu definieren, doch unterscheiden sich die Mechanismen sehr stark von denen in den meisten anderen Sprachen.

Natürlich ist es möglich, ein Objekt in einer Variablen zu speichern:

```
const harry = { name: 'Harry Smith', age: 42 }
```

Bei einer solchen Variablen können Sie mit der üblichen Punktschreibweise auf die Eigenschaften des Objekts zugreifen:

```
let harrysAge = harry.age
```

Dadurch können Sie vorhandene Eigenschaften bearbeiten und neue hinzufügen:

```
harry.age = 40
harry.salary = 90000
```

Hinweis

Obwohl die Variable `harry` als `const` definiert wurde, können Sie das Objekt verändern, auf das sie verweist. Nicht möglich ist es dagegen, einer `const`-Variablen einen anderen Wert zuzuweisen:

```
const sally = { name: 'Sally Lee' }
sally.age = 28 // Zulässig: Ändert das Objekt, auf das sally verweist
sally = { name: 'Sally Albright' }
// Fehler: Einer const-Variablen kann kein neuer Wert zugewiesen
// werden
```

Mit anderen Worten: `const` verhält sich wie `final` in Java und nicht wie `const` in C++.

Um eine Eigenschaft zu entfernen, verwenden Sie den Operator `delete`:

```
delete harry.salary
```

Der Versuch, auf eine nicht vorhandene Eigenschaft zuzugreifen, resultiert in dem Wert `undefined`:

```
let boss = harry.supervisor // undefined
```

Ein Eigenschaftenname kann auch berechnet werden. Verwenden Sie in einem solchen Fall eckige Array-Klammern, um auf den Wert der Eigenschaft zuzugreifen:

```
let field = 'Age'
let harrysAge = harry[field.toLowerCase()]
```

1.13 Objektliteral-Syntax

Dies ist der erste von mehreren Abschnitten mit mittlerem Niveau in diesem Kapitel. Wenn Sie gerade erst damit beginnen, JavaScript zu lernen, können Sie ihn getrost überspringen.

Am Ende eines Objektliterals kann auch ein Komma stehen. Dadurch wird es einfacher, bei der Erweiterung des Codes zusätzliche Eigenschaften hinzuzufügen:

```
let harry = {
  name: 'Harry Smith',
  age: 42, // Dahinter können weitere Eigenschaften ergänzt werden.
}
```

Beim Deklarieren von Objektliteralen werden die Werte der Eigenschaften oft in Variablen mit demselben Namen gespeichert:

```
let age = 43
let harry = { name: 'Harry Smith', age: age }
  // Die Eigenschaft 'age' wird auf den Wert der Variablen age gesetzt.
```

Es gibt dafür die folgende Kurzschreibweise:

```
let harry = { name: 'Harry Smith', age } // Die Eigenschaft age ist jetzt 43.
```

Berechnete Eigenschaftennamen in Objektliteralen werden mit eckigen Klammern angegeben:

```
let harry = { name: 'Harry Smith', [field.toLowerCase()] : 42 }
```

Die Namen von Eigenschaften sind immer Strings. Wenn ein Name die Regel für Bezeichner nicht erfüllt, müssen Sie ihn in einem Objektliteral in Anführungszeichen setzen:

```
let harry = { name: 'Harry Smith', 'favorite beer': 'IPA' }
```

Ein Zugriff auf eine solche Eigenschaft ist mit der Punktschreibweise nicht möglich. Verwenden Sie stattdessen eckige Klammern:

```
harry['favorite beer'] = 'Lager'
```

Solche Eigenschaftennamen sind eher unüblich, können manchmal aber durchaus praktisch sein. Stellen Sie sich beispielsweise ein Objekt vor, bei dem die Namen der Eigenschaften Dateinamen und die Werte die Inhalte dieser Dateien sind.

Vorsicht

Wenn es beim Parsen unklar ist, ob eine öffnende geschweifte Klammer ein Objektliteral oder eine Blockanweisung einleitet, wird davon ausgegangen, dass eine Blockanweisung vorliegt. Geben Sie als Beispiel Folgendes in die Browserkonsole oder Node.js ein:

```
{} - 1
```

In diesem Fall wird der leere Block ausgeführt und anschließend der Ausdruck `-1` ausgewertet und angezeigt.

Bei dem folgenden Ausdruck geschieht jedoch etwas anderes:

```
1 - {}
```

Hier wird `{}` als ein leeres Objekt aufgefasst und in `NaN` umgewandelt. Anschließend wird das Ergebnis (ebenfalls `NaN`) angezeigt.

In der Praxis treten solche Mehrdeutigkeiten jedoch nicht auf. Wenn Sie ein Objektliteral erstellen, speichern Sie es gewöhnlich in einer Variablen, übergeben es als Argument oder geben es als Ergebnis zurück. In all diesen Fällen erwartet der Parser keinen Block.

Sollte es Ihnen jemals passieren, dass ein Objektliteral fälschlicherweise als Block geparst wird, können Sie ganz einfach Abhilfe schaffen: Schließen Sie das Objektliteral in runde Klammern ein. Ein Beispiel dafür finden Sie in Abschnitt 1.16, »Destrukturierung«.

1.14 Arrays

In JavaScript ist ein Array einfach ein Objekt, dessen Eigenschaften die Namen `'0'`, `'1'`, `'2'` usw. haben. (Es sind Strings, da Zahlen nicht als Eigenschaftennamen verwendet werden können.)

Um Array-Literale zu deklarieren, schließen Sie ihre Elemente in eckige Klammern ein:

```
const numbers = [1, 2, 3, 'many']
```

Dieses Objekt hat die fünf Eigenschaften `'0'`, `'1'`, `'2'`, `'3'` und `'length'`.

Die Eigenschaft `length` ist eins höher als der höchste Index, umgewandelt in eine Zahl. Der Wert von `numbers.length` ist also die Zahl `4`.

Um auf die ersten vier Eigenschaften zuzugreifen, müssen Sie eckige Klammern verwenden: `numbers['1]` ist `2`. Das Argument in den eckigen Klammern wird automatisch in einen String umgewandelt, sodass wir auch `numbers[1]` schreiben können, um uns der Illusion hinzugeben, mit einem Array in einer Sprache wie Java oder C++ zu arbeiten.

Die Elemente in einem Array müssen nicht vom selben Typ sein. Beispielsweise enthält das Array `numbers` drei Zahlen und einen String.

In einem Array dürfen auch einzelne Elemente fehlen:

```
const someNumbers = [ , 2, , 9] // Die Eigenschaften '0' und '2' fehlen
```

Wie bei anderen Objekten haben auch bei Arrays die nicht vorhandenen Eigenschaften wie hier `someNumbers[0]` und `someNumbers[2]` den Wert `undefined`.

Sie können neue Elemente hinten anhängen:

```
someNumbers[6] = 11 // Jetzt hat someNumbers die Länge 7
```

Wie bei allen Objekten können Sie auch bei einem Array, auf das eine `const`-Variable verweist, die Eigenschaften ändern.

> **Hinweis**
>
> Ein *nachfolgendes* Komma bedeutet *nicht*, dass ein Element fehlt! Beispielsweise hat `[1, 2, 7, 9,]` vier Elemente und 3 als höchsten Index. Wie bei Objektliteralen dienen die nachfolgenden Kommata dazu, spätere Erweiterungen zu vereinfachen:
>
> ```
> const developers = [
>   'Harry Smith',
>   'Sally Lee',
>   // Hier können weitere Elemente hinzugefügt werden
> ]
> ```

Da Arrays Objekte sind, können Sie ihnen auch beliebig neue Eigenschaften hinzufügen:

```
numbers.lucky = true
```

Das ist zwar nicht üblich, aber gültiges JavaScript.

Bei einem Array gibt der Operator `typeof` den Wert `'object'` zurück. Um zu prüfen, ob es sich bei diesem Objekt um ein Array handelt, müssen Sie `Array.isArray(obj)` aufrufen.

Wenn Sie ein Array in einen String umwandeln, werden alle Elemente zu Strings gemacht und mittels Kommata verkettet. Betrachten Sie den folgenden Ausdruck:

```
'' + [1, 2, 3]
```

Dies ergibt den String `'1,2,3'`.

Aus einem Array der Länge 0 wird ein leerer String.

Ebenso wie in Java gibt es in JavaScript keine Vorkehrungen für mehrdimensionale Arrays, allerdings können Sie sie mit Arrays aus Arrays simulieren:

```
const melancholyMagicSquare = [
  [16, 3, 2, 13],
  [5, 10, 11, 8],
  [9, 6, 7, 12],
  [4, 15, 14, 1]
]
```

Anschließend können Sie mit jeweils zwei Paaren eckiger Klammern auf einzelne Elemente zugreifen:

```
melancholyMagicSquare[1][2] // 11
```

In Kapitel 2 erfahren Sie, wie man auf alle Elemente eines Arrays zugreifen kann. Eine ausführliche Beschreibung aller Array-Methoden folgt in Kapitel 7.

1.15 JSON

JSON (JavaScript Object Notation) ist ein schlankes Textformat für den Austausch von Objektdaten zwischen Anwendungen (unabhängig davon, ob diese Anwendungen in JavaScript geschrieben sind oder nicht). Kurz gesagt, nutzt JSON die JavaScript-Syntax für Objekt- und Array-Literale, allerdings mit den folgenden Einschränkungen:

- Zulässige Werte sind Objektliterale, Array-Literale, Strings, Fließkommazahlen sowie `true`, `false` und `null`.
- Alle Strings stehen in doppelten Anführungszeichen, nicht in einfachen.
- Alle Eigenschaftennamen stehen in doppelten Anführungszeichen.
- Es gibt keine nachfolgenden Kommata und es dürfen keine Elemente fehlen.

Eine formale Beschreibung der Notation finden Sie auf `www.json.org`.

Das folgende Beispiel zeigt einen JSON-String:

```
{ "name": "Harry Smith", "age": 42, "lucky numbers": [17, 29], "lucky": false }
```

Die Methode `JSON.stringify` wandelt ein JavaScript-Objekt in einen JSON-String um. Umgekehrt analysiert `JSON.parse` einen JSON-String und gibt ein JavaScript-Objekt zurück. Diese beiden Methoden werden gewöhnlich bei der Kommunikation mit einem Server über HTTP eingesetzt.

> **Vorsicht**
>
> `JSON.stringify` verwirft Objekteigenschaften mit dem Wert `undefined` und wandelt Array-Elemente mit dem Wert `undefined` in `null` um. So ergibt beispielsweise `JSON.stringify({ name: ['Harry', undefined, 'Smith'], age: undefined })` den String `'{"name":["Harry",null,"Smith"]}'`.

Manche Programmierer verwenden die Methode `JSON.stringify` zur Protokollierung. Betrachten Sie den folgenden Protokollierungsbefehl:

```
console.log(`harry=${harry}`)
```

Dadurch erhalten Sie nur die folgende nutzlose Meldung:

```
harry=[object Object]
```

Ein Aufruf von `JSON.stringify` kann hier Abhilfe schaffen:

```
console.log(`harry=${JSON.stringify(harry)}`)
```

Dieses Problem tritt jedoch nur bei Strings auf, die Objekte enthalten. Wenn Sie ein Objekt für sich selbst protokollieren, zeigt die Konsole es korrekt an. Eine einfache Alternative besteht darin, die Namen und Werte separat zu protokollieren:

```
console.log('harry=', harry, 'sally=', sally)
```

Noch einfacher ist es, sie in ein Objekt zu packen:

```
console.log({harry, sally}) // Protokolliert das Objekt { harry: { . . . },
sally: { . . . } }
```

1.16 Destrukturierung

Die Destrukturierung bietet eine komfortable Syntax, um die Elemente eines Arrays oder die Werte eines Objekts abzurufen. Wie die anderen Themen auf mittlerem Niveau in diesem Kapitel können Sie auch dieses zunächst überspringen. In diesem Abschnitt geht es um die grundlegende Syntax. Mit den Einzelheiten beschäftigen wir uns im Anschluss.

Wenden wir uns als Erstes den Arrays zu. Angenommen, wir haben das Array `pair` mit zwei Elementen. Dabei können wir wie folgt auf die einzelnen Elemente zugreifen:

```
let first = pair[0]
let second = pair[1]
```

Durch Destrukturierung wird daraus Folgendes:

```
let [first, second] = pair
```

Diese Anweisung deklariert die Variablen `first` und `second` und initialisiert sie mit `pair[0]` und `pair[1]`.

Die linke Seite der Destrukturierungszuweisung ist in Wirklichkeit gar kein Array-Literal, denn schließlich gibt es `first` und `second` noch gar nicht. Sie können sich diese linke Seite als Muster vorstellen, das angibt, wie die Variablen der rechten Seite zugewiesen werden sollen.

Betrachten Sie nun den folgenden komplizierteren Fall. Schauen Sie sich dabei an, wie die Variablen den Array-Elementen zugeordnet werden:

```
let [first, [second, third]] = [1, [2, 3]]
  // Setzt first auf 1, second auf 2 und third auf 3
```

Das Array auf der rechten Seite kann länger sein als das Muster auf der linken. Die Elemente, für die es keine Entsprechung gibt, werden einfach ignoriert:

```
let [first, second] = [1, 2, 3]
```

Ist das Array dagegen kürzer, werden die Variablen ohne Entsprechung auf `undefined` gesetzt:

```
let [first, second] = [1]
  // Setzt first auf 1 und second auf undefined
```

Wenn die Variablen `first` und `second` bereits deklariert sind, können Sie sie mithilfe der Destrukturierung auf neue Werte setzen:

```
[first, second] = [4, 5]
```

Tipp

Um die Werte der Variablen x und y zu vertauschen, schreiben Sie einfach Folgendes:

```
[x, y] = [y, x]
```

Wenn Sie die Destrukturierung für eine Zuweisung verwenden, muss die linke Seite nicht unbedingt aus Variablen bestehen. Stattdessen können Sie auch *L-Werte* verwenden, also Ausdrücke, die nur auf der linken Seite einer Anweisung stehen können. Die Destrukturierung im folgenden Beispiel ist daher gültig:

```
[numbers[0], harry.age] = [13, 42] // Gleichwertig mit numbers[0] = 13;
harry.age = 42
```

Die Destrukturierung für Objekte erfolgt auf ähnliche Weise, allerdings verwenden Sie dabei Eigenschaftennamen statt Array-Positionen:

```
let harry = { name: 'Harry', age: 42 }
let { name: harrysName, age: harrysAge } = harry
```

Dieser Code deklariert die beiden Variablen `harrysName` und `harrysAge` und initialisiert sie mit den Werten der Eigenschaften `name` und `age` des Objekts auf der rechten Seite. Denken Sie daran, dass die linke Seite *kein* Objektliteral ist, sondern ein Muster, das angibt, wie die Variablen der rechten Seite zugeordnet werden.

Die Destrukturierung für Objekte ist besonders dann praktisch, wenn die Eigenschaft denselben Namen hat wie die Variable. In einem solchen Fall können Sie den Eigenschaftennamen und den Doppelpunkt weglassen. Die folgende Anweisung deklariert die beiden Variablen `name` und `age` und initialisiert sie mit den gleichnamigen Eigenschaften des Objekts auf der rechten Seite:

```
let { name, age } = harry
```

Das ist gleichbedeutend mit der folgenden Anweisung:

```
let { name: name, age: age } = harry
```

Und natürlich auch mit dieser Schreibweise:

```
let name = harry.name
let age = harry.age
```

Vorsicht

Wenn Sie die Objektdestrukturierung einsetzen, um vorhandene Variablen zu setzen, müssen Sie den Zuweisungsausdruck in runde Klammern einschließen:

```
({name, age} = sally)
```

Anderenfalls würde der Parser die öffnende geschweifte Klammer als den Beginn einer Blockanweisung auffassen.

1.17 Destrukturierung für Fortgeschrittene

Im vorangegangenen Abschnitt habe ich mich auf die grundlegenden Aspekte der Destrukturierungssyntax beschränkt. In diesem Abschnitt für Fortgeschrittene sehen wir uns zusätzliche Merkmale an, die zwar sehr praktisch, aber nicht so unmittelbar verständlich sind. Sie können diesen Abschnitt auch gern überspringen und später darauf zurückkommen, wenn Sie die Grundlagen gemeistert haben.

1.17.1 Mehr zum Thema Objektstrukturierung

Es ist auch möglich, verschachtelte Objekte zu destrukturieren:

```
let pat = { name: 'Pat', birthday: { day: 14, month: 3, year: 2000 } }
let { birthday: { year: patsBirthYear } } = pat
  // Deklariert die Variable patsBirthYear und initialisiert sie mit 2000
```

Denken Sie auch hier wieder daran, dass die linke Seite der zweiten Anweisung *kein Objekt* ist, sondern ein Muster für die Zuordnung der Variablen zur rechten Seite. Diese Anweisung ist gleichbedeutend mit:

```
let patsBirthYear = pat.birthday.year
```

Ebenso wie bei Objektliteralen können auch hier berechnete Eigenschaftennamen verwendet werden:

```
let field = 'Age'
let { [field.toLowerCase()]: harrysAge } = harry
  // Setzt value auf harry[field.toLowerCase()]
```

1.17.2 Restdeklarationen

Bei der Destrukturierung eines Arrays können Sie alle übrig gebliebenen Elemente in einem eigenen Array erfassen. Stellen Sie dem betreffenden Variablennamen eine Ellipse (...) voran.

```
numbers = [1, 7, 2, 9]
let [first, second, ...others] = numbers
  // first ist 1, second is 7 und others ist [2, 9]
```

Wenn das Array auf der rechten Seite über zu wenige Elemente verfügt, ist die Restvariable ein leeres Array:

```
let [first, second, ...others] = [42]
  // first ist 42, second ist undefined und others ist []
```

Restdeklarationen sind auch bei Objekten möglich:

```
let { name, ...allButName } = harry
  // allButName ist { age: 42 }
```

Die Variable `allButName` wird auf ein Objekt gesetzt, das alle Eigenschaften außer derjenigen mit dem Schlüssel `name` enthält.

1.17.3 Standardwerte

Für jede Variable können Sie einen Standardwert festlegen, der verwendet wird, wenn der entsprechende Wert in dem Objekt oder Array nicht vorhanden oder `undefined` ist. Geben Sie dazu hinter dem Variablennamen mit einem Gleichheitszeichen den gewünschten Ausdruck an:

```
let [first, second = 0] = [42]
  // Setzt first auf 42 und second auf 0, da es auf der rechten Seite kein
  // übereinstimmendes Element gibt
let { nickname = 'None' } = harry
  // Setzt nickname auf 'None', da harry nicht über die Eigenschaft nickname
  // verfügt
```

Ausdrücke für Standardwerte können auch die zuvor festgelegten Variablen enthalten:

```
let { name, nickname = name } = harry
  // Sowohl name als auch nickname werden auf harry.name gesetzt
```

Das folgende Beispiel zeigt eine typische Anwendung der Destrukturierung mit Standardwerten. Stellen Sie sich ein Objekt vor, das Angaben zur Verarbeitung enthält, also etwa Formatierungsanweisungen. Wenn darin eine bestimmte Eigenschaft nicht angegeben ist, soll dafür ein Standardwert verwendet werden:

```
let config = { separator: '; ' }
const { separator = ',', leftDelimiter = '[', rightDelimiter = ']' } = config
```

Die Variable `separator` wird hier mit einem benutzerdefinierten Trennzeichen initialisiert. Da in der Konfiguration jedoch keine Begrenzungszeichen angegeben sind, werden die Standardzeichen für diesen Zweck verwendet. Mit der Destrukturierungssyntax fällt der Code viel knapper aus, als wenn Sie jede Eigenschaft einzeln nachschlagen, prüfen, ob sie definiert ist, und ggf. einen Standardwert dafür vorgeben.

In Kapitel 3 sehen wir uns eine ähnliche Anwendung der Destrukturierung für Funktionsparameter an.

1.18 Übungen

1. Was geschieht jeweils, wenn Sie `0` zu den Werten `NaN`, `Infinity`, `false`, `true`, `null` und `undefined` addieren? Was geschieht jeweils, wenn Sie einen leeren String mit `NaN`, `Infinity`, `false`, `true`, `null` und `undefined` verketten? Raten Sie zuerst und probieren Sie es dann aus.

2. Was ergibt `[] + []`, `{} + []`, `[] + {}`, `{} + {}` und `[] - {}`? Werten Sie diese Ausdrücke einmal an der Befehlszeile aus und weisen Sie sie einmal einer Variablen zu. Vergleichen Sie die Ergebnisse und erklären Sie das Ergebnis.

3. Wie in Java und C++ (aber anders als in Python, das sich auf viele Jahrhunderte mathematischer Erfahrung stützt) wird `n % 2` zu `-1` ausgewertet, wenn `n` ein negativer Integer ist. Untersuchen Sie das Verhalten des Operators `%` für negative Operanden. Berücksichtigen Sie dabei sowohl Integer als auch Fließkommazahlen.

4. Nehmen wir an, `angle` sei ein Winkel in Grad, der nach der Addition oder Subtraktion anderer Winkel einen willkürlichen Wert angenommen hat. Wie können Sie diesen Winkel mithilfe des Operators `%` normalisieren, sodass er in den Bereich von 0 (einschließlich) bis 360 (ausschließlich) fällt?

5. Nennen Sie so viele verschiedene Möglichkeiten, wie Ihnen einfallen, um in JavaScript einen String mit zwei Backslashs (also \\) zu erzeugen. Nutzen Sie dazu die in diesem Kapitel beschriebenen Mechanismen.

6. Nennen Sie so viele verschiedene Möglichkeiten, wie Ihnen einfallen, um in JavaScript einen String mit dem einzelnen Zeichen 🌐 zu erzeugen.

7. Nennen Sie ein realistisches Beispiel für einen Template-String mit einem eingebetteten Ausdruck, der einen weiteren Template-String mit einem eingebetteten Ausdruck enthält.

8. Nennen Sie drei Möglichkeiten, um ein Array mit einer Lücke in der Folge der Indizes zu erzeugen.

9. Deklarieren Sie ein Array mit Elementen an den Indexpositionen `0`, `0.5`, `1`, `1.5` und `2`.

10. Was geschieht, wenn Sie ein Array aus Arrays in einen String umwandeln?

11. Erstellen Sie zwei Objekte für zwei Personen und speichern Sie sie in den Variablen `harry` und `sally`. Fügen Sie jeder Person die Eigenschaft `friends` hinzu, die ein Array mit ihren besten Freunden enthält. Dabei soll `harry` ein Freund von `sally` sein und `sally` eine Freundin von `harry`. Was geschieht, wenn Sie die Objekte protokollieren? Was geschieht, wenn Sie `JSON.stringify` aufrufen?

2 Steuerstrukturen

In diesem Kapitel lernen Sie die Steuerstrukturen von JavaScript kennen, nämlich Verzweigungen, Schleifen und das Abfangen von Exceptions. Außerdem erhalten Sie hier einen Überblick über JavaScript-Anweisungen und eine Beschreibung der automatischen Semikolonergänzung.

2.1 Ausdrücke und Anweisungen

Ebenso wie in Java und C++ wird in JavaScript zwischen Ausdrücken und Anweisungen unterschieden. Ein Ausdruck hat einen Wert. Beispielsweise ist `6 * 7` ein Ausdruck mit dem Wert `42`. Auch Methodenaufrufe wie `Math.max(6, 7)` sind Ausdrücke.

Anweisungen dagegen haben niemals einen Wert, sondern werden ausgeführt, um eine bestimmte Auswirkung zu erzielen. Betrachten Sie dazu das folgende Beispiel:

```
let number = 6 * 7;
```

Dies ist eine Anweisung, und ihre Auswirkung besteht darin, dass die Variable `numer` deklariert und initialisiert wird. Eine Anweisung dieser Art wird als Variablendeklaration bezeichnet. Andere gebräuchliche Arten von Anweisungen sind Verzweigungen und Schleifen, mit denen wir uns weiter hinten in diesem Kapitel beschäftigen werden.

Die einfachste Form einer Anweisung ist die *Ausdrucksanweisung*, die lediglich aus einem Ausdruck gefolgt von einem Semikolon besteht:

```
console.log(6 * 7);
```

Der Ausdruck `console.log(6 * 7)` hat einen Seiteneffekt: Er zeigt `42` in der Konsole an. Außerdem hat er einen Wert, der allerdings `undefined` lautet, da die Methode `console.log` nichts Interessanteres zurückgibt. Aber selbst wenn dieser Ausdruck einen interessanteren Wert hätte, würde das keine Rolle spielen, denn der Wert einer Ausdrucksanweisung wird verworfen.

Eine Ausdrucksanweisung ist daher nur für Ausdrücke sinnvoll, die einen Seiteneffekt haben. Die folgende Ausdrucksanweisung ist zwar gültiges JavaScript, hat aber keine Auswirkungen auf das Programm:

```
6 * 7;
```

Es ist gut, zwischen Ausdrücken und Anweisungen unterscheiden zu können, allerdings ist es in JavaScript etwas knifflig, den Unterschied zwischen einem Ausdruck und einer Ausdrucksanweisung zu erkennen. Wie Sie im nächsten Abschnitt sehen werden, wird automatisch ein Semikolon ergänzt, wenn Sie in eine Zeile nur einen einzelnen Ausdruck schreiben, was daraus eine Anweisung macht. Daher ist es in der JavaScript-Konsole des Browsers und in Node.js nicht möglich, einen Ausdruck zu untersuchen.

Wenn Sie beispielsweise `6 * 7` eingeben, wird der Wert dieses Ausdrucks angezeigt:

```
6 * 7
42
```

Das macht eine REPL (Read-Eval-Print Loop): Sie liest einen Ausdruck, wertet ihn aus und gibt den Wert aus.

Aufgrund der automatischen Semikolonergänzung sieht die JavaScript-REPL in Wirklichkeit jedoch die folgende *Anweisung*:

```
6 * 7;
```

Anweisungen haben keine Werte, aber die JavaScript-REPL zeigt trotzdem Werte für sie an.

Geben Sie nun die folgende Variablendeklaration ein:

```
let number = 6 * 7;
undefined
```

Bei der Ausdrucksanweisung hat die REPL den Wert des Ausdrucks angezeigt, bei der Variablendeklaration dagegen `undefined`. In Übung 1 werden Sie sich damit beschäftigen, was bei anderen Anweisungen angezeigt wird.

Für Ihre eigenen Experimente in der REPL ist es wichtig zu wissen, wie Sie die Ausgaben interpretieren müssen. Geben Sie beispielsweise die folgende Ausdrucksanweisung ein und schauen Sie sich die Antwort an:

```
console.log(6 * 7);
42
undefined
```

Die erste Zeile der Ausgabe ist der Seiteneffekt des Aufrufs von `console.log`, die zweite ist der Rückgabewert des Methodenaufrufs. Wie bereits erwähnt, gibt `console.log` den Wert `undefined` zurück.

2.2 Semikolonergänzung

In JavaScript müssen bestimmte Anweisungen mit einem Semikolon abgeschlossen werden, vor allem Variablendeklarationen, Ausdrucksanweisungen und nichtlineare Steueranweisungen (`break`, `continue`, `return` und `throw`). Allerdings ergänzt JavaScript die erforderlichen Semikolons für Sie.

Die Grundregel dafür ist einfach: Bei der Verarbeitung einer Anweisung nimmt der Parser jedes Token darin auf, bis er auf ein Semikolon oder ein ungültiges Token stößt, also eines, das nicht als Teil der Anweisung gedeutet werden kann. Geht diesem ungültigen Token ein Zeilentrennzeichen voraus, handelt es sich also um eine schließende geschweifte Klammer oder um das Ende der Eingabe, dann fügt der Parser ein Semikolon hinzu.

Betrachten Sie dazu das folgende Beispiel:

```
let a = x
  + someComplicatedFunctionCall()
let b = y
```

Hinter der ersten Zeile wird kein Semikolon ergänzt, denn das Token + am Anfang der zweiten Zeile ist nicht ungültig.

Dagegen ist das Token `let` am Anfang der dritten Zeile ungültig, denn schließlich kann es kein Teil der ersten Variablendeklaration sein. Da dieses ungültige Token auf ein Zeilentrennzeichen folgt, wird ein Semikolon eingefügt:

```
let a = x
  + someComplicatedFunctionCall();
let b = y
```

Die Regel mit den ungültigen Token ist einfach und funktioniert in fast allen Fällen sehr gut. Allerdings versagt sie, wenn eine neue Anweisung mit einem Token *beginnt*, das auch Teil der vorhergehenden Anweisung sein könnte. Betrachten Sie dazu das folgende Beispiel:

```
let x = a
(console.log(6 * 7))
```

Hinter dem a wird kein Semikolon eingefügt, denn rein syntaktisch gesehen ist `a(console.log(6 * 7))` gültiges JavaScript. Dieser Code ruft eine Funktion namens a mit dem von `console.log` zurückgegebenen Wert auf. Das Token (in der zweiten Zeile wird daher *nicht* als ungültig angesehen.

Dieses Beispiel ist natürlich ziemlich gewollt, denn die Klammern um `console.log(6 * 7)` sind nicht nötig. Ein anderes häufig angeführtes Beispiel sieht wie folgt aus:

```
let a = x
[1, 2, 3].forEach(console.log)
```

Da hinter x eine öffnende eckige Klammer stehen kann, wird auch hier kein Semikolon ergänzt. In dem unwahrscheinlichen Fall, dass Sie tatsächlich auf diese Weise ein Array-Literal in einer Schleife durchlaufen wollen, müssen Sie das Array in einer Variablen speichern:

```
let a = x
const numbers = [1, 2, 3]
numbers.forEach(console.log)
```

Tipp

Beginnen Sie eine Anweisung niemals mit (oder [. Dann müssen Sie sich keine Sorgen darüber machen, ob die Anweisung als Fortsetzung der vorherigen Zeile aufgefasst wird oder nicht.

Hinweis

Ohne ein Semikolon kann es passieren, dass eine Zeile, die mit einem Template-Literal oder einem Literal für einen regulären Ausdruck beginnt, mit der vorausgehenden Zeile verschmolzen wird:

```
let a = x
`Fred`.toUpperCase()
```

Hier wird `` x`Fred` `` als Tagged-Template-Literal aufgefasst. In der Praxis werden Sie solchen Code aber nie schreiben, denn bei der Arbeit mit einem String oder einem regulären Ausdruck wollen Sie ja das Ergebnis nutzen. Deshalb würden Sie das Literal nicht an den Anfang der Anweisung stellen.

Die zweite Semikolonregel ist jedoch problematischer. Danach wird ein Semikolon hinter einer nichtlinearen Steueranweisung (`break`, `continue`, `return`, `throw` und `yield`) ergänzt, auf die unmittelbar ein Zeilentrennzeichen folgt:

```
return
  x + someComplicatedExpression;
```

Hier wird automatisch ein Semikolon hinzugefügt:

```
return ;
  x + someComplicatedExpression;
```

Die Funktion springt zurück, ohne einen Wert zurückzugeben. Die zweite Zeile ist jetzt eine Ausdrucksanweisung, die niemals ausgeführt wird.

Die Lösung für dieses Problem ist trivial: Fügen Sie niemals einen Zeilenumbruch nach `return` ein, sondern stellen Sie mindestens ein Token des Ausdrucks für den Rückgabewert in dieselbe Zeile:

```
return x +
  someComplicatedExpression;
```

Diese Regel müssen Sie auch dann beachten, *wenn Sie gewissenhaft alle erforderlichen Semikolons selbst hinschreiben.*

Neben den Regeln zu ungültigen Token und nichtlinearen Steueranweisungen gibt es noch eine dritte, eigenartige Regel: Ein Semikolon wird eingefügt, wenn auf `++` oder `--` unmittelbar ein Zeilentrennzeichen folgt. Betrachten Sie folgendes Beispiel:

```
x
++
y
```

Daraus wird nach dieser Regel:

```
x;
++y;
```

Solange Sie den Operator ++ in dieselbe Zeile schreiben wie seinen Operanden, müssen Sie sich jedoch keine Gedanken über diese Regel machen.

Die Regeln für die automatische Semikolonergänzung sind ein Teil der Sprache. In der Praxis funktionieren sie auch durchaus annehmbar. Wenn Sie Semikolons gern selbst einfügen, dann tun Sie das ruhig, wenn nicht, lassen Sie es bleiben. In *jedem* Fall aber müssen Sie auf eine Reihe von Grenzfällen achten.

Hinweis

Semikolons werden *nur* vor Zeilentrennzeichen und der schließenden geschweiften Klammer automatisch ergänzt. Wenn Sie mehrere Anweisungen in eine Zeile schreiben, müssen Sie die Semikolons selbst einfügen:

```
if (i < j) { i++; j-- }
```

Hier sind die Semikolons notwendig, um die Anweisungen `i++` und `j--` voneinander zu trennen.

2.3 Verzweigungen

Wenn Sie mit C, C++, Java oder C# vertraut sind, können Sie diesen Abschnitt getrost überspringen.

Die Bedingungsanweisung in JavaScript hat folgende Form:

```
if (Bedingung) Anweisung
```

Die Bedingung muss dabei in runden Klammern stehen.

Tipp

Gestalten Sie die Bedingung so, dass sie entweder `true` oder `false` ergibt, auch wenn JavaScript dafür beliebige Werte zulässt und sie in boolesche Werte umwandelt. Wie Sie im nächsten Abschnitt noch sehen werden, sind diese Konvertierungen nicht unbedingt einsichtig und können daher gefährlich sein. Beachten Sie die goldene Regel Nr. 3 aus dem Vorwort:

- Seien Sie sich immer über die Typen im Klaren und vermeiden Sie die automatische Typkonvertierung.

Es kommt häufig vor, dass Sie mehrere Anweisungen ausführen wollen, wenn die Bedingung erfüllt ist. Verwenden Sie dazu eine *Blockanweisung* der folgenden Form:

```
{
  Anweisung₁ Anweisung₂
  ...
}
```

Wenn die Bedingung nicht erfüllt ist, kann wie im folgenden Beispiel eine optionale `else`-Klausel ausgeführt werden:

```
if (yourSales > target) {
  performance = 'Good'
  bonus = 100
} else {
  performance = 'Mediocre'
  bonus = 0
}
```

Hinweis

Dieses Beispiel zeigt den »einzig wahren Stil für geschweifte Klammern«, bei dem die öffnende Klammer am Ende der Zeile steht, die der ersten Anweisung in dem Block vorausgeht. Dies ist der übliche Stil in JavaScript.

Handelt es sich bei der `else`-Klausel wiederum um eine `if`-Anweisung, wird gewöhnlich das folgende Format verwendet:

```
if (yourSales > 2 * target) {
  performance = 'Excellent'
  bonus = 1000
} else if (yourSales > target) {
  performance = 'Good'
  bonus = 100
} else {
  performance = 'Mediocre'
  bonus = 0
}
```

Einzelne Anweisungen müssen nicht in geschweifte Klammern gestellt werden:

```
if (yourSales > target)
  bonus = 100
```

Vorsicht

Wenn Sie bei `if/else`-Anweisungen keine geschweiften Klammern verwenden oder nicht dem »einzig wahren Stil« folgen, kann es sein, dass Ihr Code zwar in einer Programmdatei funktioniert, aber fehlschlägt, wenn Sie ihn in eine JavaScript-Konsole kopieren. Betrachten Sie das folgende Beispiel:

```
if (yourSales > target)
  bonus = 100
else
  bonus = 0
```

Einige JavaScript-Konsolen analysieren den Code Zeile für Zeile, sodass sie die `if`-Anweisung für abgeschlossen halten, bevor sie auf die `else`-Klausel stoßen. Um dieses Problem zu vermeiden, sollten Sie geschweifte Klammern verwenden oder die gesamte `if`-Anweisung in eine einzige Zeile schreiben:

```
if (yourSales > target) bonus = 100; else bonus = 0
```

Manchmal kann es praktisch sein, einen Ausdruck zur Verfügung zu haben, der wie eine `if`-Anweisung funktioniert. Nehmen wir an, Sie wollen den größeren von zwei Werten bestimmen:

```
let max = undefined
if (x > y) max = x; else max = y
```

Es wäre schöner, wenn wir `max` stattdessen einfach mit dem größeren der beiden Werte `x` und `y` initialisieren könnten. Da `if` eine Anweisung ist, können wir jedoch nicht einfach Folgendes schreiben:

```
let max = if (x > y) x else y // Fehler: if-Anweisung ist unerwartet
```

Stattdessen können Sie den Bedingungsoperator `? :` verwenden. Der Ausdruck *Bedingung* ? *erster Ausdruck* : *zweiter Ausdruck* wird zum ersten Ausdruck ausgewertet, wenn die Bedingung erfüllt ist, und ansonsten zum zweiten. Dadurch können wir unser Problem wie folgt lösen:

```
let max = x > y ? x : y
```

Hinweis

Der Ausdruck x > y ? x : y ist ein anschauliches Beispiel für den Bedingungsoperator, allerdings sollten Sie stattdessen die Methode `Math.max` aus der Standardbibliothek verwenden, wenn Sie den größeren von zwei Werten benötigen.

2.4 Falsy- und Truthy-Werte

Dieser »Verrückter Hutmacher«-Abschnitt beschreibt einen verwirrenden Aspekt von JavaScript ausführlicher. Wenn Sie dem Ratschlag aus dem vorherigen Abschnitt folgen und in Bedingungen nur boolesche Werte verwenden, können Sie ihn getrost überspringen.

In JavaScript müssen Bedingungen (also etwa die in einer `if`-Anweisung) nicht unbedingt boolesche Werte sein. Auch die »falschen« Werte `0`, `NaN`, `null`, `undefined` und der leere String lassen eine Bedingung fehlschlagen. Andere Werte werden dagegen als »wahr« gedeutet, sodass die Bedingung als erfüllt gilt. Gewöhnlich spricht man hierbei von Falsy- bzw. Truthy-Werten. Allerdings sind dies keine offiziellen Begriffe der Sprachspezifikation.

> **Hinweis**
>
> Falsy- und Truthy-Werte können auch bei Schleifenbedingungen, den Operanden der booleschen Operatoren `&&`, `||` und `!` sowie dem ersten Operanden von `? :` vorkommen. Alle diese Konstrukte werden noch weiter hinten in diesem Kapitel behandelt.

Auf den ersten Blick erscheinen die Konvertierungsregeln für boolesche Werte vernünftig. Nehmen wir an, Sie wollen lediglich sicherstellen, dass die Variable `performance` nicht `undefined` ist. Also schreiben Sie Folgendes:

```
if (performance) ... // Gefährlich!
```

Der Test schlägt zwar wie erwartet fehl, wenn die Variable `performance` den Wert `undefined` hat (und als Bonus auch, wenn sie `null` ist). Was aber, wenn `performance` ein leerer String oder die Zahl `0` ist? Soll der Test diese Fälle genauso behandeln wie das Fehlen eines Wertes? Manchmal kann das sinnvoll sein, manchmal aber nicht. Besser ist es, wenn der Code deutlich macht, was Sie wirklich erreichen wollen:

```
if (performance !== undefined) ...
```

2.5 Vergleichs- und Gleichheitsoperatoren

JavaScript verfügt über die üblichen Vergleichsoperatoren:

`<`	kleiner als
`<=`	kleiner oder gleich
`>`	größer als
`>=`	größer oder gleich

Beim Vergleich von Zahlen funktionieren diese Operatoren wie erwartet:

```
3 < 4  // true
3 >= 4 // false
```

Jeder Vergleich mit `NaN` ergibt `false`:

```
NaN < 4     // false
NaN >= 4    // false
NaN <= NaN // false
```

Mit denselben Operatoren lassen sich auch Strings vergleichen, wobei die alphabetische Reihenfolge beachtet wird:

```
'Hello' < 'Goodbye' // false: H steht hinter G
'Hello' < 'Hi'      // true: e steht vor i
```

Achten Sie beim Vergleich von Werten mit <, <=, > und >= darauf, dass entweder beide Operanden Zahlen oder beide Operanden Strings sind. Wandeln Sie die Operanden ggf. ausdrücklich um. Anderenfalls konvertiert JavaScript die Operanden. Das führt manchmal zu unerwünschten Ergebnissen, wie Sie im nächsten Abschnitt sehen werden.

Zum Test auf Gleichheit verwenden Sie die folgenden Operatoren:

`===` strikt gleich
`!==` nichtstrikt gleich

Diese strikten Gleichheitsoperatoren sind unproblematisch. Operanden unterschiedlicher Typen sind niemals exakt gleich. Die Werte `undefined` und `null` sind nur zu sich selbst strikt gleich. Zahlen, boolesche Werte und Strings sind nur dann strikt gleich, wenn ihre Werte gleich sind.

```
'42' === 42         // false: unterschiedliche Typen
undefined === null // false
'42' === '4' + 2   // tru: derselbe String-Wert, nämlich '42'
```

Daneben gibt es die schwachen Gleichheitsoperatoren `==` und `!=`, die auch Werte unterschiedlicher Typen vergleichen. Das ist im Allgemeinen nicht nützlich. Genaueres dazu erfahren Sie im nächsten Abschnitt.

Vorsicht

Es ist nicht möglich, x === NaN zu verwenden, um zu prüfen, ob x gleich NaN ist. Keine zwei NaN-Werte werden als gleich angesehen. Rufen Sie stattdessen Number.isNaN(x) auf.

Hinweis

Object.is(x, y) ist fast identisch mit x === y. Die einzigen Ausnahmen bestehen darin, dass Object.is(+0, -0) zu false ausgewertet wird und Object.is(NaN, NaN) zu true.

Wie in Java und Python bedeutet die Gleichheit von Objekten (einschließlich Arrays), dass die beiden Operanden auf dasselbe Objekt verweisen. Verweise auf verschiedene Objekte sind niemals gleich, selbst wenn die beiden Objekte den gleichen Inhalt haben.

```
let harry = { name: 'Harry Smith', age: 42 }
let harry2 = harry
harry === harry2 // true: zwei Verweise auf dasselbe Objekt
let harry3 = { name: 'Harry Smith', age: 42 }
harry === harry3 // false: verschiedene Objekte
```

2.6 Vergleiche unterschiedlicher Typen

Dies ist ein weiterer »Verrückter Hutmacher«-Abschnitt, der einen verwirrenden Aspekt von JavaScript ausführlicher beschreibt. Sie können ihn getrost überspringen, wenn Sie die goldene Regel Nr. 3 befolgen und Vergleiche unterschiedlicher Typen sowie vor allem die schwachen Gleichheitsoperatoren == und != vermeiden.

Als Erstes sehen wir uns hier Vergleiche unterschiedlicher Typen mit den Operatoren <, <=, > und >= an.

Wenn ein Operand eine Zahl ist, wird der andere ebenfalls in eine Zahl umgewandelt. Nehmen wir an, der zweite Operator ist ein String. In diesem Fall wird er in den zugehörigen numerischen Wert umgewandelt, wenn er die String-Darstellung einer Zahl ist, in 0, wenn der String leer ist, und in allen anderen Fällen in NaN. Jeder Vergleich mit NaN ergibt false, selbst NaN <= NaN.

```
'42' < 5       // false: '42' wird in die Zahl 42 umgewandelt
'' < 5         // true: '' wird in die Zahl 0 umgewandelt
'Hello' <= 5 // false: 'Hello' wird in NaN umgewandelt
5 <= 'Hello' // false: 'Hello' wird in NaN umgewandelt
```

Ist der andere Operand ein Array, sind folgende Fälle möglich:

```
[4] < 5     // true: [4] wird in die Zahl 4 umgewandelt
[] < 5      // true: [] wird in die Zahl 0 umgewandelt
[3, 4] < 5 // false: [3, 4] wird in NaN umgewandelt
```

Ist keiner der Operanden eine Zahl, werden beide in Strings umgewandelt. Vergleiche dieser Art liefern jedoch nur äußerst selten sinnvolle Ergebnisse:

```
[1, 2, 3] < {} // true: [1, 2, 3] wird in '1,2,3' umgewandelt und {} in
               // '[object Object]'
```

Als Nächstes sehen wir uns einen schwachen Gleichheitstest wie `x == y` genauer an. Dabei geschieht Folgendes:

- Sind beide Operanden vom selben Typ, werden sie strikt verglichen.
- Die Werte `undefined` und `null` sind nur zu sich selbst und *zueinander* schwach gleich, aber zu keinem anderen Wert.
- Ist einer der Operanden eine Zahl und der andere ein String, wird der String in eine Zahl umgewandelt und diese mit der anderen strikt verglichen.
- Ist einer der Operanden ein boolescher Wert, werden beide in Zahlen umgewandelt und strikt verglichen.
- Ist einer der Operanden ein Objekt und der andere nicht, wird das Objekt in einen primitiven Typ umgewandelt (siehe Kapitel 8) und dann schwach verglichen.

Betrachten Sie dazu die folgenden Beispiele:

```
'' == 0            // true: '' wird in 0 umgewandelt
'0' == 0           // true: '0' wird in 0 umgewandelt
'0' == false       // true: Beide Operanden werden in 0 umgewandelt
undefined == false // false: undefined ist nur zu null und sich selbst gleich
```

Schauen wir uns noch einmal die beiden Strings `''` und `'0'` an. Sie sind beide gleich 0, aber nicht zueinander gleich:

```
'' == '0' // false: Beide Operanden sind Strings, daher keine Umwandlung
```

Wie Sie sehen, sind die Regeln für schwache Vergleiche nicht sehr nützlich und können leicht zu schwer aufzuspürenden Fehlern führen. Vermeiden Sie diesen Sumpf, indem Sie nur die strikten Gleichheitsoperatoren `===` und `!==` verwenden.

> **Hinweis**
>
> Der schwache Vergleich x == null prüft in Wirklichkeit, ob x den Wert undefined oder null hat, und x != null prüft, ob beides nicht der Fall ist. Einige Programmierer, die gewöhnlich auf schwache Vergleiche verzichten, machen in diesem Fall eine Ausnahme.

2.7 Boolesche Operatoren

In JavaScript gibt es drei Operatoren, um boolesche Werte zu kombinieren:

&& und
|| oder
! nicht

Der Ausdruck x && y ist true, wenn sowohl x als auch y zu true ausgewertet werden. x || y ist true, wenn mindestens x oder y zu true ausgewertet wird. Der Ausdruck !x ist true, wenn x false ist.

Die Operatoren && und || werden träge ausgewertet (*Lazy Evaluation*). Wenn bereits der linke Operand das Ergebnis eindeutig bestimmt (wenn es sich bei && um einen Falsy- oder bei || um einen Truthy-Wert handelt), wird der rechte Operand nicht mehr ausgewertet. Das kann sehr praktisch sein, wie das folgende Beispiel zeigt:

```
if (i < a.length && a[i] > 0) // a[i] > 0 wird nicht ausgewertet, wenn
                              // i ≥ a.length
```

Die Operatoren && und || zeigen noch ein anderes merkwürdiges Verhalten, wenn die Operanden keine booleschen Werte sind. In diesem Fall wird einer der beiden Operanden als Wert des Ausdrucks herangezogen. Entscheidet der linke Operand das Ergebnis, so ist er der Wert des Ausdrucks. Der rechte Operand wird dann nicht mehr ausgewertet. Anderenfalls ist der Wert des Ausdrucks der Wert des rechten Operanden.

Betrachten Sie dazu die folgenden Beispiele:

```
0 && 'Harry' // 0
0 || 'Harry' // 'Harry'
```

In dem Versuch, dieses Verhalten auszunutzen, schreiben manche Programmierer Code wie den folgenden:

```
let result = arg && arg.someMethod()
```

Damit soll vor dem Aufruf der Methode sichergestellt werden, dass arg nicht undefined oder null ist. Wenn das der Fall wäre, so hätte auch result den Wert undefined oder null. Allerdings versagt diese Technik, wenn arg ein leerer String, 0 oder false ist.

Eine weitere Anwendung besteht darin, einen Standardwert bereitzustellen, wenn eine Methode undefined oder null zurückgibt:

```
let result = arg.someMethod() || defaultValue
```

Auch das funktioniert aber nicht mehr, wenn die Methode 0, einen leeren String oder false zurückgeben kann.

Für solche Fälle wäre eine komfortable Möglichkeit praktisch, um einen Wert nur dann zu verwenden, wenn er nicht undefined oder null ist. Zwei Operatoren für diesen Zweck sind zurzeit (Anfang 2020) noch Vorschläge der Stufe 3, was bedeutet, dass sie wahrscheinlich in spätere Versionen von JavaScript aufgenommen werden.

Der Ausdruck x ?? y gibt x zurück, wenn x nicht undefined oder null ist, und anderenfalls y. In dem folgenden Ausdruck wird der Standardwert defaultValue nur dann verwendet, wenn die Methode undefined oder null zurückgibt:

```
let result = arg.someMethod() ?? defaultValue
```

Der Ausdruck x?.*Eigenschaftsname* ergibt die genannte Eigenschaft, wenn x nicht undefined oder null ist, und anderenfalls undefined. Betrachten Sie dazu folgendes Beispiel:

```
let recipient = person?.name
```

Wenn person weder undefined noch null ist, dann ist die rechte Seite genau gleichwertig mit person.name. Ist person dagegen undefined oder null, wird recipient auf undefined gesetzt. Hätten Sie in diesem Fall den Operator . statt ?. verwendet, wäre eine Exception aufgetreten.

Sie können ?.-Operatoren auch verketten:

```
let recipientLength = person?.name?.length
```

Wenn person oder person.name zu undefined oder null ausgewertet wird, wird recipientLength auf undefined gesetzt.

> **Hinweis**
>
> In JavaScript gibt es auch die bitweisen Operatoren &, |, ^ und ~, die ihre Operanden ebenso wie ihre Gegenstücke in Java und C++ erst auf 32-Bit-Integer beschneiden und dann deren Bits kombinieren. Außerdem gibt es die Verschiebeoperatoren <<, >> und >>>, die Bits verschieben und dabei den linken Operanden auf einen 32-Bit- und den rechten auf einen 5-Bit-Integer beschneiden. Wenn Sie tatsächlich die einzelnen Bits von 32-Bit-Integern bearbeiten müssen, verwenden Sie diese Operatoren. Ansonsten sollten Sie jedoch lieber die Finger davon lassen.

> **Vorsicht**
>
> Manche Programmierer verwenden den Ausdruck x | 0, um die Nachkommastellen einer Zahl x zu entfernen. Das führt bei $x \geq 2^{31}$ jedoch zu falschen Ergebnissen. Besser ist es, stattdessen `Math.floor(x)` zu nutzen.

2.8 Die switch-Anweisung

Die `switch`-Anweisung funktioniert in JavaScript genauso wie in C, C++, Java und C#. Wenn Sie bereits damit vertraut sind, können Sie diesen Abschnitt getrost überspringen.

In einer `switch`-Anweisung wird ein Ausdruck mit vielen möglichen Werten verglichen, wie das folgende Beispiel zeigt:

```
let description = ''
switch (someExpression) {
  case 0:
    description = 'zero'
    break
  case false:
  case true:
    description = 'boolean'
    break
  case '':
    description = 'empty string' // Siehe den Vorsicht-Kasten weiter hinten
  default:
    description = 'something else'
}
```

Die Ausführung beginnt bei dem `case`-Label, das strikt gleich dem Wert des Ausdrucks ist, und läuft bis zur nächsten `break`-Anweisung oder bis zum Ende der `switch`-Anweisung. Stimmt keines der `case`-Labels mit dem Wert überein, beginnt die Ausführung am `default`-Label, sofern eines vorhanden ist. Da auf strikte Gleichheit geprüft wird, darf es sich bei den `case`-Labels nicht um Objekte handeln.

Vorsicht

Wenn Sie am Ende einer der Alternativen die `break`-Anweisung vergessen, fällt die Ausführung bis zur nächsten Alternative durch! Das geschieht in dem vorherigen Beispiel, wenn `value` der leere String ist. Dadurch wird `description` erst auf `'empty string'` und dann auf `'something else'` gesetzt. Dieses Durchfallen ist gefährlich und eine häufige Fehlerursache. Daher verzichten manche Entwickler auf `switch`-Anweisungen.

Tipp

In vielen Fällen ist der Leistungsunterschied zwischen einer `switch`-Anweisung und einer gleichwertigen Folge von `if`-Anweisungen zu vernachlässigen. Wenn Sie `switch` verwenden, kann die virtuelle Maschine bei einer großen Anzahl von Fällen jedoch eine Sprungtabelle nutzen, um den passenden Fall rasch zu finden.

2.9 while- und do-Schleifen

Auch diesen Abschnitt können Sie überspringen, wenn Sie mit C, C++, Java oder C# vertraut sind.

Eine `while`-Schleife führt eine Anweisung aus (bei der es sich auch um eine Blockanweisung handeln kann), während eine Bedingung erfüllt ist. Die allgemeine Form lautet:

```
while (Bedingung) Anweisung
```

Die folgende Schleife ermittelt, wie lange es dauert, einen bestimmten Geldbetrag für Ihren wohlverdienten Lebensabend anzusparen, vorausgesetzt, dass Sie jedes Jahr denselben Geldbetrag zu einem festen Zinssatz anlegen:

```
let years = 0
while (balance < goal) {
  balance += paymentAmount
  let interest = balance * interestRate / 100
  balance += interest
  years++
}
console.log(`${years} years.`)
```

Ist die Bedingung schon zu Anfang `false`, wird die `while`-Schleife niemals ausgeführt. Soll der Block dagegen auf jeden Fall mindestens einmal ausgeführt werden, müssen Sie den Test ans Ende verschieben, indem Sie eine `do`/`while`-Schleife verwenden. Deren Syntax sieht wie folgt aus:

```
do Anweisung while (Bedingung)
```

Diese Schleife führt die Anweisung aus (gewöhnlich einen Block) und prüft dann die Bedingung. Ist die Bedingung erfüllt, werden die Anweisung und der Test wiederholt. Betrachten Sie dazu das folgende Beispiel:

```
do {
  i++
} while (i < s.length && s[i] != ' ')
```

Die Schleife endet, wenn entweder `i` über das Ende des Strings hinausgeht oder `s[i]` ein Leerzeichen ist.

Die `do`-Schleife ist weniger gebräuchlich als die `while`-Schleife.

2.10 for-Schleifen

Die `for`-Schleife ist ein allgemeines Konstrukt für die Iteration über mehrere Elemente. In den folgenden drei Abschnitten sehen wir uns die verschiedenen Varianten an, die in JavaScript zur Verfügung stehen.

2.10.1 Die klassische for-Schleife

Die klassische Form der `for`-Schleife funktioniert genauso wie in C, C++, Java und C#. Dabei wird nach jedem Durchlauf ein Zähler oder eine vergleichbare Variable aktualisiert. Die folgende Schleife protokolliert die Zahlen von 1 bis 10:

```
for (let i = 1; i <= 10; i++)
  console.log(i)
```

An der ersten Position der `for`-Anweisung steht die Zählerinitialisierung. Die zweite gibt die Bedingung an, die vor jedem Durchlauf überprüft wird, und die dritte gibt an, wie der Zähler danach geändert werden soll.

Wie die Initialisierung, der Test und die Aktualisierung ablaufen, hängt davon ab, welche Art von Durchlauf Sie damit erreichen wollen. Die Schleife im folgenden Beispiel sucht alle Elemente eines Arrays in umgekehrter Reihenfolge auf:

```
for (let i = a.length - 1; i >= 0; i--)
  console.log(a[i])
```

Tipp

In der ersten Position einer `for`-Schleife können Sie beliebige Variablendeklarationen und Ausdrücke verwenden sowie in den anderen Positionen beliebige Ausdrücke. Allerdings gilt es als guter Stil, dabei dieselbe Variable zu initialisieren, zu testen und zu aktualisieren.

Hinweis

Mithilfe des *Komma-Operators* ist es möglich, mehrere Aktualisierungsausdrücke in die dritte Position einer `for`-Schleife zu zwängen:

```
for (let i = 0, j = a.length - 1; i < j; i++, j--) {
  let temp = a[i]
  a[i] = a[j]
  a[j] = temp
}
```

In `i++, j--` werden die beiden Ausdrücke `i++` und `j--` durch den Komma-Operator zu einem neuen Ausdruck verknüpft. Der Wert eines Komma-Ausdrucks ist derjenige des zweiten Operanden. In diesem Beispiel wird der Wert jedoch nicht verwendet, da uns die Seiteneffekte der Inkrementierung und Dekrementierung gleichgültig sind.

Der Komma-Operator ist nicht sehr beliebt, da er zu unvorhergesehenen Ergebnissen führen kann. Beispielsweise ist `Math.max((9, 3))` das Maximum des einzelnen Werts `(9, 3)` – und das ist 3.

Das Komma in der Deklaration `let i = 0, j = a.length -1` ist dagegen kein Komma-Operator, sondern ein syntaktischer Bestandteil der `let`-Anweisung, die die beiden Variablen `i` und `j` deklariert.

2.10.2 Die for-of-Schleife

Eine `for`-`of`-Schleife durchläuft die Elemente eines *iterierbaren Objekts*, wobei es sich meistens um ein Array oder einen String handelt. (In Kapitel 8 erfahren Sie, wie Sie auch andere Objekte iterierbar machen können.)

Betrachten Sie dazu das folgende Beispiel:

```
let arr = [, 2, , 4]
arr[9] = 100
for (const element of arr)
  console.log(element) // Gibt undefined, 2, undefined, 4, undefined
                       // (fünf Mal), 100 aus
```

Diese Schleife geht alle Elemente des Arrays vom Index 0 bis zu `arr.length - 1` in aufsteigender Reihenfolge durch. Die Elemente an den Indizes 0, 2 und 4 bis 8 werden als `undefined` gemeldet. Die Variable `element` wird bei jedem Schleifendurchlauf erstellt und mit dem aktuellen Elementwert initialisiert. Sie wird als `const` deklariert, da sie im Schleifenrumpf nicht geändert wird.

Wenn Sie alle Elemente eines Arrays verarbeiten müssen, ist die `for-of`-Schleife eine praktische Verbesserung gegenüber der herkömmlichen `for`-Schleife. Allerdings gibt es immer noch reichlich Anwendungen für die klassische Version, etwa wenn Sie nicht das gesamte Array durchlaufen wollen oder den Indexwert innerhalb der Schleife brauchen.

Wenn Sie mit der `for-of`-Schleife einen String durchlaufen, sucht diese jeden *Unicode-Codepunkt* auf. Das ist auch tatsächlich das gewünschte Verhalten. Schauen Sie sich dazu das folgende Beispiel an:

```
let greeting = 'Hello 🌐'
for (const c of greeting)
  console.log(c) // Gibt H e l l o, ein Leerzeichen und 🌐 aus
```

Sie müssen sich also keine Gedanken darüber machen, dass für 🌐 zwei Codeeinheiten verwendet werden, die in `greeting[6]` und `greeting[7]` gespeichert sind.

2.10.3 Die for-in-Schleife

Mit `for of` ist es nicht möglich, die Eigenschaftswerte eines beliebigen Objekts zu durchlaufen. Aber das ist meistens auch gar nicht sinnvoll, da die Werte ohne die Schlüssel gewöhnlich bedeutungslos sind. Dagegen können Sie mit `for in` die Schlüssel durchlaufen:

```
let obj = { name: 'Harry Smith', age: 42 }
for (const key in obj)
  console.log(`${key}: ${obj[key]}`)
```

Diese Schleife gibt `age: 42` und `name: Harry Smith` in einer ungewissen Reihenfolge aus.

Die `for-in`-Schleife durchläuft die Schlüssel eines gegebenen Objekts. Wie Sie in Kapitel 4 und 8 noch sehen werden, werden dabei Prototypen-Eigenschaften berücksichtigt, nicht aufzählbare Eigenschaften aber übersprungen. Die Reihenfolge, in der die Schlüssel durchlaufen werden, hängt von der Implementierung ab, sodass Sie sich nicht darauf verlassen können.

Hinweis

Die `for-of`-Schleife von JavaScript entspricht der verallgemeinerten `for`-Schleife in Java, die auch als `for-each`-Schleife bezeichnet wird. Die `for-in`-Schleife von JavaScript hat dagegen kein Gegenstück in Java.

Mit einer `for-in`-Schleife können Sie die Eigenschaftennamen eines Arrays durchlaufen:

```
let numbers = [1, 2, , 4]
numbers[99] = 100
for (const i in numbers)
  console.log(`${i}: ${numbers[i]}`)
```

Diese Schleife setzt `i` nacheinander auf `'0'`, `'1'`, `'3'` und `'99'`. Beachten Sie, dass die Schlüssel der Eigenschaften wie bei allen JavaScript-Objekten Strings sind. Auch wenn gängige JavaScript-Implementierungen Arrays in numerischer Reihenfolge durchlaufen, ist es am besten, sich nicht darauf zu verlassen. Wenn es auf die Iterationsreihenfolge ankommt, sollten Sie am besten `for of` oder die klassische `for`-Schleife verwenden.

Vorsicht

Ausdrücke wie `numbers[i + 1]` können in einer `for-in`-Schleife gefährlich sein:

```
if (numbers[i] === numbers[i + 1]) // Fehler! i + 1 ist '01', '11' usw.
```

In dieser Bedingung werden nicht etwa benachbarte Elemente verglichen. Da `i` einen String enthält, handelt es sich bei + um den *Stringverkettungsoperator*. Wenn `i` gleich `'0'` ist, ergibt `i + 1` den Wert `'01'`.

Um dieses Problem zu lösen, wandeln Sie den String `i` in eine Zahl um:

```
if (numbers[i] === numbers[parseInt(i) + 1])
```

Alternativ verwenden Sie die klassische `for`-Schleife.

Wenn Sie dem Array weitere Eigenschaften hinzufügen, werden natürlich auch diese aufgesucht:

```
numbers.lucky = true
for (const i in numbers) // i is '0', '1', '3', '99', 'lucky'
  console.log(`${i}: ${numbers[i]}`)
```

Wie Sie in Kapitel 4 sehen werden, ist es möglich, dass externer Code aufzählbare Eigenschaften zu `Array.prototype` oder `Object.prototype` hinzufügt, die dann in einer for-in-Schleife sichtbar werden. Daher wird diese Praxis in der modernen JavaScript-Etikette strengstens abgelehnt. Dennoch warnen einige Programmierer davor, for-in-Schleifen zu verwenden, da Sie sich Sorgen über veraltete Bibliotheken oder Kollegen machen, die beliebigen Code aus dem Internet einfügen.

Hinweis

Im nächsten Kapitel lernen Sie eine weitere Möglichkeit kennen, um Arrays zu durchlaufen, nämlich mit Techniken der funktionalen Programmierung. Beispielsweise können Sie wie folgt sämtliche Elemente eines Arrays protokollieren:

```
arr.forEach((element, key) => { console.log(`${key}: ${element}`) })
```

Die angegebene Funktion wird für alle Elemente und Indexschlüssel aufgerufen (also die Zahlen 0, 1, 3 und 99 und nicht als Strings).

Vorsicht

Wenn eine for-in-Schleife einen String durchläuft, sucht sie die Indizes der einzelnen *Unicode-Codeeinheiten* auf. Das ist aber wahrscheinlich nicht das, was Sie wollen. Betrachten Sie dazu das folgende Beispiel:

```
let greeting = 'Hello 🌐'
for (const i of greeting)
  console.log(greeting[i])
    // Gibt H e l l o, ein Leerzeichen und zwei beschädigte Zeichen aus
```

Die Indizes 6 und 7 für die beiden Codeeinheiten des Unicode-Zeichens 🌐 werden getrennt aufgesucht.

2.11 break und continue

Manchmal wollen Sie eine Schleife verlassen, sobald Sie ein bestimmtes Ziel erreicht haben. Nehmen wir an, Sie suchen nach der Position des ersten negativen Elements in einem Array:

```
let i = 0
while (i < arr.length) {
  if (arr[i] < 0) . . .
  ...
}
```

Sobald das erste negative Element gefunden ist, wollen Sie die Schleife verlassen, damit i den Wert der Position dieses Elements behält. Das können Sie mit der Anweisung break erreichen:

```
let i = 0
while (i < arr.length) {
  if (arr[i] < 0) break
  i++
}
// Wird nach break oder dem regulären Ende der Schleife erreicht
```

Die Anweisung `break` ist niemals notwendig. Stattdessen können Sie auch immer eine boolesche Variable verwenden, um das Beenden der Schleife zu steuern. Oft werden solche Variablen `done` oder `found` genannt:

```
let i = 0
let found = false
while (!found && i < arr.length) {
  if (arr[i] < 0) {
    found = true
  } else {
    i++
  }
}
```

Ebenso wie in Java gibt es auch in JavaScript `break`-Anweisungen *mit Label*, mit denen es möglich ist, aus mehreren verschachtelten Schleifen auszubrechen. Nehmen wir an, Sie möchten die Position des ersten negativen Elements in einem zweidimensionalen Array finden. Wenn Sie dieses Element erreicht haben, müssen Sie zwei Schleifen verlassen. Fügen Sie dazu ein Label (also einen Bezeichner gefolgt von einem Doppelpunkt) *vor* der äußeren Schleife hinzu. Eine *break*-Anweisung mit Label springt *hinter* die mit dem Label versehene Schleife:

```
let i = 0
let j = 0
outer:
while (i < arr.length) {
  while (j < arr[i].length) {
    if (arr[i][j] < 0) break outer
    j++
  }
  i++
  j = 0
}
// Wird nach break outer oder dem regulären Ende beider Schleifen erreicht
```

Das Label der `break`-Anweisung muss sich dabei in derselben Zeile befinden wie das Schlüsselwort `break`. Mit Labels versehene `break`-Anweisungen sind jedoch nicht gebräuchlich.

Außerdem gibt es noch die Anweisung `continue`, die ebenso wie `break` den regulären Steuerungsfluss unterbricht. Sie übergibt die Steuerung an das Ende der innersten einschließenden Schleife. Das folgende Beispiel berechnet den Durchschnitt der positiven Elemente eines Arrays:

```
let count = 0
let sum = 0
for (let i = 0; i < arr.length; i++) {
  if (arr[i] <= 0) continue
  count++
  sum += arr[i]
}
let avg = count === 0 ? 0 : sum / count
```

Ist ein Element nicht positiv, springt die Anweisung `continue` unmittelbar in den Kopf der Schleife und überspringt den Rest der *aktuellen* Iteration.

In einer `for`-Schleife wie in dem vorstehenden Beispiel springt die Anweisung `continue` zum Aktualisierungsteil der Schleife.

Es gibt auch eine Version von `continue` mit Label, die zum Ende der Schleife mit dem übereinstimmenden Label springt. Solche Anweisungen sind jedoch äußerst unüblich.

Viele Programmierer halten `break` und `continue` für verwirrend. Da sich diese Anweisungen auch einfach vermeiden lassen, verwende ich sie in diesem Buch nicht.

2.12 Ausnahmen abfangen

Einige Methoden geben einen Fehlerwert zurück, wenn sie mit ungültigen Argumenten aufgerufen werden. Beispielsweise gibt `parseFloat('')` den Wert `NaN` zurück. Es ist jedoch nicht immer sinnvoll, einen Fehlerwert zurückzugeben. Es kann auch weniger offensichtliche Möglichkeiten geben, zwischen gültigen und ungültigen Werten zu unterscheiden. Die Methode `parseFloat` ist dafür ein gutes Beispiel. Der Aufruf `parseFloat('NaN')` gibt `NaN` zurück, der Aufruf `parseFloat('Infinity')` den Wert `Infinity`. Wenn `parseFloat` also `NaN` zurückgibt, können Sie nicht erkennen, ob die Methode den gültigen String `'NaN'` oder ein ungültiges Argument untersucht hat.

In JavaScript kann eine Methode auch einen alternativen Exit-Pfad nehmen, wenn sie nicht in der Lage ist, ihre Aufgabe auf reguläre Weise zu erledigen. Anstatt einen Wert zurückzugeben, kann sie auch *eine Exception auslösen*. In diesem Fall wird die Ausführung nicht mit dem Code fortgesetzt, der die Methode aufgerufen hat. Stattdessen wird eine `catch`-*Klausel* ausgeführt. Wird diese Exception nirgendwo mit einer solchen Klausel abgefangen, wird das Programm beendet.

Um eine Exception abzufangen, verwenden Sie die Anweisung `try`. In ihrer einfachsten Form sieht sie wie folgt aus:

```
try {
  Code
  mehr Code
  noch mehr Code
} catch {
  Handler
}
```

Der der Code an irgendeiner Stelle innerhalb des `try`-Blocks eine Exception auslöst, überspringt das Programm den Rest des Blocks und führt stattdessen den Handler-Code in der `catch`-Klausel aus.

Nehmen wir zum Beispiel an, Sie wollen einen empfangenen JSON-String parsen. Der Aufruf von `JSON.parse` löst eine Exception aus, wenn das Argument kein gültiger JSON-Code ist. Diese Exception können Sie in der `catch`-Klausel behandeln:

```
let input = ... // Liest eine Eingabe aus irgendeiner Quelle
try {
  let data = JSON.parse(input)
  // Wird die Ausführung hier fortgesetzt, ist die Eingabe gültig
  // Verarbeitet die Daten
  ...
} catch {
  // Kümmert sich darum, dass die Eingabe ungültig ist
  ...
}
```

Im Handler können Sie die Information protokollieren, dass Ihnen ein ungültiger JSON-String übergeben wurde, oder sonstige Maßnahmen treffen, um mit dem Problem umzugehen.

In Kapitel 3 sehen wir uns noch weitere Varianten von `try`-Anweisungen an, die Ihnen mehr Kontrolle über die Behandlung von Exceptions geben. Dort lernen Sie auch, wie Sie eigene Exceptions auslösen.

2.13 Übungen

1. Browserkonsolen und die REPL von Node.js zeigen Werte an, wenn Sie Anweisungen eingeben. Welche Werte werden bei den folgenden Anweisungen ausgegeben?
   - Ausdrucksanweisungen
   - Variablendeklarationen
   - Blockanweisungen mit mindestens einer Anweisung
   - Leere Blockanweisungen

- while-, do- oder for-Schleifen, deren Rumpf mindestens einmal ausgeführt wird
- Schleifen, deren Rumpf nie ausgeführt wird
- if-Anweisungen
- try-Anweisungen, die regulär beendet werden
- try-Anweisungen, deren catch-Klausel ausgeführt wird

2. Was ist bei der folgenden Anweisung falsch?

```
if (x === 0) console.log('zero') else console.log('nonzero')
```

Wie lösen Sie das Problem?

3. Gegeben sei die folgende Anweisung:

```
let x = a
```

Welche Token am Anfang der nächsten Zeile können verhindern, dass ein Semikolon ergänzt wird? Welche können in einem Programm realistischerweise vorkommen?

4. Was ergeben Vergleiche von `undefined`, `null`, `0` und `''` mit den Operatoren `<`, `<=` und `==`? Warum ist das so?

5. Ist `a || b` unabhängig vom Typ von `a` und `b` immer dasselbe wie `a ? a : b`? Warum oder warum nicht? Geht das auch mit `a && b`?

6. Verwenden Sie die drei Arten von for-Schleifen, um den größten Wert in einem Array aus Zahlen zu finden!

7. Betrachten Sie folgenden Code:

```
let arr = [1, 2, 3, 4, 5, 6, 7, 8, 9, 10, 11, 12]
for (i in arr) { if (i + 1 === 10) console.log(a[i]) }
```

Warum wird hierbei nichts ausgegeben?

8. Schreiben Sie eine switch-Anweisung, die die Ziffern 0 bis 9 in ihre englischen Bezeichnungen `'zero'` bis `'nine'` umwandelt. Wie können Sie dasselbe auch ganz einfach ohne switch erledigen? Wie sieht es mit der Rückverwandlung aus?

9. Sei `n` eine Zahl zwischen 0 und 7. Setzen Sie die Array-Elemente `arr[k]` bis `arr[k + n - 1]` auf `0`. Verwenden Sie dazu eine switch-Anweisung mit Durchlauf.

10. Schreiben Sie die `do`-Schleife aus Abschnitt 2.9 »while- und do-Schleifen« als `while`-Schleife um.

11. Schreiben Sie alle `for`-Schleifen aus Abschnitt 2.10 »for-Schleifen« als `while`-Schleifen um.

12. Schreiben Sie das Beispiel mit der `break`-Anweisung mit Label aus Abschnitt 2.11 »break und continue« mit zwei verschachtelten `for`-Schleifen um.

13. Schreiben Sie das Beispiel mit der `break`-Anweisung mit Label aus Abschnitt 2.11 »break und continue« ohne `break` um. Verwenden Sie eine boolesche Variable, um das Beenden der verschachtelten Schleifen zu steuern.

14. Schreiben Sie das Beispiel mit der `continue`-Anweisung aus Abschnitt 2.11 »break und continue« ohne `break` um.

15. Schreiben Sie Code, um die erste Position zu finden, an der ein Array `b` als Teilfolge in einem Array `a` vorkommt. Schreiben Sie dazu zwei verschachtelte Schleifen:

    ```
    let result = undefined
    for (let i = 0; i < a.length - b.length; i++) {
      for (let j = 0; j < b.length; j++) {
        if (a[i + j] != b[j]) ...
      }
      ...
    }
    ```

    Vervollständigen Sie den Code mit `break`- und `continue`-Anweisungen mit Label. Schreiben Sie ihn dann ohne `break` und `continue` um.

3 Funktionen und funktionale Programmierung

In diesem Kapitel erfahren Sie, wie Sie in JavaScript Funktionen schreiben. JavaScript ist eine funktionale Programmiersprache. Funktionen sind ebenso wie Zahlen oder Strings Werte erster Klasse. Sie können Funktionen entgegennehmen und andere Funktionen ausgeben. Für die Arbeit mit modernem JavaScript ist es unverzichtbar, die Kunst der funktionalen Programmierung beherrschen zu lernen.

Des Weiteren behandelt dieses Kapitel die Regeln für die Parameterübergabe und den Gültigkeitsbereich in JavaScript sowie das Auslösen und Abfangen von Exception.

3.1 Funktionen deklarieren

Um in JavaScript eine Funktion zu deklarieren, müssen Sie Folgendes angeben:

1. den Namen der Funktion,
2. die Namen der Parameter,
3. den Rumpf der Funktion, der das Funktionsergebnis berechnet und zurückgibt.

Die Typen der Funktionsparameter und des Ergebnisses geben Sie dagegen nicht an. Betrachten Sie dazu das folgende Beispiel:

```
function average(x, y) {
  return (x + y) / 2
}
```

Die Anweisung `return` sorgt dafür, dass der in der Funktion berechnete Wert zurückgegeben wird.

Um diese Funktion aufzurufen, müssen Sie lediglich die erforderlichen Argumente übergeben:

```
let result = average(6, 7) // result wird auf 6.5 gesetzt
```

Was aber geschieht, wenn Sie etwas anderes als Zahlen übergeben? Was auch immer passiert, passiert. Zum Beispiel:

```
result = average('6', '7') // result wird auf 33.5 gesetzt
```

Wenn Sie Strings übergeben, werden sie durch den Operator + im Funktionsrumpf verkettet. Der resultierende String `'67'` wird dann vor der Division durch 2 in eine Zahl umgewandelt.

Auf Java-, C#- oder C++-Programmierer, die an eine Typüberprüfung zur Kompilierzeit gewöhnt sind, mag das geradezu fahrlässig wirken. Tatsächlich können Sie Fehler bei den Argumenttypen erst erkennen, wenn zur Laufzeit merkwürdige Dinge passieren. Aber dadurch ist es möglich, Funktionen zu schreiben, die Argumente verschiedener Typen akzeptieren, was sehr komfortabel sein kann.

Die Anweisung `return` gibt die Steuerung unmittelbar zurück und verwirft den Rest der Funktion. Betrachten Sie dazu die folgende Funktion `indexOf`, die den Index eines Wertes in einem Array berechnet:

```
function indexOf(arr, value) {
  for (let i in arr) {
    if (arr[i] === value) return i
  }
  return -1
}
```

Sobald eine Übereinstimmung gefunden wurde, wird der Index zurückgegeben und die Funktion beendet.

In einer Funktion muss nicht unbedingt ein Rückgabewert angegeben sein. Wenn der Funktionsrumpf ohne `return` beendet wird oder wenn kein Ausdruck auf das Schlüsselwort `return` folgt, gibt die Funktion `undefined` zurück. Das geschieht gewöhnlich, wenn die Funktion einzig und allein aufgrund ihrer Seiteneffekte aufgerufen wird.

Tipp

Wenn eine Funktion nur manchmal ein Ergebnis zurückgibt, Sie aber nicht wollen, dass Sie jemals irgendetwas zurückgibt, dann legen Sie das explizit fest:

```
return undefined
```

Hinweis

Wie in Kapitel 2 bereits erwähnt, muss bei einer `return`-Anweisung immer mindestens ein Token vor dem Zeilenende stehen, um zu verhindern, dass automatisch ein Semikolon eingefügt wird. Wenn beispielsweise eine Funktion ein Objekt zurückgibt, müssen Sie daher wenigstens die öffnende geschweifte Klammer in dieselbe Zeile schreiben:

```
return {
  average: (x + y) / 2,
  max: Math.max(x, y),
  ...
}
```

3.2 Funktionen höherer Ordnung

JavaScript ist eine funktionale Programmiersprache. Funktionen sind Werte und können daher in Variablen gespeichert, als Argumente übergeben und als Ergebnisse von anderen Funktionen zurückgegeben werden.

Beispielsweise können wir die Funktion `average` in einer Variablen speichern:

```
let f = average
```

Anschließend können Sie die Funktion wie folgt aufrufen:

```
let result = f(6, 7)
```

Wenn der Ausdruck `f(6, 7)` ausgeführt wird, stellt sich heraus, dass der Inhalt von `f` eine Funktion ist. Diese Funktion wird nun mit den Argumenten `6` und `7` aufgerufen.

Später können wir eine andere Funktion in der Variablen `f` speichern:

```
f = Math.max
```

Wenn Sie jetzt `f(6, 7)` ausführen, ergibt die Anweisung `7`, das Resultat des Aufrufs von `Math.max` mit den angegebenen Argumenten.

Das folgende Beispiel zeigt, wie Sie eine Funktion als Argument übergeben:

```
arr.map(someFunction)
```

Wenn `arr` ein Array ist, wendet dieser Methodenaufruf die angegebene Funktion auf alle Elemente an und gibt ein Array der gesammelten Ergebnisse zurück (ohne das ursprüngliche Array zu verändern). Betrachten Sie dazu das folgende konkrete Beispiel:

```
result = [0, 1, 2, 4].map(Math.sqrt)
```

Dadurch wird `result` auf das folgende Array gesetzt:

```
[0, 1, 1.4142135623730951, 2]
```

Eine Methode wie `map` wird auch als *Funktion höherer Ordnung* bezeichnet, also als eine Funktion, die eine andere Funktion entgegennimmt.

3.3 Funktionsliterale

Bleiben wir noch ein bisschen bei dem Beispiel aus dem vorherigen Abschnitt. Wenn wir alle Elemente des Arrays mit 10 multiplizieren wollen, können wir dazu eine Funktion wie die folgende schreiben:

```
function multiplyBy10(x) { return x * 10 }
```

Diese Funktion können wir nun wie folgt aufrufen:

```
result = [0, 1, 2, 4].map(multiplyBy10)
```

Eine neue Funktion zu deklarieren, die wir nur einmal verwenden, ist jedoch unnützer Aufwand. Es ist besser, stattdessen ein *Funktionsliteral* zu verwenden. Dafür gibt es in JavaScript zwei syntaktische Varianten. Die erste sieht wie folgt aus:

```
result = [0, 1, 2, 4].map(function (x) { return 10 * x })
```

Diese Schreibweise ist unmittelbar einleuchtend. Sie verwenden dieselbe `function`-Syntax wie zuvor, verzichten aber auf die Angabe eines Funktionsnamens. Das Funktionsliteral ist ein Wert, der eine Funktion mit der angegebenen Aktion bezeichnet. Dieser Wert wird an die Methode `map` übergeben.

Ebenso wie das Array-Literal `[0, 1, 2, 4]` hat auch das Funktionsliteral selbst keinen Namen. Wenn Sie der Funktion einen Namen geben wollen, müssen Sie das tun, was Sie immer tun, wenn Sie etwas benennen – nämlich die Funktion in einer Variablen speichern:

```
const average = function (x, y) { return (x + y) / 2 }
```

Tipp

Sie können sich anonyme Funktionsliterale als den Normalfall vorstellen. Eine benannte Funktion ist dann die Abkürzung dafür, ein Funktionsliteral zu deklarieren und ihm einen Namen zu geben.

3.4 Pfeilfunktionen

Im vorherigen Abschnitt haben Sie gelernt, wie Sie Funktionsliterale mit dem Schlüsselwort `function` deklarieren. Es gibt jedoch noch eine zweite, knappere Form, bei der der sogenannte Pfeiloperator => verwendet wird:

```
const average = (x, y) => (x + y) / 2
```

Dabei geben Sie die Parametervariablen auf der linken Seite des Pfeils und den Rückgabewert auf der rechten Seite an.

Gibt es nur einen Parameter, so können Sie darauf verzichten, ihn in Klammern einzuschließen:

```
const multiplyBy10 = x => x * 10
```

Bei einer Funktion ohne Parameter geben Sie ein leeres Klammernpaar an:

```
const dieToss = () => Math.trunc(Math.random() * 6) + 1
```

Beachten Sie, dass `dieToss` eine Funktion und nicht einfach eine Zahl ist. Bei jedem Aufruf von `dieToss` erhalten Sie einen zufälligen Integer aus dem Intervall von 1 bis 6.

Bei komplexeren Pfeilfunktionen sollten Sie den Rumpf in eine Blockanweisung stellen. Mit dem Schlüsselwort `return` geben Sie einen Wert aus dem Block zurück:

```
const indexOf = (arr, value) => {
    for (let i in arr) {
      if (arr[i] === value) return i
    }
    return -1
}
```

Tipp

Das Token => muss sich in derselben Zeile befinden wie die Parameter:

```
const average = (x, y) => // OK
  (x + y) / 2
const distance = (x, y)   // Fehler
  => Math.abs(x - y)
```

Wenn Sie eine Pfeilfunktion über mehrere Zeilen verteilen, sollten Sie zur Verdeutlichung geschweifte Klammern angeben:

```
const average = (x, y) => {
  return (x + y) / 2
}
```

Vorsicht

Wenn eine Pfeilfunktion nichts anderes tut, als ein Objektliteral zurückzugeben, dann müssen Sie das Objekt in runde Klammern stellen:

```
const stats = (x, y) => ({
    average: (x + y) / 2,
    distance: Math.abs(x - y)
  })
```

Anderenfalls würden die geschweiften Klammern als Block geparst werden.

Tipp

Wie Sie in Kapitel 4 noch sehen werden, weisen Pfeilfunktionen ein einheitlicheres Verhalten auf als Funktionen, die mit dem Schlüsselwort `function` deklariert werden. Viele JavaScript-Programmierer bevorzugen die Pfeilsyntax für anonyme und verschachtelte Funktionen. Manche verwenden diese Syntax sogar für alle Funktionen, während andere zur Deklaration von Funktionen der höchsten Ordnung `function` bevorzugen. Das ist reine Geschmackssache.

3.5 Funktionale Array-Verarbeitung

Anstatt ein Array mit einer `for-of`- oder `for-in`-Schleife zu durchlaufen, können Sie auch die Methode `forEach` verwenden. Übergeben Sie ihr dazu eine Funktion, die die Elemente und die Indexwerte verarbeitet:

```
arr.forEach((element, index) => { console.log(`${index}: ${element}`) })
```

Die Funktion wird für jedes Array-Element in aufsteigender Reihenfolge des Index aufgerufen.

Wenn Sie nur an den Elementen interessiert sind, können Sie auch eine Funktion mit einem einzigen Parameter übergeben:

```
arr.forEach(element => { console.log(`${element}`) })
```

Die Methode `forEach` ruft die Funktion mit dem Element und dem Index auf, allerdings wird der Index in diesem Fall ignoriert.

Da `forEach` selbst kein Ergebnis hervorruft, muss die übergebene Funktion irgendeinen Seiteneffekt haben, also etwa einen Wert zurückgeben oder eine Zuweisung vornehmen. Es wäre jedoch besser, wenn Sie ganz auf Seiteneffekte verzichten und Methoden wie `map` oder `filter` verwenden könnten, die Arrays in die gewünschte Form umwandeln.

In Abschnitt 3.2 »Funktionen höherer Ordnung«, haben Sie die Methode `map` bereits kennengelernt. Sie wandelt ein Array um, indem sie auf jedes Element eine Funktion anwendet. Nehmen wir als praktisches Beispiel an, Sie wollen eine HTML-Liste der Elemente in einem Array erstellen. Als Erstes können Sie dazu jedes dieser Array-Elemente in ein `li`-Tag einschließen:

```
const enclose = (tag, contents) => `<${tag}>${contents}</${tag}>`
const listItems = items.map(i => enclose('li', i))
```

Es ist jedoch sicherer, erst die Zeichen `&` und `<` in den Array-Elementen zu maskieren. Nehmen wir an, dass wir für diesen Zweck bereits eine Funktion namens `htmlEscape` haben. (Eine Implementierung dieser Funktion finden Sie im Begleitcode zu diesem Buch.) Nun wandeln wir die Elemente damit zunächst in eine sichere Form um und schließen sie dann in die Tags ein:

```
const listItems = items
  .map(htmlEscape)
  .map(i => enclose('li', i))
```

Das Ergebnis ist ein Array aus `li`-Elementen. Als Nächstes können wir alle Strings mit der Methode `Array.join` verketten (siehe Kapitel 7) und den resultierenden String in ein `ul`-Element einschließen:

```
const list = enclose('ul',
  items
  .map(htmlEscape)
  .map(i => enclose('li', i))
  .join(''))
```

Eine weitere nützliche Array-Methode ist `filter`. Sie nimmt eine *prädikative* Funktion entgegen, also eine, die einen booleschen Wert zurückgibt (oder auch einen Truthy- oder Falsy-Wert). Das Ergebnis ist ein Array aller Elemente, die mit dem Prädikat übereinstimmen. Wenn wir in unserem bisherigen Beispiel keine leeren Strings in die Liste aufnehmen wollen, können wir sie wie folgt entfernen:

```
const list = enclose('ul',
  items
  .filter(i => i.trim() !== '')
  .map(htmlEscape)
  .map(i => enclose('li', i))
  .join(''))
```

Diese Verarbeitungspipeline ist ein gutes Beispiel eines abstrakteren Programmierstils, in dem das Was und nicht das Wie im Vordergrund steht. Was wollen wir? Wir wollen die leeren Strings entfernen, HTML-Code maskieren, die Array-Elemente in `li`-Elemente einschließen und diese verknüpfen. Wie machen wir das? Letzten Endes durch eine Folge von Schleifen und Verzweigungen, aber das sind Einzelheiten der Implementierung.

3.6 Closures

Die Funktion `setTimeout` nimmt zwei Argumente entgegen: die Funktion, die nach dem Ablauf der gesetzten Frist (Timeout) ausgeführt werden soll, und die Dauer dieser Frist in Millisekunden. Beispielsweise sorgt der folgende Aufruf dafür, dass in zehn Sekunden »Goodbye« ausgegeben wird:

```
setTimeout(() => console.log('Goodbye'), 10000)
```

Diesen Vorgang können wir jedoch auch flexibler gestalten:

```
const sayLater = (text, when) => {
  let task = () => console.log(text)
  setTimeout(task, when)
}
```

Jetzt können wir die Funktion wie folgt aufrufen:

```
sayLater('Hello', 1000)
sayLater('Goodbye', 10000)
```

Wenn Sie sich die Variable `text` in der Pfeilfunktion `() => console.log(text)` genauer ansehen, werden Sie feststellen, dass hier etwas Merkwürdiges geschieht. Der Code der Pfeilfunktion wird ausgeführt, lange nachdem der Aufruf von `sayLater` die Steuerung zurückgegeben hat. Wie bleibt die Variable `text` dabei erhalten? Und wie kann es angehen, dass sie erst `'Hello'` und dann `'Goodbye'` ist?

Um zu verstehen, was hier passiert, müssen wir unser Verständnis von Funktionen vertiefen. Eine Funktion besteht aus drei Dingen:

1. einem Codeblock,
2. Parametern,
3. freien Variablen, also Variablen, die im Code verwendet werden, aber nicht als Parameter oder lokale Variable deklariert werden.

Eine Funktion mit freien Variablen wird als *Closure* (Funktionsabschluss) bezeichnet.

In unserem Beispiel ist `text` eine freie Variable der Pfeilfunktion. Wenn die Funktion erstellt wird, speichert die Datenstruktur, die für Closure steht, einen Verweis auf diese Variable. Dadurch wird die Variable *erfasst*. Damit steht der Wert auch noch zur Verfügung, wenn die Funktion später aufgerufen wird.

Die Pfeilfunktion `() => console.log(text)` erfasst sogar noch eine zweite Variable, nämlich `console`.

Aber wie kann `text` zwei verschiedene Werte annehmen? Schauen wir uns diesen Vorgang in Zeitlupe an. Der erste Aufruf von `sayLater` erstellt ein Closure, das die Parametervariable `tet` mit dem Wert `'Hello'` erfasst. Beim späteren Beenden der Methode `sayLater` verschwindet die Variable aber nicht, da sie immer noch von dem Closure verwendet wird. Wird `sayLater` dann erneut aufgerufen, so wird eine zweites Closure erstellt, das eine andere Parametervariable namens `text` erfasst, diesmal mit dem Wert `'Goodbye'`.

In JavaScript ist eine erfasste Variable ein Verweis auf eine andere Variable und nicht deren aktueller Wert. Wenn Sie den Inhalt der erfassten Variable ändern, zeigt sich diese Änderung im Closure. Betrachten Sie dazu den folgenden Fall:

```
let text = 'Goodbye'
setTimeout(() => console.log(text), 10000)
text = 'Hello'
```

Nach zehn Sekunden wird der String `'Hello'` ausgegeben, auch wenn `text` den Wert `'Goodbye'` enthielt, als das Closure erstellt wurde.

Hinweis

Die Lambda-Ausdrücke und inneren Klassen in Java können ebenfalls Variablen aus umschließenden Gültigkeitsbereichen erfassen. In Java müssen erfasste lokale Variablen aber final sein: Ihr Wert darf sich niemals ändern.

Das Erfassen veränderbarer Variablen macht die Implementierung von Closures in JavaScript komplizierter. Ein JavaScript-Closure merkt sich nicht einfach den ursprünglichen Wert, sondern den Speicherort der erfassten Variable. Außerdem bleibt die erfasste Variable so lange erhalten, wie das Closure existiert, selbst wenn es sich um eine lokale Variable einer bereits beendeten Methode handelt.

Das Grundprinzip von Closures ist einfach: Eine freie Variable innerhalb einer Funktion bedeutet genau das Gleiche wie außerhalb. Allerdings hat das erhebliche Konsequenzen zur Folge. Es ist äußerst praktisch, Variable zu erfassen, sodass sie unendlich lange verfügbar bleiben. Im nächsten Abschnitt wollen wir das veranschaulichen, indem wir Objekte und Methoden komplett mithilfe von Closures implementieren.

3.7 Harte Objekte

Angenommen wir wollen Objekte für Bankkonten implementieren. Wir möchten den Kontostand abrufen sowie Geld einzahlen und abheben können. Der Objektstatus soll privat sein, sodass er nur mit den von uns bereitgestellten Methoden verändert werden kann.

Eine Factory-Funktion dafür sieht in groben Zügen wie folgt aus:

```
const createAccount = () => {
  ...
  return {
    deposit: amount => { ... },
    withdraw: amount => { ... },
    getBalance: () => ...
  }
}
```

Damit können wir nun so viele Konten erstellen, wie wir wollen:

```
const harrysAccount = createAccount()
const sallysAccount = createAccount()
sallysAccount.deposit(500)
```

Beachten Sie, dass ein Kontoobjekt nur Methoden und keine Daten enthält. Wenn wir bereits einen Kontostand zu dem Kontoobjekt hinzugefügt hätten, könnte ihn jeder ändern. Es gibt in JavaScript keine privaten Eigenschaften.

Wo speichern wir nun aber die Daten? Ganz einfach – als lokale Variable in der Factory-Funktion:

```
const createAccount = () => {
  let balance = 0
  return {
    ...
  }
}
```

Wir erfassen die lokalen Daten in den Methoden:

```
const createAccount = () => {
  ...
  return {
    deposit: amount => {
      balance += amount
    },
    withdraw: amount => {
      if (balance >= amount)
        balance -= amount
    },
    getBalance: () => balance
  }
}
```

Jedes Konto hat seine *eigene* erfasste `balance`-Variable, nämlich diejenige, die beim Aufruf der Factory-Funktion erstellt wurde.

In der Factory-Funktion können Sie auch Parameter bereitstellen:

```
const createAccount = (initialBalance) => {
  let balance = initialBalance + 10 // Prämie zur Kontoeröffnung
  return {
    ...
  }
}
```

Es ist sogar möglich, statt einer lokalen Variablen die Parametervariable zu erfassen:

```
const createAccount = (balance) => {
  balance += 10 // Prämie zur Kontoeröffnung
  return {
    deposit: amount => {
      balance += amount
    },
    ...
  }
}
```

Auf den ersten Blick mag diese Vorgehensweise zum Erstellen von Objekten merkwürdig aussehen. Allerdings weisen solche Objekte zwei erhebliche Vorteile auf. Der Status, der ausschließlich aus den erfassten lokalen Variablen der Factory-Funktion besteht, wird automatisch gekapselt. Außerdem vermeiden Sie den Parameter `this`, der in JavaScript seine Tücken hat, wie Sie in Kapitel 4 noch sehen werden.

Diese Technik wird manchmal als Closure-Muster oder Factory-Klassen-Muster bezeichnet. Ich bevorzuge hingegen den Begriff, den Douglas Crockford in seinem Buch *How JavaScript Works* geprägt hat: harte Objekte.

> **Hinweis**
>
> Um ein Objekt noch weiter zu härten, können Sie die Methode `Object.freeze` verwenden. Sie gibt ein Objekt zurück, dessen Eigenschaften weder verändert noch entfernt oder um andere Eigenschaften ergänzt werden können:

```
const createAccount = (balance) => {
  return Object.freeze({
    deposit: amount => {
      balance += amount
    },
    ...
  })
}
```

3.8 Strikter Modus

Wie Sie bereits gesehen haben, verfügt JavaScript über eine Reihe ungewöhnlicher Merkmale, von denen sich einige für die Softwareentwicklung im großen Maßstab als ungeeignet erwiesen haben. Im *strikten Modus* sind einige dieser Merkmale unzulässig. Verwenden Sie stets den strikten Modus.

Um ihn zu aktivieren, nehmen Sie Folgendes als erste Zeile (die kein Kommentar ist) in Ihre Datei auf:

```
'use strict'
```

Dabei können Sie auch doppelte statt einfacher Anführungszeichen verwenden und die Zeile mit einem Semikolon abschließen.

Um den strikten Modus in der Node.js-REPL zu erzwingen, beginnen Sie wie folgt:

```
node --use-strict
```

> **Hinweis**
>
> In einer Browserkonsole müssen Sie jeder Zeile, die im strikten Modus ausgeführt werden soll, `'use strict';` oder `'use strict'` gefolgt von `Umschalt` + `Eingabe` voranstellen, was ziemlich lästig ist.

Es ist auch möglich, den strikten Modus auf einzelne Funktionen anzuwenden:

```
function strictInASeaOfSloppy() {
  'use strict'
  ...
}
```

In modernem Code gibt es jedoch keinen Grund dafür, den strikten Modus funktionsweise zu verlangen. Wenden Sie ihn auf die gesamte Datei an.

Der strikte Modus ist außerdem innerhalb von Klassen (siehe Kapitel 4) und in ECMAScript-Modulen aktiviert (siehe Kapitel 10).

Der strikte Modus zeichnet sich durch die folgenden entscheidenden Merkmale aus:

- Die Zuweisung eines Werts zu einer nicht deklarierten Variable ist ein Fehler und führt nicht dazu, dass eine globale Variable erstellt wird. Für alle Variablendeklarationen müssen Sie `let`, `const` oder `var` verwenden.
- Es ist nicht möglich, einen neuen Wert zu einer schreibgeschützten globalen Eigenschaft wie `NaN` oder `undefined` zuzuweisen. (Leider können Sie jedoch immer noch lokale Variablen erstellen, die sie überschatten.)
- Funktionen können nur auf der obersten Ebene eines Skripts oder einer Funktion deklariert werden, nicht in einem verschachtelten Block.
- Der Operator `delete` kann nicht auf nichtqualifizierte Bezeichner angewendet werden. Beispielsweise ist `delete parseInt` ein Syntaxfehler. Der Versuch, mit `delete` eine nicht konfigurierbare Eigenschaft zu löschen (z.B. `delete 'Hello'.length`), führt zu einem Laufzeitfehler.
- Es ist nicht möglich, Funktionsparameter zu duplizieren (z.B. `function average(x, x)`). Natürlich ist so etwas ohnehin sinnlos, aber im nachlässigen (nichtstrikten) Modus ist es zulässig.
- Es ist nicht möglich, `0` als Präfix für Oktalliterale zu verwenden. `010` ist ein Syntaxfehler und nicht die Oktalzahl `10` (die einer dezimalen 8 entspricht). Um eine Oktalzahl anzugeben, schreiben Sie `0o10`.
- Die Anweisung `with` (die in diesem Buch nicht besprochen wird) ist nicht zulässig.

Hinweis

Beim Lesen einer nicht deklarierten Variablen wird im strikten Modus der Fehler `ReferenceError` ausgelöst. Wenn Sie herausfinden wollen, ob eine Variable deklariert (und initialisiert) wurde, können Sie das nicht wie folgt überprüfen:

```
possiblyUndefinedVariable !== undefined
```

Stattdessen müssen Sie die folgende Bedingung verwenden:

```
typeof possiblyUndefinedVariable !== 'undefined'
```

3.9 Argumenttypen prüfen

Da die Typen der Funktionsargumente in JavaScript nicht angegeben werden, können Sie dem aufrufenden Code erlauben, Argumente eines beliebigen Typs bereitzustellen, und die Argumente je nach ihrem tatsächlichen Typ handhaben.

In dem folgenden, ziemlich gewollten Beispiel akzeptiert die Funktion `average` sowohl Zahlen als auch Arrays:

```
const average = (x, y) => {
  let sum = 0
  let n = 0
  if (Array.isArray(x)) {
    for (const value of x) { sum += value; n++ }
  } else {
    sum = x; n = 1
  }
  if (Array.isArray(y)) {
    for (const value of y) { sum += value }
  } else {
    sum += y; n++
  }
  return n === 0 ? 0 : sum / n
}
```

Aufrufen können Sie sie wie folgt:

```
result = average(1, 2)
result = average([1, 2, 3], 4)
result = average(1, [2, 3, 4])
result = average([1, 2], [3, 4, 5])
```

Tabelle 3–1 zeigt, wie Sie prüfen, ob ein Argument `x` einen bestimmten Typ aufweist.

Typ	Test	Hinweise
String	`typeof x === 'string' || x instanceof String`	x kann als `new String(...)` konstruiert sein.
Regulärer Ausdruck	`x instanceof RegExp`	
Zahl	`typeof x === 'number' || x instanceof Number`	x kann als `new Number(...)` konstruiert sein.
Alles, was sich in eine Zahl umwandeln lässt	`typeof +x === 'number'`	Rufen den numerischen Wert als +x ab.
Array	`Array.isArray(x)`	
Funktion	`typeof x === 'function'`	

Tab. 3–1 *Typüberprüfung*

Hinweis

Manche Programmierer schreiben Funktionen, die beliebige Argumentwerte in Zahlen umwandeln, z. B. wie folgt:

```
const average = (x, y) => {
  return (+x + +y) / 2
}
```

Diese Funktion lässt sich wie folgt aufrufen:

```
average('3', [4])
```

Ist ein solches Maß an Flexibilität praktisch und harmlos oder fordert es Probleme heraus? Ich rate davon ab.

3.10 Mehr oder weniger Argumente bereitstellen

Stellen Sie sich eine Funktion vor, die mit einer bestimmten Anzahl von Parametern deklariert ist:

```
const average = (x, y) => (x + y) / 2
```

Es hat den Eindruck, als müssten Sie beim Aufruf dieser Funktion zwei Argumente bereitstellen. So funktioniert JavaScript allerdings nicht. Sie können die Funktion auch mit mehr Argumenten aufrufen, wobei die überzähligen stillschweigend ignoriert werden:

```
let result = average(3, 4, 5) // 3.5 – Das letzte Argument wird ignoriert
```

Geben Sie dagegen weniger Argumente an, werden die fehlenden auf `undefined` gesetzt. Beispielsweise wird `average(3)` als `(3 + undefined) / 2` ausgewertet, ergibt also NaN. Wenn Sie dafür sorgen wollen, dass ein Aufruf mit nur einem Argument möglich ist und ein sinnvolles Ergebnis liefert, können Sie das wie folgt tun:

```
const average = (x, y) => y === undefined ? x : (x + y) / 2
```

3.11 Standardargumente

Im letzten Abschnitt haben Sie gesehen, wie Sie eine Funktion implementieren können, die mit weniger Argumenten aufgerufen wird, als sie Parameter hat. Anstatt manuell nach Argumentwerten zu suchen, die undefined sind, können Sie auch in der Funktionsdeklaration Standardwerte vorgeben. Setzen Sie dazu hinter den betreffenden Parameter jeweils ein Gleichheitszeichen und den Ausdruck für den Standardwert, also denjenigen, der verwendet werden soll, wenn kein Argument übergeben wurde.

Damit können Sie auch dafür sorgen, dass die Funktion average mit nur einem Argument ein sinnvolles Ergebnis liefert:

```
const average = (x, y = x) => (x + y) / 2
```

Wenn Sie average(3) aufrufen, wird y auf x gesetzt, also auf 3, und der korrekte Rückgabewert berechnet.

Sie können auch mehrere Standardwerte angeben:

```
const average = (x = 0, y = x) => (x + y) / 2
```

Damit gibt average() den Wert 0 zurück.

Es ist auch möglich, einen Standardwert für den ersten Parameter festzulegen, aber nicht für die anderen:

```
const average = (x = 0, y) => y === undefined ? x : (x + y) / 2
```

Wird kein Argument bereitgestellt (oder ausdrücklich undefined), wird der Parameter auf den Standardwert gesetzt bzw. auf undefined, wenn kein Standardwert festgelegt ist:

```
average(3) // average(3, undefined)
average()  // average(0, undefined)
average(undefined, 3) // average(0, 3)
```

3.12 Restparameter und der Verteilungsoperator

Wie Sie gesehen haben, ist es möglich, eine JavaScript-Funktion mit einer beliebigen Anzahl von Argumenten aufzurufen. Damit sie alle verarbeitet werden, deklarieren Sie den letzten Parameter der Funktion als Restparameter, indem Sie ihm eine Ellipse (`...`) voranstellen:

```
const average = (first = 0, ...following) => {
  let sum = first
  for (const value of following) { sum += value }
  return sum / (1 + following.length)
}
```

Der Parameter `following` ist ein Array mit allen Argumenten eines Aufrufs, die nicht zur Initialisierung der vorherigen Parameter genutzt wurden:

```
average(1, 7, 2, 9)
```

Hier wird `first` auf `1` gesetzt und `following` auf `[7, 2, 9]`.

Viele Funktionen und Methoden akzeptieren eine schwankende Zahl von Argumenten. Beispielsweise gibt die Methode `Math.max` unabhängig von der Anzahl der Argumente das größte davon zurück:

```
let result = Math.max(3, 1, 4, 1, 5, 9, 2, 6) // Setzt result auf 9
```

Was aber, wenn die Werte bereits in einem Array stehen?

```
let numbers = [1, 7, 2, 9]
result = Math.max(numbers) // Ergibt NaN
```

Das funktioniert nicht. Die Methode `Math.max` erhält hier ein Array mit nur einem Element, nämlich dem Array `[1, 7, 2, 9]`.

Stattdessen müssen Sie hier den Verteilungsoperator verwenden. Dazu stellen Sie das Token `...` vor ein Array, das als *Argument* übergeben wird:

```
result = Math.max(...numbers) // Ergibt 9
```

Der Verteilungsoperator nimmt die Elemente aus dem Array heraus, als wären sie einzeln übergeben worden.

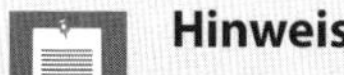

Hinweis

Der Verteilungsoperator und die Restdeklaration sehen zwar gleich aus, doch ihre Wirkung ist einander entgegengesetzt.

Erstens wird der Verteilungsoperator auf ein Argument angewendet, die Restsyntax dagegen auf eine Variablendeklaration:

```
Math.max(...numbers) // Verteilungsoperator: Argument im Funktionsaufruf
const max = (...values) => {/* Rumpf */}
  // Restdeklaration einer Parametervariablen
```

Zweitens verwandelt der Verteilungsoperator ein Array (tatsächlich sogar jedes iterierbare Objekt) in eine Folge von Werten, die Restdeklaration dagegen stellt eine Folge von Werten in ein Array.

Den Verteilungsoperator können Sie sogar anwenden, wenn die aufgerufene Funktion überhaupt keine Restparameter hat. Unsere bisher betrachtete Funktion `avarage` hat zwei Parameter. Bei dem folgenden Aufruf werden alle Elemente von `numbers` als Argumente an die Funktion übergeben:

```
result = average(...numbers)
```

Die Funktion verwendet die ersten beiden dieser Argumente und ignoriert die anderen.

Hinweis

Den Verteilungsoperator können Sie auch in einem Array-Initialisierer verwenden:

```
let moreNumbers = [1, 2, 3, ...numbers] // Verteilungsoperator
```

Verwechseln Sie das jedoch nicht mit der Restdeklaration bei der Destrukturierung! Sie wird auf eine Variable angewendet:

```
let [first, ...following] = numbers // Restdeklaration
```

Tipp

Da Strings aufzählbar sind, können Sie den Verteilungsoperator auch darauf anwenden:

```
let greeting = 'Hello 🌐'
let characters = [...greeting]
```

Das Array `characters` enthält die Strings `'H'`, `'e'`, `'l'`, `'l'`, `'o'`, `' '` und `'🌐'`.

Die Syntax für Standardargumente und Restparameter lässt sich genauso auch für Funktionsdeklarationen mit `function` anwenden:

```
function average(first = 0, ...following) { . . . }
```

3.13 Benannte Argumente durch Destrukturierung simulieren

In JavaScript gibt es keine benannten Argumente, bei denen Sie im Aufruf Parameternamen angeben. Sie können eine solche Vorgehensweise jedoch einfach simulieren, indem Sie ein Objektliteral übergeben:

```
const result = mkString(values, { leftDelimiter: '(', rightDelimiter: ')' })
```

Für den Code, der die Funktion aufruft, ist das angenehm einfach. Sehen wir uns jetzt aber die Implementierung der Funktion an. Sie können hier die Objekteigenschaften nachschlagen und Standardwerte für fehlende Argumente bereitstellen:

```
const mkString = (array, config) => {
  let separator = config.separator === undefined ? ',' : config.separator
  ...
}
```

Das ist jedoch mühselig. Es ist einfacher, destrukturierte Parameter mit Standardwerten zu verwenden. (Mehr über die Destrukturierungssyntax erfahren Sie in Kapitel 1.)

```
const mkString = (array, {
    separator = ',',
    leftDelimiter = '[',
    rightDelimiter = ']'
  }) => {
  ...
}
```

Die Destrukturierungssyntax `{ separator = ',', leftDelimiter = '[', rightDelimiter = ']' }` deklariert die drei Parametervariablen `separator`, `leftDelimiter` und `rightDelimiter`, die mit den gleichnamigen Eigenschaften initialisiert werden. Die Standardwerte werden für den Fall angegeben, dass die Eigenschaften fehlen oder den Wert `undefined` haben.

Es ist sinnvoll, für das Konfigurationsobjekt den Standardwert `{}` anzugeben:

```
const mkString = (array, {
    separator = ',',
    leftDelimiter = '[',
    rightDelimiter = ']'
  } = {}) => {
  ...
}
```

Dadurch kann die Funktion auch ohne Konfigurationsobjekt aufgerufen werden:

```
const result = mkString(values) // Das zweite Argument nimmt
                                // den Standardwert {} an
```

3.14 Hoisting

In diesem »Verrückter Hutmacher«-Abschnitt schauen wir uns ein weiteres kompliziertes Problem an, das Sie ganz einfach vermeiden können, indem Sie die folgenden drei Regeln beachten:

- Vermeiden Sie `var`.
- Verwenden Sie den strikten Modus.
- Deklarieren Sie Variablen und Funktionen, bevor Sie sie verwenden.

Lesen Sie weiter, wenn Sie wissen wollen, was passiert, wenn Sie diese Regeln außer Acht lassen.

JavaScript nutzt einen ungewöhnlichen Mechanismus, um den *Gültigkeitsbereich* einer Variablen zu bestimmen, also den Bereich eines Programms, in dem Zugriff auf die Variable besteht. Der Gültigkeitsbereich einer lokalen, innerhalb einer Funktion deklarierten Variablen erstreckt sich in Programmiersprachen wie Java, C# und C++ von ihrer Deklarierung bis zum Ende des einschließenden Blocks. In JavaScript scheint eine mit `let` deklarierte lokale Variable das gleiche Verhalten zu zeigen:

```
function doStuff() { // Beginn des Blocks
  ... //Versuchter Zugriff auf someVariable führt zu ReferenceError
  let someVariable // Beginn des Gültigkeitsbereichs
  ... // Zugriff auf someVariable möglich, Wert ist undefined
  someVariable = 42
  ... // Zugriff auf someVariable möglich, Wert ist 42
} // Ende des Blocks und des Gültigkeitsbereichs
```

Es ist jedoch nicht so einfach, wie es scheint. Tatsächlich können Sie in Funktionen, deren Deklaration der Variablendeklaration vorausgeht, auf die lokale Variable zugreifen:

```
function doStuff() {
  function localWork() {
    console.log(someVariable) // Zugriff auf Variable möglich
    ...
  }
  let someVariable = 42

  localWork() // Gibt 42 aus
}
```

In JavaScript wird jede Deklaration an den Anfang ihres Gültigkeitsbereichs hochgehoben (Hoisting). Das heißt, die Variable oder Funktion ist bereits vor ihrer Deklaration bekannt und es ist Platz für ihren Wert reserviert.

Innerhalb einer verschachtelten Funktion ist es möglich, auf solche angehobenen Variablen oder Funktionen zuzugreifen. Die Funktion `localWork` im vorigen Beispiel kennt den Speicherort von `someVariable`, da diese Variable an den Anfang des Rumpfes von `doStuff` gehievt wurde, auch wenn sie erst hinter der Funktion deklariert wird.

Dadurch kann es natürlich passieren, dass Sie auf eine Variable zugreifen, bevor die Anweisung zu ihrer Deklaration ausgeführt wird. Bei Deklarationen mit `let` und `const` führt der Zugriff auf eine Variable vor ihrer Deklaration zu `ReferenceError`. Bis zur Ausführung der Deklaration befindet sich die Variable in der zeitlichen toten Zone.

Wird die Variable dagegen mit dem veralteten Schlüsselwort `var` deklariert, so ist ihr Wert bis zur Initialisierung lediglich `undefined`.

Tipp

Verzichten Sie auf die Verwendung von `var`! Durch dieses Schlüsselwort werden Variablen deklariert, deren Gültigkeitsbereich nicht nur den einschließenden Block umfasst, sondern die ganze Funktion. Das ist jedoch zu breit gefasst:

```
function someFunction(arr) {
  // i, Element bereits im Gültigkeitsbereich, aber undefined
  for (var i = 0; i < arr.length; i++) {
    var element = arr[i]
    ...
  }
  // i, Element immer noch im Gültigkeitsbereich
}
```

Außerdem verträgt sich `var` nicht gut mit Closures, wie Sie in Übung 10 ausprobieren werden.

Aufgrund des Hoistings können Sie auch eine Funktion aufrufen, bevor sie deklariert wird. Insbesondere ist es dadurch möglich, Funktionen gegenseitig rekursiv zu deklarieren:

```
function isEven(n) { return n === 0 ? true : isOdd(n -1) }
function isOdd(n) { return n === 0 ? false : isEven(n -1) }
```

Hinweis

Im strikten Modus können benannte Funktionen nur auf der obersten Ebene eines Skripts oder einer Funktion deklariert werden und nicht in einem verschachtelten Block. Im nichtstrikten Modus dagegen werden verschachtelte benannte Funktionen an den Anfang der einschließenden Funktion gehoben. Übung 12 zeigt, warum das eine schlechte Sache ist.

Solange Sie den strikten Modus verwenden und Deklarationen nicht mit `var` durchführen, ist es sehr unwahrscheinlich, dass Hoisting zu Programmierfehlern führt. Es ist jedoch trotzdem eine gute Idee, den Code so zu gestalten, dass Variablen und Funktionen immer vor ihrer Verwendung deklariert werden.

Hinweis

Früher verwendeten JavaScript-Programmierer auch sogenannte unmittelbar aufgerufene Funktionen, um den Gültigkeitsbereich von `var`-Deklarationen und Funktionen zu beschränken:

```
(function () {
  var someVariable = 42
  function someFunction(...) { ... }
  ...
})() // Die Funktion wird hier aufgerufen – beachten Sie die ()
// someVariable, someFunction sind sich nicht mehr im Gültigkeitsbereich
```

Nach ihrem Aufruf wird die anonyme Funktion nie wieder verwendet. Ihr einziger Zweck besteht darin, die Deklarationen zu kapseln.

Dieser Trick ist jedoch nicht mehr nötig. Gehen Sie stattdessen wie folgt vor:

```
{
  let someVariable = 42
  const someFunction = (...) => { ... }
  ...
}
```

Dadurch sind die Deklarationen auf den Block beschränkt.

3.15 Exceptions auslösen

Wenn eine Funktion nicht in der Lage ist, ein Ergebnis zu berechnen, kann sie eine Exception auslösen. Je nach Art des Problems kann das eine sinnvollere Vorgehensweise sein, als einen Fehlerwert wie `NaN` oder `undefined` zurückzugeben.

Um eine Exception auszulösen, verwenden Sie die Anweisung `throw`:

```
throw Wert
```

Der Wert der Exception kann von beliebigem Typ sein, es ist jedoch üblich, ein Fehlerobjekt zu verwenden. Die Funktion `Error` erzeugt solche Objekte mit einem gegebenen String, der den Grund angibt:

```
let reason = `Element ${elem} not found`
throw Error(reason)
```

Bei der Ausführung von `throw` wird die Funktion sofort abgebrochen. Es wird kein Rückgabewert produziert, nicht einmal `undefined`. Die Ausführung wird auch nicht in dem Funktionsaufruf fortgesetzt, sondern in der nächsten `catch`- oder `finally`-Klausel. Eine ausführlichere Beschreibung finden Sie in den folgenden Abschnitten.

> **Tipp**
>
> Die Exception-Behandlung ist ein praktischer Mechanismus für unvorhersehbare Situationen, die der Aufrufer möglicherweise nicht handhaben kann. Dagegen eignet sie sich nicht für Fälle, in denen Fehler zu erwarten sind, etwa eine Benutzereingabe. Es ist nur allzu wahrscheinlich, dass Benutzer ungeeignete Eingaben machen. In JavaScript lässt sich dann auf einfache Weise ein Auffangwert wie `undefined`, `null` oder `NaN` zurückgeben (sofern dies keine gültigen Eingaben sind). Sie können auch ein Objekt zurückgeben, das angibt, ob die Eingabe erfolgreich war oder fehlgeschlagen ist. Beispielsweise lernen Sie in Kapitel 9 eine Methode kennen, die Objekte der Form `{ status: 'fulfilled', value: result }` oder `{ status: 'rejected', reason: exception }` zurückgibt.

3.16 Exceptions abfangen

Um eine Exception abzufangen, müssen Sie die Anweisung `try` verwenden. In Kapitel 2 haben Sie bereits gesehen, wie Sie das tun, wenn Sie nicht am Wert der Exception interessiert sind. Wollen Sie dagegen den Wert der Exception untersuchen, müssen Sie der `catch`-Klausel eine Variable hinzufügen:

```
try {
  // Verrichtet irgendwelche Arbeit
  ...
} catch (e) {
  //Handhabt die Exception
  ...
}
```

Die Variable in der catch-Klausel (hier e) enthält den Exception-Wert. Wie Sie im vorherigen Abschnitt gesehen haben, ist der Exception-Wert gewöhnlich ein Fehlerobjekt. Solche Objekte haben zwei Eigenschaften, nämlich name und message. Betrachten Sie folgenden Aufruf:

```
JSON.parse('{ age: 42 }')
```

Hier wird eine Exception mit dem Namen 'SyntaxError' und der Meldung 'Unexpected token a in JSON at position 2' ausgelöst. (Der String in diesem Beispiel ist ungültiges JSON, da der Schlüssel age nicht in doppelten Anführungszeichen steht.)

Der Name eines von der Funktion Error generierten Objekts ist 'Error'. Die JavaScript Virtual Machine löst Fehler mit den Namen 'SyntaxError', 'TypeError', 'RangeError', 'ReferenceError', 'URIError' und 'InternalError' aus.

Im Handler können Sie diese Information an geeigneter Stelle festhalten. Anders als in Sprachen wie Java oder C++ bringt es in JavaScript jedoch gewöhnlich nicht viel, ein Fehlerobjekt ausführlich zu untersuchen.

Wenn Sie ein Fehlerobjekt in der Konsole protokollieren, zeigt die JavaScript-Ausführungsumgebung gewöhnlich eine *Stack-Ablaufverfolgung* (*Stack Trace*) an, die die Funktions- und Methodenaufrufe zwischen dem Auslösen und Abfangen der Exception nennt. Leider gibt es keine allgemeingültige Möglichkeit, um auf diese Ablaufverfolgung zuzugreifen und sie an anderer Stelle zu speichern.

Hinweis

In Java und C++ können Sie auch den Typ einer Exception erfassen. Damit ist es möglich, Fehler je nach ihrer Art auf unterschiedlichen Ebenen zu behandeln. Ein solches Verhalten ist in JavaScript jedoch nur schwer zu implementieren. Eine catch-Klausel erfasst *alle* Exceptions und die Exception-Objekte enthalten nur wenige Informationen. Exception-Handler in JavaScript führen für gewöhnlich allgemeine Regenerierungs- oder Aufräumarbeiten durch, ohne zu versuchen, die Ursache des Fehlers zu ermitteln.

Mit dem Eintreten in die catch-Klausel gilt die Exception als behandelt. Die Verarbeitung geht normal weiter, wobei die Anweisungen in der catch-Klausel ausgeführt werden. Diese Klausel kann mit einer return- oder break-Anweisung oder auch durch die Ausführung ihrer letzten Anweisung beendet werden. In letzterem Fall fährt die Ausführung mit der nächsten Anweisung hinter der `catch`-Klausel fort.

Wenn Sie Exceptions auf einer Codeebene protokollieren, den Fehler aber auf einer höheren Ebene behandeln wollen, können Sie die Exception nach der Protokollierung erneut auslösen:

```
try {
  // Verrichtet irgendwelche Arbeit
  ...
} catch (e) {
  console.log(e)
  throw e // Löst die Exception erneut aus, sodass sich ein anderer Handler
          // um den Fehler kümmern kann
}
```

3.17 Die finally-Klausel

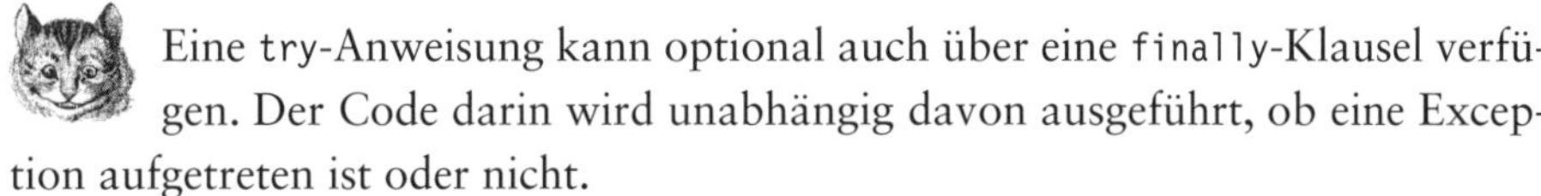

Eine `try`-Anweisung kann optional auch über eine `finally`-Klausel verfügen. Der Code darin wird unabhängig davon ausgeführt, ob eine Exception aufgetreten ist oder nicht.

Sehen wir uns dazu als Erstes den einfachsten Fall an, nämlich eine `try`-Anweisung mit einer `finally`-, aber ohne `catch`-Klausel:

```
try {
  // Erwirbt Ressourcen
  ...
  // Verrichtet Arbeit
  ...
} finally {
  // Gibt die Ressourcen frei
  ...
}
```

Die `finally`-Klausel wird in allen der folgenden Fälle ausgeführt:

- wenn alle Anweisungen in der `try`-Klausel ausgeführt wurden, ohne eine Exception auszulösen.
- wenn in der `try`-Klausel eine `return`- oder `break`-Anweisung ausgeführt wurde.
- wenn in einer der Anweisungen der `try`-Klausel eine Exception ausgelöst wurde.

Eine try-Anweisung kann aber auch über catch-Klauseln und eine finally-Klausel verfügen:

```
try {
  ...
} catch (e) {
  ...
} finally {
  ...
}
```

Hier gibt es noch eine weitere Möglichkeit. Wenn in der try-Klausel eine Exception auftritt, wird die catch-Klausel ausgeführt. Unabhängig davon, wie diese catch-Klausel beendet wird (ob normal oder durch return, break oder throw), wird anschließend die finally-Klausel ausgeführt.

Eine finally-Klausel dient als zentrale Stelle, um die in der try-Klausel erworbenen Ressourcen (z. B. Datei-Handles oder Datenbankverbindungen) unabhängig davon freizugeben, ob eine Exception aufgetreten ist oder nicht.

Vorsicht

Es ist zwar zulässig, aber verwirrend, return-, break- und throw-Anweisungen in die finally-Klausel aufzunehmen. Solche Anweisungen haben Vorrang gegenüber denen in den try- und catch-Klauseln. Betrachten Sie dazu das folgende Beispiel:

```
try {
  // Verrichtet Arbeit
  ...
  return true
} finally {
  ...
  return false
}
```

Wenn der try-Block erfolgreich abgeschlossen und return true ausgeführt wird, folgt darauf die finally-Klausel, deren return false aber die frühere return-Anweisung überdeckt.

3.18 Übungen

1. Was macht die Funktion indexOf aus Abschnitt 3.1 »Funktionen deklarieren«, wenn ihr statt eines Arrays ein Objekt übergeben wird?

2. Schreiben Sie die Funktion indexOf aus Abschnitt 3.1 »Funktionen deklarieren« so um, dass sie mit einer einzigen return-Anweisung am Ende auskommt.

3. Schreiben Sie die Funktion `values(f, low, high)`, die ein Array von Funktionswerten der Form `[f(low), f(low + 1), ..., f(high)]` zurückgibt.

4. Die Methode `sort` für Arrays kann als Argument eine Funktion für den Vergleich zweier Parameter `x` und `y` entgegennehmen. Sie gibt einen negativen Integer zurück, wenn `x` vor `y` kommt, `0`, wenn `x` und `y` nicht unterscheidbar sind, und einen positiven Integer, wenn `x` nach `y` kommt. Schreiben Sie mithilfe von Pfeilfunktionen Aufrufe für folgende Sortiervorgänge:
   - Sortieren eines Arrays aus positiven Integern in absteigender Reihenfolge
   - Sortieren eines Arrays von Personen nach zunehmendem Alter
   - Sortieren eines Arrays von Strings nach wachsender Länge

5. Implementieren Sie mithilfe der Technik der harten Objekte aus Abschnitt 3.7 »Harte Objekte« die Methode `constructCounter`. Sie soll Zählerobjekte erzeugen, deren Methode `count` einen Zähler heraufsetzt und einen neuen Wert zurückgibt. Der Anfangswert und optional das Inkrement sollen dabei als Parameter übergeben werden, wobei das Standardinkrement 1 beträgt.

   ```
   const myFirstCounter = constructCounter(0, 2)
   console.log(myFirstCounter.count()) // 0
   console.log(myFirstCounter.count()) // 2
   ```

6. Ein Programmierer behauptet, dass »benannte Parameter in JavaScript so gut wie implementiert sind, die Reihenfolge aber immer noch Vorrang hat«. Und das ist sein Beweis in einer Browserkonsole:

   ```
   function f(a=1, b=2){ console.log(`a=${a}, b=${b}`) }
   f() // a=1, b=2
   f(a=5) // a=5, b=2
   f(a=7, b=10) // a=7, b=10
   f(b=10, a=7) // Andere Reihenfolge erforderlich: a=10, b=7
   ```

   Was geschieht hier in Wirklichkeit? (Hinweis: Dies hat nichts mit benannten Parametern zu tun. Probieren Sie dies im strikten Modus aus!)

7. Schreiben Sie unter Verwendung eines Restparameters eine Funktion namens `average`, die den Durchschnitt beliebiger Zahlenfolgen berechnet.

8. Was geschieht, wenn Sie dem Restparameter `...str` ein String-Argument übergeben? Geben Sie ein sinnvolles Beispiel an, um praktischen Nutzen aus diesem Verhalten zu ziehen.

9. Vervollständigen Sie die Funktion `mkString` aus Abschnitt 3.13 »Benannte Argumente durch Destrukturierung simulieren«.

10. Das veraltete Schlüsselwort `var` ist für Closures nur schlecht geeignet. Betrachten Sie folgendes Beispiel:

    ```
    for (var i = 0; i < 10; i++) {
      setTimeout(() => console.log(i), 1000 * i)
    }
    ```

    Was gibt dieser Code aus? Warum ist das so? (Hinweis: Welchen Gültigkeitsbereich hat die Variable `i`?) Mit welcher einfachen Änderung können Sie dafür sorgen, dass der Code stattdessen die Zahlen von 0 bis 9 ausgibt?

11. Betrachten Sie die folgende Deklaration einer Fakultätsfunktion:

    ```
    const fac = n => n > 1 ? n * fac(n - 1) : 1
    ```

    Warum funktioniert sie nur aufgrund des Variablen-Hoistings?

12. Im nichtstrikten Modus können Funktionen auch in einem verschachtelten Block deklariert werden. Und sie werden zur umschließenden Funktion oder zum Skript gehievt. Probieren Sie das folgende Beispiel mehrere Male aus:

    ```
    if (Math.random() < 0.5) {
      say('Hello')
      function say(greeting) { console.log(`${greeting}!`) }
    }
    say('Goodbye')
    ```

    Wie lautet das Ergebnis je nach der Ausgabe von `Math.random`? Welchen Gültigkeitsbereich hat `say`? Wann wird `say` initialisiert? Was geschieht, wenn Sie in den strikten Modus wechseln?

13. Implementieren Sie die Funktion `average` so, dass sie eine Exception auslöst, wenn eines ihrer Argumente keine Zahl ist.

14. Für manche Programmierer sind Anweisungen verwirrend, die alle drei Schlüsselwörter `try`, `catch` und `finally` enthalten, da es so viele mögliche Ausführungspfade gibt. Zeigen Sie, wie man eine solche Anweisung stets mit einer `try`/`catch`- und einer `try`/`finally`-Anweisung umschreiben kann.

4
Objektorientierte Programmierung

Wie Sie bereits wissen, gibt es in JavaScript zwar Objekte, die sehen aber nicht wie die Objekte in objektorientierten Sprachen wie Java oder C++ aus. JavaScript-Objekte haben ausschließlich öffentliche Eigenschaften und scheinen auch zu keiner anderen Klasse als `Object` zu gehören. Wie es unter diesen Umständen so etwas wie Methoden, Klassen oder Vererbung geben kann, erscheint zunächst einmal unklar.

Sie können in JavaScript jedoch auf all dies zurückgreifen, und in diesem Kapitel erfahren Sie auch, wie. Die aktuellen Versionen von JavaScript bieten zwar eine Syntax zur Deklaration von Klassen, die derjenigen von Java ähnlich sieht, doch ist der zugrunde liegende Mechanismus ganz anders. Daher müssen Sie genau verstehen, was hinter den Kulissen wirklich vor sich geht. Aus diesem Grund zeige ich Ihnen zunächst, wie Sie Methoden und Konstruktorfunktionen manuell erstellen, und gehe dann dazu über, in welcher Beziehung diese Konstrukte zur Klassensyntax stehen.

4.1 Methoden

Anders als in den meisten objektorientierten Sprachen können Sie in JavaScript mit Objekten arbeiten, ohne zuvor Klassen deklarieren zu müssen. Wie Sie Objekte erstellen können, haben Sie bereits gesehen:

```
let harry = { name: 'Harry Smith', salary: 90000 }
```

Nach der klassischen Definition hat ein Objekt eine Identität, einen Status und ein Verhalten. Das vorstehende Objekt hat mit Sicherheit eine Identität, denn es unterscheidet sich von allen anderen Objekten. Sein Status wird durch seine Eigenschaften angegeben. Fügen wir ihm nun also noch ein Verhalten in Form einer Methode hinzu, also eine funktionswertige Eigenschaft:

```
harry = {
  name: 'Harry Smith',
  salary: 90000,
  raiseSalary: function(percent) {
    this.salary *= 1 + percent / 100
  }
}
```

Jetzt können wir das Gehalt dieses Angestellten mit der bekannten Punktschreibweise erhöhen:

```
harry.raiseSalary(10)
```

Beachten Sie, dass `raiseSalary` eine Funktion ist, die innerhalb des Objekts `harry` deklariert wird. Sie sieht zwar aus wie eine reguläre Funktion, allerdings gibt es einen kleinen Unterschied: Im Rumpf verweisen wir auf `this.salary`. Beim Aufruf der Funktion verweist `this` auf das Objekt, das links neben dem Punktoperator angegeben ist.

Es gibt auch eine abgekürzte Schreibweise, um Methoden zu deklarieren. Lassen Sie dazu einfach den Doppelpunkt und das Schlüsselwort `function` weg:

```
harry = {
  name: 'Harry Smith',
  salary: 90000,
  raiseSalary(percent) {
    this.salary *= 1 + percent / 100
  }
}
```

Das sieht ähnlich aus wie eine Methodendeklaration in Java oder C++, ist tatsächlich aber nur syntaktischer Zuckerguss auf einer funktionswertigen Eigenschaft.

> **Vorsicht**
>
> Der Verweis `this` funktioniert nur in Funktionen, die mit `function` oder mit der Kurzschreibweise ohne `function` deklariert wurden, aber *nicht* in Pfeilfunktion. Mehr darüber erfahren Sie in Abschnitt 4.12 »Der Verweis this«.

4.2 Prototypen

Nehmen wir an, Sie haben viele Angestellte wie Harry und müssen jedem davon die Eigenschaft `raiseSalary` hinzufügen. Um diese Aufgabe zu automatisieren, können Sie eine Factory-Funktion schreiben:

```
function createEmployee(name, salary) {
  return {
    name: name,
    salary: salary,
    raiseSalary: function(percent) {
      this.salary *= 1 + percent / 100
    }
  }
}
```

Jedes dieser Angestelltenobjekte hat dabei immer noch seine eigene `raiseSalary`-Eigenschaft, obwohl der Wert dieser Eigenschaft für alle Angestellten dieselbe Funktion ist (siehe Abb. 4–1). Es wäre jedoch besser, wenn sich alle Angestellten ein und dieselbe Funktion teilen könnten.

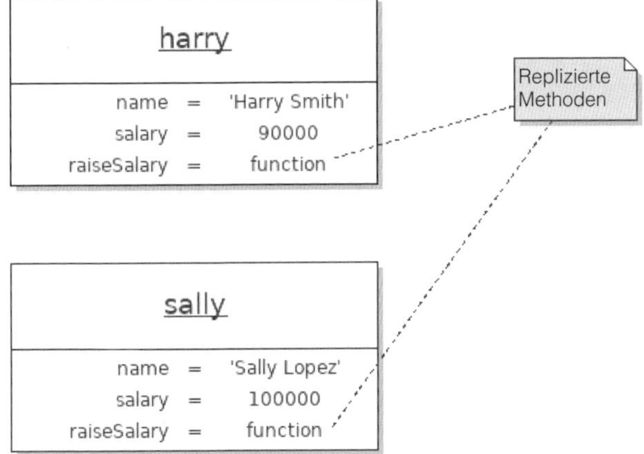

Abb. 4–1 *Objekte mit replizierten Methoden*

Hier kommen *Prototypen* ins Spiel. In einem Prototyp sind die Eigenschaften gesammelt, die mehrere Objekte gemeinsam haben. So enthält das folgende Prototypobjekt die gemeinsam genutzten Methoden:

```
const employeePrototype = {
  raiseSalary: function(percent) {
    this.salary *= 1 + percent / 100
  }
}
```

Beim Erstellen eines Angestelltenobjekts legen wir seinen Prototyp fest. Dieser Prototyp ist praktisch ein interner Slot des Objekts. Dieser Begriff wird in der Sprachspezifikation von ECMAScript für Attribute eines Objekts verwendet, die intern bearbeitet werden, aber für JavaScript-Programmierer nicht als Eigenschaft zugänglich sind. Den internen Slot `[[Prototype]]` (wie er in der Spezifikation bezeichnet wird) können Sie mit den Methoden `Object.getPrototypeOf` und `Object.setPrototypeOf` lesen und schreiben. Die folgende Funktion erstellt ein Angestelltenobjekt und legt dessen Prototyp fest:

```
function createEmployee(name, salary) {
  const result = { name, salary }
  Object.setPrototypeOf(result, employeePrototype)
  return result
}
```

Abbildung 4–2 zeigt, was herauskommt, wenn Sie mehrere Angestelltenobjekte mit einem gemeinsamen Prototyp erstellen. Wie in der ECMAScript-Spezifikation ist der Slot für den Prototyp in der Abbildung als `[[Prototype]]` gekennzeichnet.

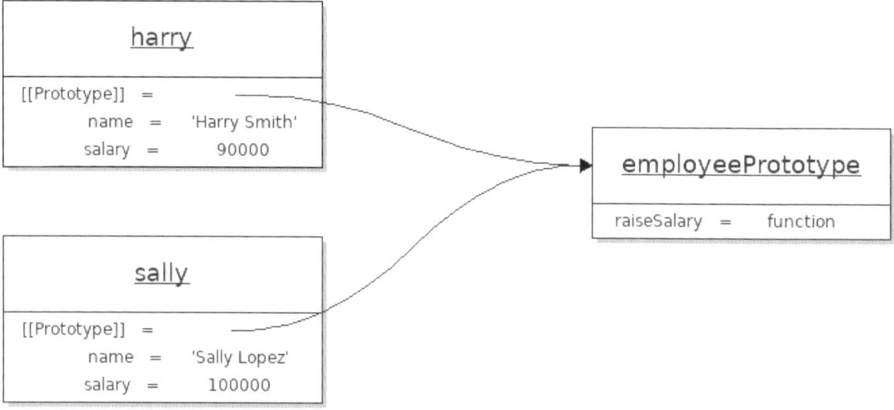

Abb. 4–2 *Objekte mit demselben Prototyp*

> **Vorsicht**
>
> In vielen JavaScript-Implementierungen können Sie mit `obj.__proto__` auf den Prototyp eines Objekts zugreifen. Dies ist allerdings keine Standardschreibweise. Verwenden Sie stattdessen die Methoden `Object.getPrototypeOf` und `Object.setPrototypeOf`.

Betrachten Sie nun den folgenden Methodenaufruf:

```
harry.raiseSalary(5)
```

Beim Nachschlagen von `harry.raiseSalary` wird im Objekt `harry` keine Übereinstimmung gefunden. Daher wird die Eigenschaft im Prototyp gesucht. Da `harry.[[Prototype]]` über die Eigenschaft `raiseSalary` verfügt, wird ihr Wert als Wert von `harry.raiseSalary` verwendet.

Wie Sie weiter hinten in diesem Kapitel noch sehen werden, können Prototypen verkettet werden. Verfügt der Prototyp nicht über die gewünschte Eigenschaft, so wird sein Prototyp durchsucht usw., bis die Prototypkette endet.

Der Prototyp-Nachschlagemechanismus ist völlig generisch. Hier haben wir ihn verwendet, um eine Methode nachzuschlagen, aber er funktioniert für beliebige Eigenschaften. Ist eine Eigenschaft in dem Objekt selbst nicht zu finden, wird die Prototypkette durchsucht. Die erste Übereinstimmung wird als Wert der Eigenschaft herangezogen.

Dieses Nachschlagen in den Prototypen ist ein einfaches Prinzip, das in JavaScript sehr wichtig ist. Mithilfe von Prototypen werden Klassen und die Vererbung implementiert. Außerdem dienen sie dazu, das Verhalten von Objekten nach ihrer Instanziierung zu ändern.

> **Hinweis**
>
> In der Prototypkette wird nur nachgeschlagen, um Eigenschaftswerte zu *lesen*. Wenn Sie eine Eigenschaft schreiben, wird der Wert dagegen immer im Objekt selbst geändert.
>
> Nehmen wir beispielsweise an, Sie ändern die Methode `harry.raiseSalary`:
>
> ```
> harry.raiseSalary = function(rate) { this.salary = Number.MAX_VALUE }
> ```
>
> Hierdurch wird dem Objekt `harry` eine neue Eigenschaft hinzufügt. Der Prototyp wird dagegen nicht verändert. Alle anderen Objekte behalten die ursprüngliche Eigenschaft `raiseSalary`.

4.3 Konstruktoren

Im vorigen Abschnitt haben Sie gesehen, wie Sie eine Factory-Funktion schreiben, die neue Objektinstanzen mit einem gemeinsamen Prototyp erstellt. Für den Aufruf solcher Funktionen gibt es eine besondere Syntax mit dem Operator `new`.

Üblicherweise werden Funktionen, die Objekte konstruieren, nach dem benannt, was in klassengestützten Sprachen die Klasse wäre. Nennen wir die Funktion in unserem Beispiel daher `Employee`:

```
function Employee(name, salary) {
  this.name = name
  this.salary = salary
}
```

Rufen Sie diese Funktion nun wie folgt auf:

```
new Employee('Harry Smith', 90000)
```

Der Operator `new` erstellt dabei ein neues leeres Objekt und ruft dann die Konstruktorfunktion auf. Der Parameter `this` zeigt auf das neu erstellte Objekt. Der Rumpf der Funktion `Employee` legt die Objekteigenschaften mithilfe des Parameters `this` fest. Das neu erstellte Objekt wird zum Wert des `new`-Ausdrucks.

Vorsicht

Geben Sie in einer Konstruktorfunktion nichts zurück. Wenn Sie das tun, wird dieser Rückgabewert zum Wert des new-Ausdrucks und nicht das neu erstellte Objekt.

Der `new`-Ausdruck ruft nicht nur die Konstruktorfunktion auf, sondern führt auch noch einen weiteren wichtigen Schritt aus: Er setzt den internen Slot `[[Prototype]]` des neuen Objekts auf ein mit der Konstruktorfunktion verknüpftes Objekt. Da eine Funktion ein Objekt ist, kann sie auch Eigenschaften haben. Jede JavaScript-*Funktion* verfügt über die Eigenschaft `prototype`, deren Wert ein Objekt ist. Dieses Objekt bietet sich als perfekter Platz an, um Methoden hinzuzufügen:

```
Employee.prototype.raiseSalary = function(percent) {
  this.salary *= 1 + percent / 100
}
```

Wie Sie sehen, passiert hier eine ganze Menge. Sehen wir den Aufruf noch einmal genau an:

```
const harry = new Employee('Harry Smith', 90000)
```

Im Einzelnen laufen hier folgende Schritte ab:

1. Der Operator `new` erstellt ein neues Objekt.
2. Der interne Slot `[[Prototype]]` dieses Objekts wird auf das Objekt `Employee.prototype` gesetzt.
3. Der Operator `new` ruft die Konstruktorfunktion mit den drei Parametern `this`, `name` und `salary` auf (wobei `this` auf das neu erstellte Objekt zeigt).
4. Der Rumpf der Funktion `Employee` legt die Objekteigenschaften und die Verwendung des Parameters `this` fest.
5. Der Konstruktor gibt die Steuerung zurück. Der Wert des Operators `new` ist jetzt das vollständig initialisierte Objekt.
6. Die Variable `harry` wird mit dem Objektverweis initialisiert. Abbildung 4–3 zeigt das Ergebnis.

Wie Sie in Abbildung 4–3 sehen, ist der Prototyp des Objekts `Employee.prototype` das Objekt `Object.prototype`, das die Methode `toString` sowie einige andere Methoden hinzufügt.

Insgesamt sieht der Operator `new` so aus wie ein Konstruktoraufruf in Java, C# oder C++. Allerdings ist `Employee` keine Klasse, sondern lediglich eine Funktion.

Aber was ist schon eine Klasse? Laut Lehrbuchdefinition handelt es sich um eine Menge von Objekten mit demselben Verhalten, das durch die Methoden bereitgestellt wird. Alle Objekte, die durch den Aufruf von `new Employee(...)` erstellt werden, haben dieselbe Menge von Methoden. Die Konstruktorfunktionen von JavaScript entsprechen damit den Klassen in klassengestützten Programmiersprachen.

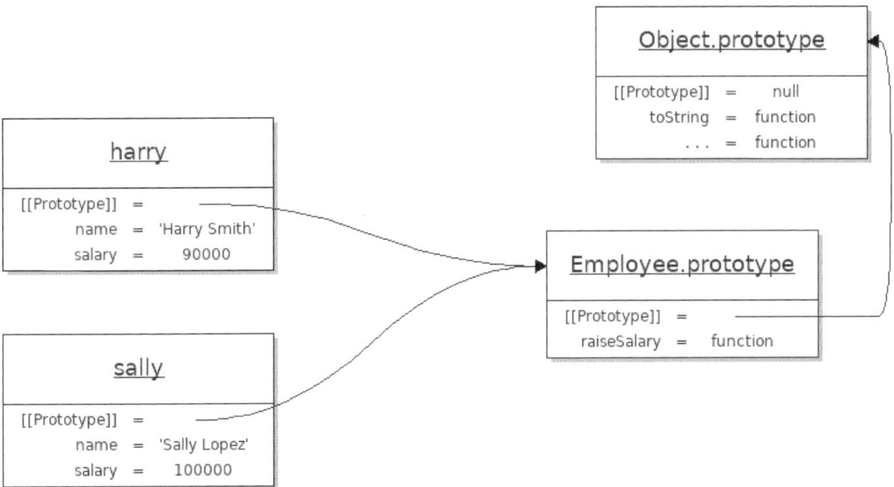

Abb. 4–3 *Mit einem Konstruktor erstellte Objekte*

Meistens müssen Sie sich keine Gedanken über die Unterschiede zwischen herkömmlichen Klassen und dem Prototypsystem von JavaScript machen. Wie Sie im folgenden Abschnitt noch sehen werden, folgt die moderne JavaScript-Syntax sehr eng den Konventionen klassengestützter Sprachen. Allerdings sollte Ihnen klar sein, dass eine JavaScript-Klasse nichts anderes ist als eine Konstruktorfunktion und dass das gemeinsame Verhalten mithilfe von Prototypen erzielt wird.

4.4 Die Klassensyntax

Heutzutage verfügt JavaScript über eine Klassensyntax, die eine Konstruktorfunktion und Prototypmethoden zu einer vertrauten Form bündelt. Die Klassensyntax für das Beispiel aus dem vorherigen Abschnitt sieht wie folgt aus:

```
class Employee {
  constructor(name, salary) {
    this.name = name
    this.salary = salary
  }
  raiseSalary(percent) {
    this.salary *= 1 + percent / 100
  }
}
```

Diese Syntax macht *genau* dasselbe wie die vorherige. Es gibt immer noch keine Klassen im eigentlichen Sinne. Hinter den Kulissen deklariert `class` lediglich die Konstruktorfunktion `Employee` und das Schlüsselwort `constructor` deren Rumpf. Die Methode `raiseSalary` wird zu `Employee.prototype` hinzugefügt.

Wie im vorherigen Abschnitt können Sie ein Objekt erstellen, indem Sie die Konstruktorfunktion mit dem Operator `new` aufrufen:

```
const harry = new Employee('Harry Smith', 90000)
```

> **Hinweis**
>
> Wie bereits im letzten Abschnitt erwähnt, sollte der Konstruktor keinen Wert zurückgeben. Wenn er das trotzdem tut, wird dieser Wert ignoriert. Der `new`-Ausdruck gibt dann nach wie vor das neu erstellte Objekt zurück.

Verwenden Sie auf jeden Fall die `class`-Syntax (siehe die goldene Regel Nr. 4 im Vorwort). Sie kümmert sich um eine Reihe von kniffligen Einzelheiten, mit denen Sie sich nicht manuell herumschlagen sollten. Es sollte Ihnen aber klar sein, dass `class` in JavaScript lediglich syntaktischer Zuckerguss über einer Konstruktorfunktion und einem Prototypobjekt mit Methoden ist.

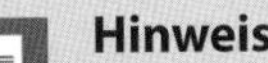

Hinweis

Eine Klasse kann höchstens einen Konstruktor haben. Wenn Sie eine Klasse ohne Konstruktor deklarieren, erhält sie automatisch eine Konstruktorfunktion mit einem leeren Rumpf.

Vorsicht

Anders als in einem Objektliteral trennen Sie die Methodendeklarationen in einer Klassendeklaration nicht mit Kommata.

Hinweis

Im Gegensatz zu Funktionen tritt bei Klassen kein Hoisting auf. Sie müssen eine Klasse auf jeden Fall deklarieren, bevor Sie eine Instanz davon erstellen können.

Hinweis

Der Rumpf einer Klasse wird im strikten Modus ausgeführt.

4.5 Get- und Set-Methoden

Eine *Get-Methode* wird mit dem Schlüsselwort `get` deklariert und hat keine Parameter:

```
class Person {
  constructor(last, first) {
    this.last = last;
    this.first = first
  }
  get fullName() { return `${this.last}, ${this.first}` }
}
```

Aufgerufen wird die Get-Methode ohne Klammern, gerade so, als ob Sie auf den Wert einer Eigenschaft zugreifen wollten:

```
const harry = new Person('Smith', 'Harry')
const harrysName = harry.fullName // 'Smith, Harry'
```

Das Objekt `harry` hat zwar keine Eigenschaft namens `fullName`, doch dafür wird die Get-Methode aufgerufen. Sie können sich eine Get-Methode als eine dynamisch berechnete Eigenschaft vorstellen.

Daneben können Sie auch eine *Set-Methode* bereitstellen, die einen einzigen Parameter hat:

```
class Person {
  ...
  set fullName(value) {
    const parts = value.split(/,\s*/)
    this.last = parts[0]
    this.first = parts[1]
  }
}
```

Die Set-Methode wird bei Zuweisungen an `fullName` aufgerufen:

```
harry.fullName = 'Smith, Harold'
```

Durch die Bereitstellung von Get- und Set-Methoden erhalten die Benutzer der Klasse die Illusion, Eigenschaften zu verwenden. Tatsächlich aber steuern Sie die Eigenschaftswerte und jegliche Versuche, sie zu ändern.

4.6 Instanzfelder und private Methoden

Im Konstruktor und in jeder Methode können Sie auch Objekteigenschaften dynamisch festlegen, indem Sie `this.`*Eigenschaftsname* zuweisen. Solche Eigenschaften funktionieren genauso wie die Instanzfelder in klassengestützten Sprachen.

```
class BankAccount {
  constructor() { this.balance = 0 }
  deposit(amount) { this.balance += amount }
  ...
}
```

Die folgenden drei Vorschläge für alternative Schreibweisen befinden sich Anfang 2020 in Stufe 3. Damit können Sie Namen und Anfangswerte der Felder in der Klassendeklaration wie folgt auflisten:

```
class BankAccount {
  balance = 0
  deposit(amount) { this.balance += amount }
  ...
}
```

Ein Feld ist *privat* (also außerhalb der Methoden der Klasse nicht zugänglich), wenn sein Name mit # beginnt:

```
class BankAccount {
  #balance = 0
  deposit(amount) { this.#balance += amount }
  ...
}
```

Auch Methoden, deren Namen mit # beginnen, sind privat.

4.7 Statische Methoden und Felder

In einer Klassendeklaration können Sie eine Methode auch als `static` definieren. Eine solche statische Methode operiert nicht auf irgendeinem Objekt. Sie ist zwar eine Eigenschaft einer Klasse, ansonsten aber eine ganz normale Funktion. Betrachten Sie dazu das folgende Beispiel:

```
class BankAccount {
  ...
  static percentOf(amount, rate) { return amount * rate / 100 }
  ...
  addInterest(rate) {
    this.balance += BankAccount.percentOf(this.balance, rate)
  }
}
```

Um eine statische Methode aufzurufen – ganz gleich, ob innerhalb oder außerhalb ihrer Klasse –, müssen Sie ihr wie in dem gezeigten Beispiel den Klassennamen voranstellen.

Hinter den Kulissen sind statische Methoden Eigenschaften des Konstruktors. Früher hätten Sie sie wie folgt definieren müssen:

```
BankAccount.percentOf = function(amount, rate) {
  return amount * rate / 100
}
```

Auf die gleiche Weise können Sie auch das Gegenstück zu statischen Feldern definieren:

```
BankAccount.OVERDRAFT_FEE = 30
```

Die folgende klassengestützte Syntax für statische Felder ist Anfang 2020 im Vorschlagsstadium der Stufe 3:

```
class BankAccount {
  static OVERDRAFT_FEE = 30
  ...
  withdraw(amount) {
```

```
      if (this.balance < amount) {
        this.balance -= BankAccount.OVERDRAFT_FEE
      }
      ...
    }
  }
```

Ein statisches Feld wird zu einer Eigenschaft der Konstruktorfunktion. Ebenso wie bei statischen Methoden müssen Sie für den Zugriff auf ein statisches Feld den Klassennamen angeben, z. B. `BankAccount.OVERDRAFT_FEE`.

Private statische Felder und Methoden (mit dem Präfix `#`) sind zurzeit ebenfalls Vorschläge der Stufe 3.

Get- und Set-Methoden lassen sich ebenfalls als statisch deklarieren. Wie immer kann die Set-Methode eine Fehlerprüfung durchführen:

```
class BankAccount {
  ...
  static get OVERDRAFT_FEE() {
    return this.#OVERDRAFT_FEE // In einer statischen Methode ist this die
                               //Konstruktorfunktion
  }
  static set OVERDRAFT_FEE(newValue) {
    if (newValue > this.#OVERDRAFT_FEE) {
      this.#OVERDRAFT_FEE = newValue
    }
  }
}
```

4.8 Teilklassen

Ein Grundprinzip der objektorientierten Programmierung ist die Vererbung. Eine Klasse legt das Verhalten ihrer Instanzen fest. Wenn Sie von einer gegebenen Klasse (Oberklasse) eine Teilklasse bilden, können deren Instanzen einen Teil des Verhaltens von der Oberklasse erben, während sie in anderen Aspekten ein davon abweichendes Verhalten zeigen.

Ein übliches Beispiel dafür ist eine Vererbungshierarchie mit der Oberklasse `Employee` und der Teilklasse `Manager`. Während von den Angestellten erwartet wird, dass sie die ihnen zugewiesenen Aufgaben erfüllen, für die sie ihr Gehalt bekommen, erhalten Manager Prämien zusätzlich zu ihrem Grundgehalt, wenn sie tatsächlich erreichen, was man von ihnen erwartet.

In JavaScript können Sie ebenso wie in Java das Schlüsselwort `extends` verwenden, um diese Beziehung zwischen den Klassen `Employee` und `Manager` auszudrücken:

```
class Employee {
  constructor(name, salary) { ... }
  raiseSalary(percent) { ... }
  ...
}

class Manager extends Employee {
  getSalary() { return this.salary + this.bonus }
  ...
}
```

Hinter den Kulissen wird eine Prototypkette mit `Employee.prototype` als Prototyp von `Manager.prototype` eingerichtet (siehe Abb. 4–4). Methoden, die nicht in der Teilklasse deklariert sind, werden daher in der Oberklasse nachgeschlagen.

Beispielsweise können Sie auch `raiseSalary` für ein `Manager`-Objekt aufrufen:

```
const boss = new Manager(. . .)
boss.raiseSalary(10) // Ruft Employee.prototype.raiseSalary auf
```

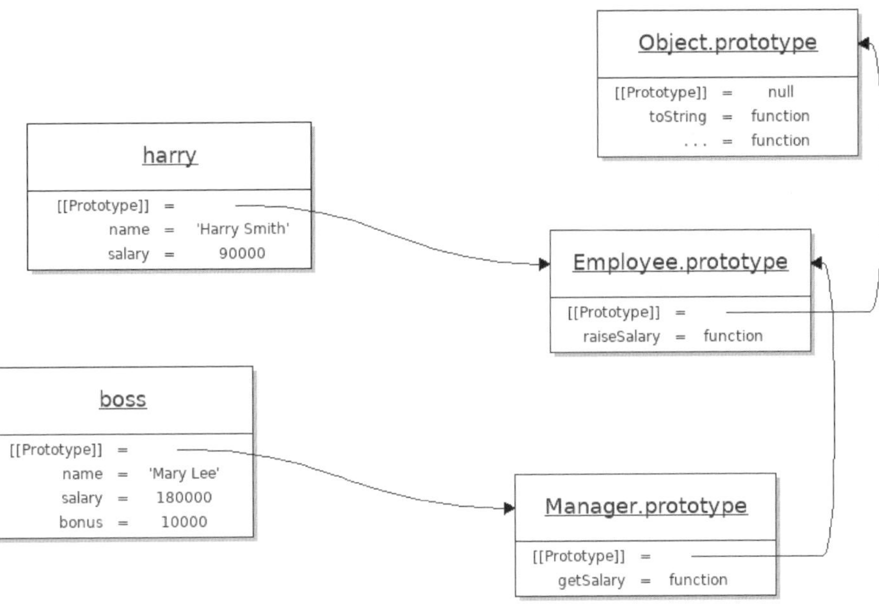

Abb. 4–4 *Prototypkette für die Vererbung*

Bevor die `extends`-Syntax eingeführt wurde, mussten JavaScript-Programmierer solche Prototypketten selber einrichten.

Der Operator `instanceof` prüft, ob ein Objekt zu einer bestimmten Klasse oder einer ihrer Teilklassen gehört. Dabei durchsucht er die Prototypkette des Objekts nach dem Prototyp der gegebenen Konstruktorfunktion:

```
boss instanceof Employee
```

Dies ergibt `true`, da sich `Employee.prototype` in der Prototypkette von `boss` befindet.

Hinweis

In Java wird das Schlüsselwort `extends` zur Erweiterung einer festen Klasse verwendet, doch in JavaScript ist es dynamischer. Die rechte Seite von `extends` kann ein beliebiger Ausdruck sein, der eine Funktion zurückgibt (oder `null`, um eine Klasse zu erstellen, die keine Erweiterung von `Object` darstellt). Ein Beispiel dafür finden Sie in Abschnitt 4.11 »Klassenausdrücke«.

Hinweis

In Java und C++ ist es üblich, abstrakte Oberklassen oder Schnittstellen (Interfaces) zu definieren, um Methoden aufrufen zu können, die in den Teilklassen definiert werden. In JavaScript wird die Anwendung der Methoden zur Kompilierzeit jedoch nicht geprüft, weshalb es auch keinen Grund für abstrakte Methoden gibt.

Nehmen wir beispielsweise an, Sie modellieren Angestellte und freie Mitarbeiter und wollen die Vergütungen von Objekten beider Klassen abrufen. In einer statisch typisierten Sprache richten Sie dazu die Oberklasse oder Schnittstelle `Salaries` mit der abstrakten Methode `getSalary` ein. In JavaScript rufen Sie einfach `person.getSalary()` auf.

4.9 Methoden überschreiben

Nehmen wir an, sowohl die Ober- als auch die Teilklasse verfügen über eine Methode namens `getSalary`:

```
class Employee {
  ...
  getSalary() { return this.salary }
}

class Manager extends Employee {
  ...
  getSalary() { return this.salary + this.bonus }
}
```

Betrachten Sie nun den folgenden Methodenaufruf:

```
const empl = ...
const salary = empl.getSalary()
```

Je nachdem, ob empl auf einen einfachen Angestellten oder einen Manager verweist, wird die Methode Employee.prototype.getSalary oder Manager.prototype.getSalary aufgerufen. Der Umstand, dass die aufzurufende Methode von dem referenzierten Objekt abhängt, wird als *Polymorphismus* bezeichnet. In JavaScript ergibt sich Polymorphismus einfach als Folge aus dem Nachschlagen in der Prototypkette.

In einer solchen Situation spricht man davon, dass die Methode getSalary der Klasse Manager die gleichnamige Methode in der Klasse Employee *überschreibt*.

Es kann jedoch auch vorkommen, dass Sie in einer Teilklasse eine Methode der Oberklasse aufrufen wollen:

```
class Manager extends Employee {
  ...
  getSalary() { return super.getSalary() + this.bonus }
}
```

Durch die Angabe von super beginnt der Nachschlagevorgang beim Elternobjekt des Prototypobjekts, in dem die Methode deklariert wurde. In unserem Beispiel umgeht der Aufruf super.getSalary das Objekt Manager.prototype. Das ist auch gut, da sich sonst eine unendliche Rekursion ergeben würde. Stattdessen wird die Methode getSalary aus Employee.prototype aufgerufen.

Hinweis

In diesem Abschnitt sehen wir uns das Überschreiben von Methoden am Beispiel von getSalary an. Es ist jedoch auch möglich, Get- und Set-Methoden zu überschreiben:

```
class Manager extends Employee {
  ...
  get salary() { return super.salary + this.bonus }
}
```

4.10 Konstruktion von Teilklassen

In einem Teilklassenkonstruktor *müssen* Sie den Konstruktor der Oberklasse aufrufen. Verwenden Sie dazu ebenso wie in Java die Syntax super(...) und stellen Sie die Argumente, die Sie an den Oberklassenkonstruktor übergeben wollen, in die Klammern:

```
class Manager extends Employee {
  constructor(name, salary, bonus) {
    super(name, salary) // Oberklassenkonstruktor muss aufgerufen werden
    this.bonus = bonus  // Danach ist dies zulässig
  }
  ...
}
```

Den Verweis `this` können Sie erst nach dem Aufruf von `super` verwenden.

Wenn Sie keinen Teilklassenkonstruktor angeben, wird automatisch einer bereitgestellt. Dieser automatisch erzeugte Konstruktor übergibt alle Argumente an den Konstruktor der Oberklasse. (Das ist viel praktischer als die Vorgehensweise in Java und C++, wo der Konstruktor der Oberklasse ohne Argumente aufgerufen wird.)

```
class Manager extends Employee {
  // Kein Konstruktor
  getSalary() { ... }
}

const boss = new Manager('Mary Lee', 180000) // Ruft Employee('Mary Lee',
                                             // 180000) auf
```

Bevor die Schlüsselwörter `extends` und `super` zu JavaScript hinzugefügt wurden, war es deutlich schwieriger, einen Teilklassenkonstruktor zu implementieren, der den Konstruktor der Oberklasse aufruft. Dazu waren erweiterte Werkzeuge erforderlich, die Sie in Kapitel 11 kennenlernen werden.

Hinweis

Wie Sie wissen, gibt es in JavaScript in Wirklichkeit gar keine Klassen. Eine Klasse ist lediglich eine Konstruktorfunktion und eine Teilklasse ist eine Konstruktorfunktion, die einen Oberklassenkonstruktor aufruft.

4.11 Klassenausdrücke

Ebenso wie anonyme Funktionen können Sie auch anonyme Klassen deklarieren:

```
const Employee = class {
  constructor(name, salary) {
    this.name = name
    this.salary = salary
  }
```

```
  raiseSalary(percent) {
    this.salary *= 1 + percent / 100
  }
}
```

Wie Sie wissen, erzeugt `class` eine Konstruktorfunktion, die hier in der Variablen `Employee` gespeichert wird. In diesem Beispiel hat diese Vorgehensweise keine Vorteile gegenüber der Schreibweise `class Employee { ... }` für benannte Klassen.

Eine sinnvolle Anwendung besteht darin, Methoden bereitzustellen, die einer bestehenden Klasse neue Fähigkeiten hinzumischen können:

```
const withToString = base =>
  class extends base {
    toString() {
      let result = '{'
      for (const key in this) {
        if (result !== '{') result += ', '
        result += `${key}=${this[key]}`
      }
      return result + '}'
    }
  }
```

Wenn Sie diese Funktion mit einer Klasse (also einer Konstruktorfunktion) aufrufen, erhalten Sie eine erweiterte Klasse:

```
const PrettyPrintingEmployee = withToString(Employee) // Neue Klasse
e = new PrettyPrintingEmployee('Harry Smith', 90000)
  //Eine Instanz der neuen Klasse
console.log(e.toString())
  // Gibt {name=Harry Smith, salary=90000} aus, nicht [object Object]
```

4.12 Der Verweis this

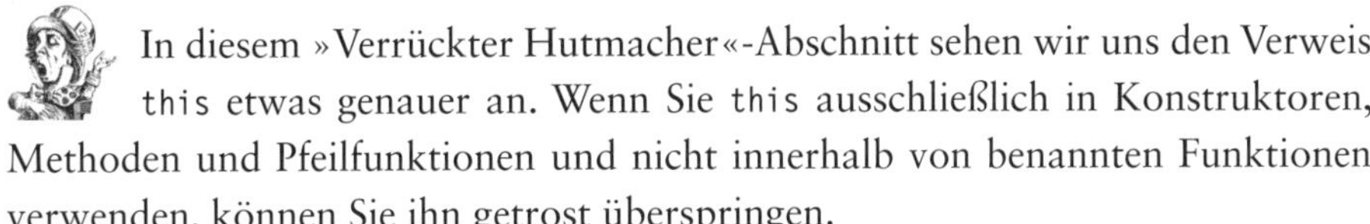

In diesem »Verrückter Hutmacher«-Abschnitt sehen wir uns den Verweis `this` etwas genauer an. Wenn Sie `this` ausschließlich in Konstruktoren, Methoden und Pfeilfunktionen und nicht innerhalb von benannten Funktionen verwenden, können Sie ihn getrost überspringen.

Um zu erkennen, wo die Verwendung von `this` zu einem Problem werden kann, betrachten Sie als Erstes den Operator `new`. Was geschieht, wenn Sie eine Konstruktorfunktion ohne `new` aufrufen?

```
let e = Employee('Harry Smith', 90000) // Aufruf ohne new
```

Im strikten Modus wird die Variable `this` dabei auf `undefined` gesetzt.

Zum Glück tritt dieses Problem nur bei der Deklaration von Konstruktorfunktionen nach alter Schule auf. Wenn Sie die `class`-Syntax verwenden, ist es ohnehin unzulässig, den Konstruktor ohne `new` aufzurufen.

Vorsicht

Wenn Sie auf die `class`-Syntax verzichten, kann es Ihnen passieren, dass Sie Konstruktorfunktionen deklarieren, die je nachdem, ob sie mit oder ohne `new` aufgerufen werden, unterschiedlich reagieren. Ein Beispiel dafür ist die Funktion `Number`:

```
const price = Number('19.95')
  // Parst den String und gibt eine Zahl zurück, kein Objekt
const aZeroUnlikeAnyOther = new Number(0)
  // Konstruiert ein neues Objekt
```

Im modernen JavaScript-Gebrauch ist es unüblich, einen Konstruktor ohne `new` aufzurufen.

Ein weiteres mögliches Problem besteht darin, dass Sie eine Methode ohne Objekt aufrufen können. In diesem Fall ist `this` ebenfalls `undefined`:

```
const doLater = (what, arg) => { setTimeout(() => what(arg), 1000) }
doLater(BankAccount.prototype.deposit, 500) // Fehler
```

Bei der Auswertung des Ausdrucks `what(arg)` nach einer Sekunde wird die Methode `deposit` aufgerufen. Sie schlägt jedoch fehl, wenn sie versucht, auf `this.balance` zuzugreifen, da `this` den Wert `undefined` hat.

Wenn Sie Geld einzahlen wollen, müssen Sie dazu das Konto angeben:

```
doLater(amount => harrysAccount.deposit(amount), 500)
```

Als Nächstes werfen wir einen Blick auf verschachtelte Funktionen. Innerhalb einer mit `function` deklarierten verschachtelten Funktion ist `this` wiederum `undefined`. Wenn Sie `this` in einer Callback-Funktion verwenden, können daher Probleme auftreten:

```
class BankAccount {
  ...
  spreadTheWealth(accounts) {
    accounts.forEach(function(account) {
      account.deposit(this.balance / accounts.length)
        // Fehler: this ist in der verschachtelten Funktion undefined
    })
    this.balance = 0
  }
}
```

Hier verweist `this.balance` *nicht* auf den Kontostand, sondern ist `undefined`, da es in einer verschachtelten Funktion steht.

Die beste Lösung besteht darin, für den Callback eine Pfeilfunktion zu verwenden:

```
class BankAccount {
  ...
  spreadTheWealth(accounts) {
    accounts.forEach(account => {
      account.deposit(this.balance / accounts.length) // Korrekt gebunden
    })
    this.balance = 0
  }
}
```

In einer Pfeilfunktion ist `this` statisch an das gebunden, was `this` außerhalb davon bedeutet, in diesem Beispiel also an das `BankAccount`-Objekt, das die Methode `spreadTheWealth` aufruft.

Hinweis

Bevor es Pfeilfunktionen gab, initialisierten JavaScript-Programmierer als Notlösung eine andere Variable mit `this`:

```
spreadTheWealth(accounts) {
    const that = this
    accounts.forEach(function(account) {
      account.deposit(that.balance / accounts.length)
  })
  this.balance = 0
}
```

Betrachten wir noch ein weiteres obskures Beispiel. Jeder Methodenaufruf der Form `obj.method(args)` kann auch als `obj['method'](args)` geschrieben werden. Wenn `obj[index]` eine Funktion ist, wird `this` beim Aufruf von `obj[index](args)` daher ebenfalls auf `obj` gesetzt, auch wenn hier kein Punktoperator verwendet wird.

Mit einem Array von Callbacks können wir eine solche Situation wie folgt herbeiführen:

```
class BankAccount {
  constructor() {
    this.balance = 0
    this.observers = []
  }
```

```
    addObserver(f) {
      this.observers.push(f)
    }
    notifyObservers() {
      for (let i = 0; i < this.observers.length; i++) {
        this.observers[i]()
      }
    }
    deposit(amount) {
      this.balance += amount
      this.notifyObservers()
    }
    ...
  }
```

Nehmen wir nun an, wir haben folgendes Bankkonto:

```
const acct = new BankAccount()
```

Anschließend fügen Sie wie folgt einen Beobachter hinzu:

```
class UserInterface {
  log(message) {
    ...
  }
  start() {
    acct.addObserver(function() { this.log('More money!') })
    acct.deposit(1000)
  }
}
```

Was ist `this`, wenn die an `addObserver` übergebene Funktion aufgerufen wird? Es ist *das Array der Beobachter*! Schließlich wurde `this` in dem Aufruf `this.observers[i]()` eingesetzt. Da das Array aber nicht über eine `log`-Methode verfügt, tritt ein Laufzeitfehler auf. Auch hier besteht die Lösung darin, eine Pfeilfunktion zu verwenden:

```
acct.addObserver(() => { this.log('More money!') })
```

Tipp

Es ist problematisch, dass `this` nach einem undurchsichtigen Satz von Regeln dynamisch gesetzt wird. Um Schwierigkeiten zu vermeiden, sollten Sie `this` nicht in Funktionen verwenden, die mit `function` definiert wurden. In Methoden und Konstruktoren sowie in Pfeilfunktionen, die in Methoden und Konstruktoren definiert wurden, kann `this` dagegen gefahrlos verwendet werden. Das ist die goldene Regel Nr. 5.

4.13 Übungen

1. Schreiben Sie die Funktion `createPoint`, die einen Punkt mit gegebenen *x*- und *y*-Koordinaten in einer Ebene erstellt. Stellen Sie die Methoden `getX`, `getY`, `translate` und `scale` bereit. Dabei soll `translate` den Punkt um einen gegebenen Betrag in *x*- und *y*-Richtung verschieben und `scale` beide Koordinaten um einen gegebenen Faktor skalieren. Verwenden Sie ausschließlich die Techniken aus Abschnitt 4.1 »Methoden«.

2. Lösen Sie die vorige Aufgabe erneut, aber schreiben Sie diesmal eine Konstruktorfunktion und verwenden Sie Prototypen wie in Abschnitt 4.2 »Prototypen«.

3. Lösen Sie die vorige Aufgabe erneut, verwenden Sie diesmal aber die `class`-Syntax.

4. Lösen Sie die vorige Aufgabe erneut, geben Sie diesmal aber Get- und Set-Methoden für die *x*- und *y*-Koordinaten an. Stellen Sie in der Set-Methode sicher, dass das Argument eine Zahl ist.

5. Betrachten Sie folgende Funktion, die einen String mithilfe der Methode `greet` grußfähig macht:

   ```
   function createGreetable(str) {
     const result = new String(str)
     result.greet = function(greeting) { return `${greeting}, ${this}!` }
     return result
   }
   ```

   Eine typische Verwendung sieht wie folgt aus:

   ```
   const g = createGreetable('World')
   console.log(g.greet('Hello'))
   ```

   Diese Funktion weist jedoch einen Nachteil auf: Jeder grußfähige String verfügt über seine eigene Kopie der Methode `greet`. Sorgen Sie dafür, dass `createGreetable` ein Objekt erzeugt, dessen Prototyp die Methode `greet` enthält. Vergewissern Sie sich, dass Sie danach immer noch alle String-Methoden aufrufen können.

6. Schreiben Sie die Methode `withGreeter`, die beliebigen *Klassen* die Methode `greet` hinzufügt, wobei sich eine neue Klasse ergibt:

   ```
   const GreetableEmployee = withGreeter(Employee)
   const e = new GreetableEmployee('Harry Smith', 90000)
   console.log(e.greet('Hello'))
   ```

   Hinweis: Siehe dazu Abschnitt 4.11 »Klassenausdrücke«.

7. Schreiben Sie die Klasse `Employee` mithilfe von privaten Instanzfeldern um (siehe Abschnitt 4.6 »Instanzfelder und private Methoden«).

8. Ein klassisches Beispiel für eine abstrakte Klasse ist ein Baumknoten. Es gibt zwei Arten von Knoten, nämlich solche mit Kindern (Eltern) und solche ohne (Blätter).

```
class Node {
  depth() { throw Error("abstract method") }
}
class Parent extends Node {
  constructor(value, children) { . . . }
  depth() { return 1 + Math.max(...children.map(n => n.depth())) }
}
  class Leaf extends Node {
  constructor(value) { . . . }
  depth() { return 1 }
}
```

   Auf diese Weise werden Baumknoten in Java und C++ modelliert. In JavaScript brauchen Sie jedoch keine abstrakte Klasse, um `n.depth()` aufrufen zu können. Schreiben Sie die Klassen ohne Vererbung um und stellen Sie ein Testprogramm bereit.

9. Schreiben Sie die Klasse `Random` mit den folgenden statischen Methoden:

```
Random.nextDouble(low, high)
Random.nextInt(low, high)
Random.nextElement(array)
```

   Diese Methoden sollen eine Zufallszahl zwischen `low` (einschließlich) und `high` (ausschließlich) bzw. ein zufälliges Element aus dem gegebenen Array zurückgeben.

10. Schreiben Sie die Klasse `BankAccount` mit den Teilklassen `SavingsAccount` für Spar- und `CheckingAccount` für Girokonten. Ein Sparkonto muss über ein Instanzfeld für den Zinssatz und die Methode `addInterest` verfügen, die die Zinsen hinzufügt. Beim Girokonto dagegen wird für jede Abhebung eine Gebühr fällig. Bearbeiten Sie nicht direkt den Status der Oberklasse, sondern verwenden Sie deren Methoden.

11. Zeichnen Sie für die `SavingsAccount`- und `CheckingAccount`-Objekte aus der vorigen Übung ein Diagramm ähnlich wie Abbildung 4–4.

12. Harry versucht, mit dem folgenden Code eine CSS-Klasse umzuschalten, wenn der Benutzer auf eine Schaltfläche klickt:

    ```
    const button = document.getElementById('button1')
    button.addEventListener('click', function () {
      this.classList.toggle('clicked')
    })
    ```

    Warum funktioniert das nicht?

    Nachdem sich Sally im Internet umgesehen hat, macht sie folgenden Vorschlag:

    ```
    button.addEventListener('click', event => {
      event.target.classList.toggle('clicked')
    })
    ```

    Das funktioniert zwar, aber es kommt Harry ein bisschen geschummelt vor. Was wäre, wenn der Listener nicht zufällig die Schaltfläche als `event.target` zurückgeben würde? Ändern Sie den Code so, dass Sie weder `this` noch den Parameter `event` benötigen.

13. In Abschnitt 4.12 »Der Verweis this« haben Sie gesehen, dass Folgendes nicht funktioniert:

    ```
    const action = BankAccount.prototype.deposit
    action(1000)
    ```

    Nehmen wir an, Sie rufen die Methode `action` wie folgt von einer Instanz ab:

    ```
    const harrysAccount = new BankAccount()
    const action = harrysAccount.deposit
    action(1000)
    ```

    Funktioniert das? Warum ist das so?

14. In der vorigen Übung haben wir die Funktion `action` definiert, die Geld auf Harrys Konto einzahlt. Da sie dort ziemlich sinnfrei erschien, wollen wir hier den Zusammenhang etwas ausbauen. Die folgende Funktion ruft nach einer gewissen Verzögerung eine gegebene andere Funktion auf und übergibt ihr die Verzögerung als Argument:

    ```
    function invokeLater(f, delay) {
      setTimeout(() => f(delay), delay)
    }
    ```

    Damit kann Harry nach 1000 ms 1000 $ einnehmen:

    ```
    invokeLater(amount => harrysAccount.deposit(amount), 1000)
    ```

    Aber was ist mit Sally? Schreiben Sie eine allgemeine Funktion namens `deposit Into`, sodass folgender Aufruf möglich ist:

    ```
    invokeLater(depositInto(sallysAccount), 1000
    ```

5 Zahlen und Datumsangaben

In diesem Kapitel sehen wir uns zunächst die JavaScript-API für die Arbeit mit Zahlen und großen Integern an und wenden uns dann Operationen mit Datumsangaben zu. Wie Sie noch sehen werden, können Datumsangaben in JavaScript in Zahlen umgewandelt werden, nämlich als Anzahl von Millisekunden. Das ist für die Praxis zwar nicht von großer Bedeutung, liefert mir aber wenigstens eine Begründung, um beide Themen in einem Kapitel abzuhandeln, anstatt sie auf zwei noch kürzere zu verteilen.

5.1 Zahlenliterale

In JavaScript sind alle Zahlen Werte mit doppelter Genauigkeit nach dem Fließkommastandard IEEE 754. Ihre Binärdarstellung nimmt acht Bytes ein. Integer-

Literale können im Dezimal-, Hexadezimal-, Oktal- und Binärformat geschrieben werden:

```
42
0x2A
0o52
0b101010
```

Hinweis

Die veraltete Oktalschreibweise mit führender Null und ohne o (also etwa 052) ist im strikten Modus unzulässig.

Für Fließkommaliterale können Sie auch die Exponentialschreibweise verwenden:

```
4.2e-3
```

Die Buchstaben `e`, `x`, `o` und `b` können dabei sowohl groß als auch klein sein, Schreibweisen wie `4.2E-3` und `0X2A` sind ebenfalls zulässig.

Hinweis

In C++ und Java können Sie auch hexadezimale Fließkommaliterale wie `0x1.0p-10` $= 2^{-10} = 0{,}0009765625$ verwenden. In JavaScript ist diese Schreibweise nicht zulässig.

Die Verwendung von Unterstrichen in Zahlenliteralen ist zurzeit (2020) noch ein Vorschlag der Stufe 3. Sie können Unterstriche an beliebiger Stelle zwischen den Ziffern einfügen, um die Zahlen besser lesbar zu machen:

```
const speedOfLight = 299_792_458 // identisch mit 299792458
```

Diese Unterstriche sind nur für menschliche Leser da und werden beim Parsen entfernt.

Die globalen Variablen `Infinity` und `NaN` stehen für unendlich bzw. keine Zahl (*not a number*). Beispielsweise ergibt `1 / 0` den Wert `Infinity` und `0 / 0` den Wert `NaN`.

5.2 Zahlenformatierung

Um einen Integer in eine Darstellung mit einer gegebenen Basiszahl von 2 bis 36 umzuwandeln, verwenden Sie die Methode `toString`:

```
const n = 3735928559
n.toString(16) // 'deadbeef'
```

```
n.toString(8)  // '33653337357'
n.toString(2)  // '11011110101011011011111011101111'
```

Fließkommazahlen lassen sich ebenfalls mit einer anderen Basis als 10 darstellen:

```
const almostPi = 3.14
almostPi.toString(16) // 3.23d70a3d70a3e
```

Die Methode `toFixed` stellt eine Fließkommazahl in einem festen Format mit einer gegebenen Anzahl von Nachkommastellen dar. Der Aufruf `x.toExponential(p)` verwendet das Exponentialformat mit einer Stelle vor und p – 1 Stellen hinter dem Dezimalpunkt. `x.toPrecision(p)` zeigt `p` signifikante Stellen an:

```
const x = 1 / 600   // 0.0016666666666666668
x.toFixed(4)        // '0.0017'
x.toExponential(4)  // '1.6667e-3'
x.toPrecision(4)    // '0.001667'
```

Die Methode `toPrecision` wechselt zur Exponentialdarstellung um, wenn sie anderenfalls zu viele signifikante Stellen oder Nullen ausgeben würde (siehe Übung 3).

Hinweis

Die JavaScript-Standardbibliothek enthält kein Gegenstück zu der C-Funktion `printf`, allerdings gibt es Drittanbieter-Implementierungen, z.B. `https://github.com/alexei/sprintf.js`.

Die Methode `console.log` akzeptiert die von `printf` bekannten Platzhalter `%d`, `%f` und `%s`, aber keine Modifikatoren wie `width`, `fill` und `precision`.

5.3 Parsen von Zahlen

In Kapitel 1 haben Sie gesehen, wie Strings geparst werden, die Zahlen enthalten:

```
const notQuitePi = parseFloat('3.14') // Die Zahl 3.14
const evenLessPi = parseInt('3')      // Der Integer 3
```

Diese Funktionen ignorieren vorausgehenden Weißraum und nachfolgende nichtnumerische Zeichen. So ergibt beispielsweise `parseInt(' 3A')` ebenfalls `3`.

Das Resultat lautet `NaN`, wenn hinter dem optionalen Weißraum nicht unmittelbar eine Zahl steht, z.B. bei `parseInt(' A3')`.

Die Funktion `parseInt` akzeptiert auch Argumente in hexadezimaler Schreibweise: `parseInt('0x3A')` ist `58`.

Manchmal kann es sinnvoll sein, ausschließlich Strings zu akzeptieren, die Dezimalzahlen im JavaScript-Format darstellen und keinen führenden Weißraum und keine nachgestellten Zeichen enthalten. In einem solchen Fall ist es am besten, einen regulären Ausdruck zu verwenden:

```
const intRegex = /^[+-]?[0-9]+$/
if (intRegex.test(str)) value = parseInt(str)
```

Für Fließkommazahlen sieht ein solcher regulärer Ausdruck komplizierter aus:

```
const floatRegex = /^[+-]?((0|[1-9][0-9]*)(\.[0-9]*)?|\.[0-9]+)([eE][+-]?
  [0-9]+)?$/
if (floatRegex.test(str)) value = parseFloat(str)
```

In Kapitel 6 erfahren Sie mehr über reguläre Ausdrücke.

Vorsicht

Das Internet steckt voller *fast* korrekter Rezepte, um Strings zu erkennen, die JavaScript-Zahlen darstellen. Der Teufel steckt aber im Detail. Der vorige reguläre Ausdruck stimmt exakt mit den Dezimalzahlliteralen des JavaScript-Standards mit optionalem Vorzeichen überein. Eingebettete Unterstriche (z.B. 1_000_000) werden dagegen nicht unterstützt.

Um Integer zu einer anderen Basis als 10 zu parsen, müssen Sie als zweites Argument die Basis (zwischen 2 und 36) angeben:

```
parseInt('deadbeef', 16) // 3735928559
```

5.4 Funktionen und Konstanten der Klasse Number

Die Funktionen `Number.parseInt` und `Number.parseFloat` sind identisch mit den globalen Funktionen `parseInt` und `parseFloat`.

Der Aufruf `Number.isNaN(x)` prüft, ob `x` den besonderen Wert `NaN` hat. (Mit `x === NaN` ist das nicht möglich, da zwei `NaN`-Werte nicht als gleich betrachtet werden.)

Um zu prüfen, ob `x` eine finite Zahl und nicht `Infinity`, `-Infinity` oder `NaN` ist, rufen Sie `Number.isFinite(x)` auf.

Vorsicht

Verwenden Sie nicht die globalen Funktionen `isNaN` und `isFinite`, da sie nichtnumerische Argumente konvertieren, was keine sinnvollen Ergebnisse liefert:

```
isNaN('Hello') // true
isFinite([0])  // true
```

Die statischen Methoden `number.isInteger` und `Number.isSafeInteger` prüfen, ob das Argument ein Integer bzw. ein Integer aus dem sicheren Bereich ist, in dem keine Rundungsfehler auftreten. Dieses Intervall erstreckt sich von `Number.MIN_SAFE_INTEGER` ($-2^{53} + 1$ oder –9.007.199.254.740.991) bis `Number.MAX_SAFE_INTEGER` ($2^{53} - 1$ oder 9.007.199.254.740.991).

Die größte Zahl ist `Number.MAX_VALUE` ($(2 - 2^{-52}) \times 2^{1023}$ oder ca. $1{,}8 \times 10^{308}$). Die kleinste positive Zahl ist `Number.MIN_VALUE` (2^{-1074} oder ca. 5×10^{-324}). `Number.EPSILON` (2^{-52} oder ca. $2{,}2 \times 10^{-16}$) ist der Abstand zwischen 1 und der nächsten darstellbaren Zahl größer 1.

Die Werte `Number.NaN`, `Number.POSITIVE_INFINITY` und `Number.NEGATIVE_INFINITY` sind die gleichen wie ihre globalen Gegenstücke `NaN`, `Infinity` und `-Infinity`. Sie können sie verwenden, wenn Sie befürchten, dass jemand lokale Variablen namens `NaN` und `Infinity` definiert.

Tabelle 5–1 zeigt die praktischsten Merkmale der Klasse `Number`.

Name	Beschreibung
Funktionen	
`isNaN(x)`	Ist `true`, wenn `x` den Wert `NaN` hat. Da `x === NaN` stets `false` ist, können Sie `===` für diesen Test nicht verwenden.
`isFinite(x)`	Ist `true`, wenn `x` weder `+/- Infinity` noch `NaN` ist.
`isSafeInteger(x)`	Ist `true`, wenn `x` ein Integer aus dem in diesem Abschnitt definierten sicheren Intervall ist.
Methoden	
`toString(base)`	Die Zahl zur gegebenen Basis (zwischen 2 und 36) `(200).toString(16)` ergibt `'c8'`.
`toFixed(digitsAfterDecimalPoint)`, `toExponential(significantDigits)`, `toPrecision(significantDigits)`	Die Zahl im festen oder exponentiellen Format oder dem geeigneteren der beiden. Die Formatierung von `0.001666` mit vier Stellen ergibt `'0.`**`0017`**`'`, `'`**`1.667`**`e-3'` bzw. `'0.00`**`1667`**`'`.
Konstanten	
`MIN_SAFE_INTEGER`, `MAX_SAFE_INTEGER`	Das sichere Intervall, in dem Integer ohne Rundung in Fließkommazahlen umgewandelt werden können.
`MIN_VALUE`, `MAX_VALUE`	Das Intervall für alle Fließkommazahlen

Tab. 5–1 *Nützliche Funktionen, Methoden und Konstanten der Klasse* `Number`

5.5 Funktionen und Konstanten der Klasse Math

Die Klasse `Math` definiert eine Reihe von Funktionen und Konstanten für mathematische Berechnungen, z.B. Logarithmen und trigonometrische Funktionen. Tabelle 5–2 führt sie alle auf. Die meisten dieser Funktionen sind für ganz spezifische Aufgaben gedacht, doch im Folgenden wollen wir uns einige der mathematischen Funktionen ansehen, die auch von allgemeinem Interesse sind.

Die Funktionen `max` und `min` geben das größte bzw. kleinste von beliebig vielen Argumenten zurück:

```
Math.max(x, y)       // Der größere der beiden Werte x und y
Math.min(...values) // Das kleinste Element des Arrays values
```

Die Funktion `Math.round` rundet ihr Argument auf den nächsten Integer. Dabei werden positive Zahlen mit einem Nachkommanteil größer oder gleich 0,5 und negative Zahlen mit einem Nachkommaanteil größer 0,5 aufgerundet.

`Math.trunc` schneidet die Nachkommastellen einfach ab:

```
Math.round(2.5)  // 3
Math.round(-2.5) // -2
Math.trunc(2.5)  // 2
```

Der Aufruf von `Math.random()` ergibt eine Fließkommazahl zwischen 0 (einschließlich) und 1 (ausschließlich). Um eine zufällige Fließkomma- oder Ganzzahl zwischen `a` (einschließlich) und `b` (ausschließlich) zu erhalten, schreiben Sie Folgendes:

```
const randomDouble = a + (b - a) * Math.random()
const randomInt = a + Math.trunc((b - a) * Math.random()) // wobei a und b
                                                           // Integer sind
```

Name	Beschreibung
Funktionen	
`min(values...)`, `max(values)`	Diese Funktionen können mit einer beliebigen Anzahl von Argumenten aufgerufen werden.
`abs(x)`, `sign(x)`	Absolutwert und Signum (1, 0, –1)
`random()`	Zufallszahl $0 \le r < 1$
`round(x)`, `trunc(x)`, `floor(x)`, `ceil(x)`	Runden auf den nächsten Integer, den Integer der Vorkommastellen, den nächstkleineren bzw. den nächstgrößeren Integer
`fround(x)`, `ftrunc(x)`, `ffloor(x)`, `fceil(x)`	Runden auf 32-Bit-Fließkommazahlen
`pow(x, y)`, `exp(x)`, `expm1(x)`, `log(x)`, `log2(x)`, `log10(x)`, `log1p(x)`	x^y, e^x, $e^x - 1$, $\ln(x)$, $\log_2(x)$, $\log_{10}(x)$, $\ln(1 + x)$
`sqrt(x)`, `cbrt(x)`, `hypot(x, y)`	$\sqrt{x}$, $\sqrt[3]{x}$, $\sqrt{x^2 + y^2}$

→

Name	Beschreibung
`sin(x), cos(x), tan(x), asin(x), acos(x), atan(x), atan2(y, x)`	Trigonometrische Funktionen
`sinh(x), cosh(x), tanh(x), asinh(x), acosh(x), atanh`	Hyperbelfunktionen
Konstanten	
`E, PI, SQRT2, SQRT1_2, LN2, LN10, LOG2E, LOG10E`	e, π, $\sqrt{2}$, $\sqrt{1/2}$, $\ln(2)$, $\ln(10)$, $\log_2(e)$, $\log_{10}(e)$

Tab. 5–2 Funktionen und Konstanten der Klasse `Math`

5.6 Große Integer

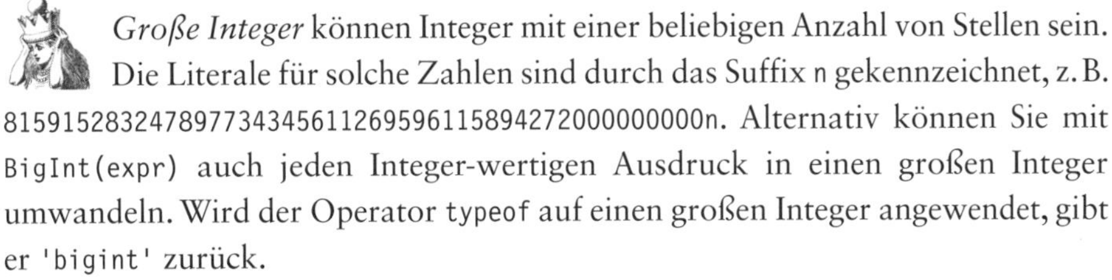

Große Integer können Integer mit einer beliebigen Anzahl von Stellen sein. Die Literale für solche Zahlen sind durch das Suffix `n` gekennzeichnet, z. B. `815915283247897734345611269596115894272000000000n`. Alternativ können Sie mit `BigInt(expr)` auch jeden Integer-wertigen Ausdruck in einen großen Integer umwandeln. Wird der Operator `typeof` auf einen großen Integer angewendet, gibt er `'bigint'` zurück.

Das Ergebnis einer arithmetischen Operation mit großen Integern ist wiederum ein großer Integer:

```
let result = 815915283247897734345611269596115894272000000000n * BigInt(41)
  // Setzt result auf 33452526613163807108170062053440751665152000000000n
```

Wird der Operator / auf große Integer angewendet, ist das Ergebnis wiederum ein großer Integer, wobei der Rest verworfen wird. Beispielsweise ergibt `100n / 3n` den Wert `33n`.

Die Klasse `BigInt` enthält nur zwei Funktionen, die eher technischer Natur sind. `BigInt.asIntN(bits, n)` und `BigInt.asUintN(bits, n)` reduzieren $n \% 2^{bits}$ auf das Intervall $[-2^{bits - 1} \ldots 2^{bits - 1} - 1]$ bzw. $[0 \ldots 2^{bits} - 1]$.

5.7 Datumsangaben konstruieren

Bevor wir uns mit der JavaScript-API für Datumsangaben beschäftigen, müssen wir einige Grundprinzipien der Zeitmessung betrachten. Die grundlegende Zeiteinheit, nämlich die Sekunde, wurde ursprünglich aus der Rotation der Erde um ihre eigene Achse abgeleitet. Eine vollständige Umdrehung umfasst 24 Stunden oder 24 × 60 × 60 = 86.400 Sekunden. Daher sah es so aus, als wäre es nur eine Frage astronomischer Messungen, um die Sekunde genau zu definieren. Leider wackelt die Erde aber ein kleines bisschen, weshalb eine exaktere Festlegung hermusste. 1967 wurde eine neue Definition der Sekunde aus einer Eigenschaft des Elements Caesium-133 abgeleitet. Seitdem wird die offizielle Zeit durch eine Reihe von Atomuhren gemessen.

Hin und wieder kommt es vor, dass die offiziellen Zeitnehmer die absolute Zeit mit der Erdrotation synchronisieren müssen. Dabei wurden früher die offiziellen Sekunden ein wenig verlängert, aber seit 1972 werden bei Bedarf sogenannte Schaltsekunden eingefügt. (Theoretisch kann es sein, dass auch eine Sekunde abgezogen werden muss, aber bis jetzt ist das noch nicht vorgekommen.) Die Umsetzung von Schaltsekunden ist natürlich schwierig, weshalb in vielen Computersystemen die Zeitmessung ausgeglichen, also unmittelbar vor einer Schaltsekunde künstlich verlangsamt oder beschleunigt wird, um bei 86.400 Sekunden pro Tag zu bleiben. Das funktioniert, da die lokale Zeit auf einem Computer ohnehin nicht so genau ist und die Computer daher daran gewöhnt sind, sich mit externen Zeitdiensten zu synchronisieren.

Da die Menschen überall auf der Welt es nun einmal gernhaben, wenn Mitternacht mehr oder weniger genau in die Mitte der Nacht fällt, gibt es verschiedene Ortszeiten. Um Zeitangaben vergleichen zu können, muss es einen gemeinsamen Bezugspunkt geben. Aus historischen Gründen ist das die Ortszeit an dem Längengrad, der durch das Königliche Observatorium in Greenwich verläuft (ohne Anpassung an die Sommerzeit). Diese Bezugszeit wird als Coordinated Universal Time (UTC) bezeichnet. Die Abkürzung ist ein Kompromiss aus der englischen und der französischen Bezeichnung (Temps Universel Coordiné) und zeichnet sich dadurch aus, dass sie in beiden Sprachen eine falsche Kürzelfolge aufweist.

Für Zeitangaben in einem Computer ist es praktisch, einen festen Bezugszeitpunkt zu haben, von dem aus man vorwärts bzw. rückwärts zählt. Das ist die Epoche: Mitternacht (UTC) des 1. Januar 1970.

In JavaScript wird die Zeit in ausgeglichenen Millisekunden seit der Epoche gezählt. Der gültige Bereich erstreckt sich um 100.000.000 Tage in beide Richtungen.

Für Zeitpunkte verwendet JavaScript das Standardformat nach ISO 8601, also `YYYY-MM-DDTHH:mm:ss.sssZ` mit vier Stellen für das Jahr, je zwei für Monat, Tag, Stunde, Minute und Sekunde und drei für Millisekunden. Der Buchstabe `T` trennt die Datums- von der Uhrzeitangabe und das Suffix `Z` steht für einen Versatz von 0 (*zero*) gegenüber UTC.

Beispielsweise wird die Epoche selbst wie folgt dargestellt:

```
1970-01-01T00:00:00.000Z
```

> **Hinweis**
>
> Vielleicht fragen Sie sich, wie Sie dieses Format auf ein Kalenderdatum anwenden können, das mehr als 100.000.000 Tage – ca. 274.000 Jahren – von der Epoche entfernt liegt, oder was mit Zeitangaben vor Christus ist.
>
> Bei solchen Kalenderdaten wird das Jahr mit sechs Stellen und einem Vorzeichen angegeben, also ±YYYYYY. Das größte gültige JavaScript-Datum lautet:
>
> ```
> +275760-09-13T00:00:00.000Z
> ```
>
> Das Jahr vor 0001 ist übrigens 0000 und das Jahr davor ist -000001.

In JavaScript wird ein Zeitpunkt durch eine Instanz der Klasse `Date` dargestellt. Es wäre schön gewesen, diese Klasse `Time` zu nennen, allerdings hat sie sowohl ihren Namen als auch einige Mängel von der Java-Klasse `Date` geerbt und um ihre eigenen Eigentümlichkeiten ergänzt.

Die praktischsten Merkmale der Klasse `Date` sind in Tabelle 5–3 aufgeführt.

Name	Beschreibung
Konstruktoren	
`new Date(iso8601String)`	Konstruiert ein `Date`-Objekt aus einem ISO-8601-String wie `'1969-07-20T20:17:40.000Z'`.
`new Date()`	Konstruiert ein `Date`-Objekt, das den aktuellen Zeitpunkt darstellt.
`new Date(millisecondsFromEpoch)`	
`new Date(year, zeroBasedMonth, day, hours, minutes, seconds, milliseconds)`	Verwendet die *lokale Zeitzone*. Es sind mindestens zwei Argumente erforderlich.
Funktionen	
`UTC(year, zeroBasedMonth, day, hours, minutes, seconds, milliseconds)`	Gibt kein `Date`-Objekt, sondern die Millisekunden seit der Epoche zurück.
Methoden	
`getUTCFullYear()`, `getUTCMonth()`, `getUTCDate()`, `getUTCHours()`, `getUTCMinutes()`, `getUTCSeconds()`, `getUTCMilliseconds()`	Monate von 0 bis 11, Tag von 1 bis 31 und Stunden von 0 bis 23
`getUTCDay()`	Wochentage von 0 (Sonntag) bis 6 (Samstag)
`getTime()`	Millisekunden seit der Epoche
`toISOString()`	Der entsprechende ISO-8601-String, z.B. `'1969-07-20T20:17:40.000Z'`
`toLocaleString(locale, options)`, `toLocaleDateString(locale, options)`, `toLocaleTimeString(locale, options)`	Für Menschen lesbares Datum und Uhrzeit bzw. nur das Datum oder nur die Uhrzeit. Eine Erklärung von Gebietsschemata und eine Beschreibung aller Optionen finden Sie in Kapitel 8.

Tab. 5–3 *Praktische Konstruktoren, Funktionen und Methoden der Klasse* `Date`

Ein Datum können Sie aus dem entsprechenden ISO-8601-String oder aus der Anzahl der Millisekunden seit der Epoche konstruieren:

```
const epoch = new Date('1970-01-01T00:00:00.000Z')
const oneYearLater = new Date(365 * 86400 * 1000) // 1971-01-01T00:00:00.000Z
```

Wenn Sie ein `Date`-Objekt ohne Argumente konstruieren, erhalten Sie ein Objekt für den aktuellen Zeitpunkt:

```
const now = new Date()
```

Vorsicht

Rufen Sie die Funktion `Date` nicht ohne `new` auf, denn dabei werden alle Argumente ignoriert und statt eines `Date`-Objekts ein String ausgegeben, der den aktuellen Zeitpunkt angibt – und das noch nicht einmal im ISO-8601-Format:

```
Date(365 * 86400 * 1000)
  // Ignoriert das Argument und gibt einen String zurück:
  // 'Mon Jun 24 2020 07:23:10 GMT+0200 (Central European Summer Time)'
```

Vorsicht

Wenn Sie `Date`-Objekte in arithmetischen Ausdrücken verwenden, werden sie automatisch konvertiert, und zwar entweder in das (im vorherigen Kasten gezeigte) String-Format oder in die Anzahl der Millisekunden seit der Epoche:

```
oneYearLater + 1
  // 'Fri Jan 01 1971 01:00:00 GMT+0100 (Central European Summer Time)1'
oneYearLater * 1 // 31536000000
```

Das ist nur sinnvoll, um den Abstand zwischen zwei Zeitpunkten zu berechnen:

```
const before = new Date()
// Verrichtet irgendwelche Arbeit
const after = new Date()
const millisecondsElapsed = after - before
```

Sie können ein `Date`-Objekt *in ihrer örtlichen Zeitzone* wie folgt konstruieren:

```
new Date(year, zeroBasedMonth, day, hours, minutes, seconds, milliseconds)
```

Alle Argumente ab `day` sind dabei optional. (Es werden jedoch mindestens zwei Argumente gebraucht, um diese Form von dem Aufruf `new Date(millisecondsFromEpoch)` zu unterscheiden.)

Aus historischen Gründen beginnt die Zählung der Monate mit 0, die der Tage dagegen nicht.

Um Ihnen ein Beispiel zu geben: Ich befinde mich zurzeit eine Stunde östlich des Observatoriums von Greenwich und werte nun Folgendes aus:

```
new Date(1970, 0 /* January */, 1, 0, 0, 0, 0, 0)
  // Achtung – örtliche Zeitzone!
```

Dabei erhalte ich Folgendes:

```
1969-12-30T23:00:00.000Z
```

Wenn Sie das selbst ausprobieren, erhalten Sie je nach Ihrer Zeitzone ein abweichendes Ergebnis.

Vorsicht

Wenn Sie für `zeroBasedMonth`, `day`, `hours` usw. Werte außerhalb des zulässigen Bereichs angeben, wird das Datum stillschweigend angepasst. Beispielsweise wird `new Date(2019, 13, -2)` zu `January 29, 2020`.

5.8 Funktionen und Methoden der Klasse Date

Die Klasse `Date` verfügt über die folgenden drei statischen Funktionen:

- `Date.UTC(year, zeroBasedMonth, day, hours, minutes, seconds, milliseconds)`
- `Date.parse(dateString)`
- `Date.now()`

Die Funktion `UTC` ähnelt dem Konstruktor mit mehreren Argumenten, gibt aber das Datum in UTC zurück. Die Funktion `parse` analysiert ISO-8601-Strings, kann aber je nach Implementierung auch andere Formate akzeptieren (siehe Übung 17). `Date.now()` gibt das aktuelle Datum und die aktuelle Uhrzeit zurück.

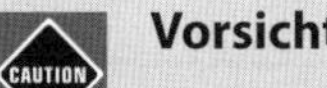

Vorsicht

Leider geben alle drei Funktionen keine `Date`-Objekte zurück, sondern die Millisekunden seit der Epoche.

Um aus UTC-Komponenten ein Datum zu erstellen, müssen Sie Folgendes schreiben:

```
const deadline = new Date(Date.UTC(2020, 0 /* January */, 31))
```

Die Date-Klasse verfügt über Getter- und Setter-Methoden im Java-Stil wie getHours oder setHours, nicht über JavaScript-get/set-Methoden.

Um die Komponenten eines Date-Objekts abzurufen, verwenden Sie die Methoden getUTCFullYear, getUTCMonth (von 0 bis 11), getUTCDate (von 1 bis 31), getUTCHours (von 0 bis 23), getUTCMinutes, getUTCSeconds und getUTCMilliseconds.

Die Methoden ohne die Angabe UTC im Namen (also getFullYear, getMonth, getDate usw.) geben dieselben Informationen in Ortszeit zurück. Sofern Sie nicht gerade die Ortszeit anzeigen wollen, sollten Sie sie lieber nicht verwenden. Und selbst zur Anzeige der Ortszeit ist es besser, die in Abschnitt 5.9 »Datumsformatierung« beschriebenen Formatierungsmethoden zu verwenden.

Die Methode getUTCDay gibt den Wochentag als eine Zahl von 0 (Sonntag) bis 6 (Samstag) zurück:

```
const epoch = new Date('1970-01-01T00:00:00.000Z')
epoch.getUTCDay() // 4 (Donnerstag)
epoch.getDay()    // , 4 oder 5, je nachdem, wo und wann der Aufruf erfolgt
```

> **Hinweis**
>
> Die veraltete Methode getYear gibt eine zweistellige Jahresangabe zurück. Als JavaScript 1995 erstellt wurde, hat offensichtlich noch niemand vorhersehen können, dass solche Jahresangaben problematisch sein könnten.

JavaScript greift nicht nur den Fehler von Java auf, veränderbare Date-Objekte bereitzustellen, sondern verschlimmert ihn auch noch durch Set-Methoden für alle Zeiteinheiten (siehe Übung 15). Diese Set-Methoden passen ihre Argumente stillschweigend an das nächste gültige Datum an:

```
const appointment = new Date('2020-05-31T00:00:00.000Z')
appointment.setUTCMonth(5 /* June */) // appointment ist jetzt der 1. Juli
```

5.9 Datumsformatierung

Die Methoden toString, toDateString, toTimeString und toUTCString geben für Menschen lesbare Strings in einem Format zurück, das leider nicht besonders lesefreundlich ist:

```
'Sun Jul 20 1969 21:17:40 GMT+0100 (Mitteleuropäische Sommerzeit)'
'Sun Jul 20 1969'
'21:17:40 GMT+0100 (Mitteleuropäische Sommerzeit)'
'Sun, 20 Jul 1969 20:17:40 GMT'
```

Die Zeitzone wird hier im Gebietsschema des Benutzers angegeben, aber nicht der Wochentag oder der Monatsname.

Um Datum und Uhrzeit in einer auch tatsächlich für menschliche Benutzer geeigneten Form auszugeben, verwenden Sie die Methoden `toLocaleString`, `toLocaleDateString` und `toLocaleTimeString`, die Datum und Uhrzeit, nur das Datum bzw. nur die Uhrzeit formatieren. Die Darstellung folgt dabei den Regeln für das aktuelle oder das von Ihnen angegebene Gebietsschema:

```
moonlanding.toLocaleDateString() // '20.7.1969' mit Deutsch als Gebietsschema
moonlanding.toLocaleDateString('en-US') // '7/20/1969'
```

Das Standardformat ist ziemlich kurz, allerdings können Sie das durch Angabe von Formatierungsoptionen ändern:

```
moonlanding.toLocaleDateString(
'en-US', { year: 'numeric', month: 'long', day: 'numeric' })
  // 'July 20, 1969'
```

Das Prinzip von Gebietsschemata und Einzelheiten zu den Optionen werden in Kapitel 8 erklärt.

Für maschinenlesbare Datumsangaben rufen Sie einfach die Methode `toISOString` auf, die einen ISO-8601-String zurückgibt:

```
moonlanding.toISOString() // '1969-07-20T20:17:40.000Z'
```

5.10 Übungen

1. Im Standard IEEE 754 wird zwischen den Werten `0` und `-0` unterschieden. Schreiben Sie wenigstens zwei verschiedene Implementierungen einer Funktion namens `plusMinusZero(x)`, die `+1` zurückgibt, wenn `x` gleich `0` ist, `-1`, wenn `x` gleich `-0` ist, und anderenfalls `0`. Hinweise: `Object.is`, `1/-0`.

2. Es gibt drei Arten von IEEE-754-Fließkommawerten mit doppelter Genauigkeit:
   - normalisierte Werte der Form $\pm 1.m \times 2^e$, wobei m 52 Bits hat und e aus dem Bereich von –1022 bis 1023 stammt,
   - ±0 und denormalisierte Werte nahe 0 der Form $\pm 0.m \times 2^{-1022}$, wobei m 52 Bits hat,
   - die Sonderwerte $\pm\infty$ und `NaN`.

   Schreiben Sie eine Funktion, die für eine gegebene Fließkommazahl je nach ihrer Art den String `'normalized'`, `'denormalized'` oder `'special'` zurückgibt.

3. Sei `x` eine Zahl, die in exponentieller Darstellung den Exponenten `e` hat. Nennen Sie eine von `e` und `p` abhängige Bedingung, unter der der Aufruf von `x.toPrecision(p)` das Ergebnis im festen Format anzeigt.

4. Schreiben Sie eine Funktion, die einen numerischen Wert nach einer `printf`-ähnlichen Spezifikation formatiert. Beispielsweise soll `format(42, "%04x")` den Wert `002A` ausgeben.

5. Schreiben Sie eine Funktion, die den Exponenten einer Fließkommazahl ausgibt, also den Wert, der in der Exponentialschreibweise hinter dem `e` angegeben wird. Verwenden Sie die binäre Suche und rufen Sie keine Methoden von `Math` oder `Number` auf.

6. Erklären Sie die in Abschnitt 5.4 »Funktionen und Konstanten der Klasse Number« genannten Werte für `Number.MAX_VALUE`, `Number.MIN_VALUE` und `Number.EPSILON`.

7. Schreiben Sie eine Funktion, die die kleinste darstellbare Fließkommazahl nach dem gegebenen Integer `n` berechnet. Hinweis: Was ist die kleinste darstellbare Zahl, die auf 1 folgt? Auf 2? Auf 3? Auf 4? Es kann sinnvoll sein, einen Artikel über die Fließkommadarstellung gemäß IEEE zurate zu ziehen. Schreiben Sie sich Bonuspunkte gut, wenn Sie das Ergebnis für eine beliebige Zahl bestimmen können.

8. Erstellen Sie in einer einzigen Codezeile von nicht mehr als 80 Zeichen einen großen Integer, in dem die Ziffer 3 tausend Mal vorkommt, ohne Schleifen oder Rekursion zu verwenden.

9. Schreiben Sie eine Funktion, die ein `Date`-Objekt in ein Objekt mit den Eigenschaften `year`, `month`, `day`, `weekday`, `hours`, `minutes`, `seconds` und `millis` umwandelt.

10. Schreiben Sie eine Funktion, die ermittelt, wie viele Stunden ein Benutzer von UTC entfernt ist.

11. Schreiben Sie eine Funktion, die bestimmt, ob ein gegebenes Jahr ein Schaltjahr ist. Geben Sie zwei verschiedene Implementierungen an.

12. Schreiben Sie eine Funktion, die den Wochentag eines gegebenen Tages zurückgibt, ohne die Methoden `Date.getUTCDay/getDay` aufzurufen. Hinweis: Die Epoche fiel auf einen Donnerstag!

13. Schreiben Sie eine Funktion, die zu einem gegebenen Monat und Jahr (standardmäßig dem aktuellen Monat im aktuellen Jahr) einen Kalender in folgender Form ausgibt:

```
          1  2  3  4  5
 6  7  8  9 10 11 12
13 14 15 16 17 18 19
20 21 22 23 24 25 26
27 28 29 30 31
```

14. Schreiben Sie eine Funktion mit zwei `Date`-Parametern, die die Anzahl der Tage zwischen den beiden Kalenderdaten zurückgibt, wobei der Nachkommaanteil den Bruchteil eines Tages angeben soll.

15. Schreiben Sie eine Funktion mit zwei `Date`-Parametern, die die Anzahl der Jahre zwischen den beiden Kalenderdaten zurückgibt. Dies ist schwieriger als die vorherige Aufgabe, da Jahre unterschiedliche Längen aufweisen.

16. Nehmen Sie an, Sie müssen den folgenden Termin auf den 1. Februar verschieben:

    ```
    const deadline = new Date(Date.UTC(2020, 0 /* January */, 31))
    ```

    Was ergibt sich, wenn Sie Folgendes tun?

    ```
    deadline.setUTCMonth(1 /* February */)
    deadline.setUTCDate(1)
    ```

    Ist es sinnvoll, `setUTCDate` stets vor `setUTCMonth` aufzurufen? Geben Sie ein Beispiel an, in dem das nicht funktioniert.

17. Probieren Sie aus, welche der folgenden Strings von `Date.parse(dateString)` und `new Date(dateStrings)` in Ihrer bevorzugten JavaScript-Laufzeitumgebung akzeptiert werden:

    Der von `Date()` zurückgegebene String

    ```
    '3/14/2020'
    'March 14, 2020'
    '14 March 2020'
    '2020-03-14'
    '2020-03-14 '
    ```

    Erschreckenderweise führen die beiden letzten Strings in der Node.js-Version 13.11.0 zu zwei *verschiedenen* Daten!

6
Strings und reguläre Ausdrücke

Am Anfang dieses Kapitels lernen Sie die Methoden zur String-Verarbeitung kennen, die in der Standardbibliothek zur Verfügung stehen. Anschließend beschäftigen wir uns mit regulären Ausdrücken. Damit ist es möglich, Strings zu finden, die mit einem gegebenen Muster übereinstimmen. Nach einer Einführung in die Syntax regulärer Ausdrücke und einiger Eigentümlichkeiten, die JavaScript dabei aufweist, erfahren Sie, wie Sie damit Strings einer gegebenen Form finden und ersetzen.

6.1 Konvertierung zwischen Strings und Codepunktfolgen

Ein String ist eine Folge von Unicode-Codepunkten, wobei jeder Codepunkt wiederum ein Integer zwischen `0` und `0x10FFFF` ist. Die Funktion `fromCodePoint` der Klasse `String` nimmt Codepunkte als Argumente entgegen und baut daraus einen String auf:

```
let str = String.fromCodePoint(0x48, 0x69, 0x20, 0x1F310, 0x21) // 'Hi 🌐!'
```

Wenn die Codepunkte in einem Array stehen, müssen Sie den Verteilungsoperator verwenden:

```
let codePoints = [0x48, 0x69, 0x20, 0x1F310, 0x21]
str = String.fromCodePoint(...codePoints)
```

Umgekehrt können Sie einen String wie folgt in ein Array aus Codepunkten umwandeln:

```
let characters = [...str] // [ 'H', 'i', ' ', '🌐', '!' ]
```

Das Ergebnis ist ein Array aus Strings, die jeweils einen einzigen Codepunkt enthalten. Um die Codepunkte als Integer abzurufen, gehen Sie wie folgt vor:

```
codePoints = [...str].map(c => c.codePointAt(0))
```

Vorsicht

JavaScript speichert Strings als Folgen von UTF-16-Codeeinheiten. Die Position i in einem Aufruf wie `'Hi 🌐'.codePointAt(i)` bezieht sich auf die UTF-16-Kodierung. Gültige Positionswerte sind in diesem Beispiel 0, 1, 2, 3 und 5. Fällt die Position in die Mitte eines Paares von Codeeinheiten, die einen einzelnen Codepunkt bilden, wird ein ungültiger Codepunkt zurückgegeben.

Wenn Sie die Codepunkte eines Strings durchlaufen wollen, ohne sie in ein Array zu stellen, verwenden Sie eine Schleife wie die folgende:

```
for (let i = 0; i < str.length; i++) {
  let cp = str.codePointAt(i)
  if (cp > 0xFFFF) i++
  ... // Verarbeitet den Codepunkt cp
}
```

6.2 Teil-Strings

Die Methode `indexOf` gibt den Index zurück, an dem der als Argument übergebene Teil-String zum ersten Mal in einem String vorkommt:

```
let index = 'Hello yellow'.indexOf('el') // 1
```

Dagegen liefert `lastIndexOf` den Index des letzten Vorkommens:

```
index = 'Hello yellow'.lastIndexOf('el') // 7
```

Wie immer bei JavaScript-Strings beziehen sich diese Positionen auf die UTF-16-Kodierung:

```
index = 'I 💛 yellow'.indexOf('el') // 4
```

Die Position ist hier `4`, da das gelbe Herz (💛) durch zwei UTF-16-Codeeinheiten kodiert wird.

Ist der gesuchte Teil-String nicht vorhanden, geben diese Methoden `-1` zurück.

Die Methoden `startsWith`, `endsWith` und `includes` geben einen booleschen Wert zurück:

```
let isHttps = url.startsWith('https://')
let isGif = url.endsWith('.gif')
let isQuery = url.includes('?')
```

Die Methode `substring` nimmt zwei Positionen (gezählt als UTF-16-Codeeinheiten) entgegen und gibt den Teil-String zurück, der alle Zeichen von der ersten bis zur zweiten Position enthält, wobei das Zeichen an der zweiten Position nicht inbegriffen ist:

```
let substring = 'I💛yellow'.substring(3, 7) // 'yell'
```

Wenn Sie die zweite Position weglassen, werden alle restlichen Zeichen bis zum Ende des Strings in den Teil-String aufgenommen:

```
substring = 'I💛yellow'.substring(3) // 'yellow'
```

Die Methode `slice` ähnelt `substring`, allerdings können die Positionen hier auch als negative Abstände vom Ende des Strings angegeben werden. Dabei ist `-1` die Position der letzten Codeeinheit, `-2` die der Einheit davor usw. Um die gewünschte Position zu erreichen, wird die String-Länge zu dem negativen Positionswert addiert.

```
'I💛yellow'.slice(-6, -2) // 'yell', identisch mit slice(3, 7)
```

Die Länge von `'I💛yellow'` beträgt 9 (da das Zeichen 💛 zwei Codeeinheiten einnimmt). Die Endabstände `-6` und `-2` können daher zu `3` bzw. `7` umgerechnet werden.

Sowohl bei `substring` als auch bei `slice` werden Positionsangaben, die über die Länge des Strings hinausgehen, auf das Ende des Strings gesetzt, negative und `NaN`-Abstände werden auf `0` gesetzt. (Bei `slice` geschieht dies jedoch erst, nachdem die String-Länge zu einer negativen Position addiert wurde.)

Vorsicht

Wenn das erste Argument von `substring` größer ist als das zweite, werden die Argumente vertauscht:

```
substring = 'I♡yellow'.substring(7, 3) // 'yell', identisch mit
                                       // substring(3, 7)
```

Dagegen gibt `str.slice(start, end)` den leeren String zurück, wenn `start` größer oder gleich end ist.

Ich bevorzuge die Methode `slice` gegenüber `substring`, da sie vielseitiger ist, ein sinnvolleres Verhalten aufweist und einen kürzeren Namen hat.

Eine weitere Möglichkeit, um einen String zu zerlegen, bietet die Methode `split`. Sie teilt einen String in ein Array aus Teil-Strings auf und entfernt dabei das angegebene Trennzeichen:

```
let parts = 'Mary had a little lamb'.split(' ')
  // ['Mary', 'had', 'a', 'little', 'lamb']
```

Dabei können Sie auch einen Grenzwert für die Anzahl der Teilabschnitte angeben:

```
parts = 'Mary had a little lamb'.split(' ', 4)
  // ['Mary', 'had', 'a', 'little']
```

Das Trennzeichen kann auch ein regulärer Ausdruck sein (sieheAbschnitt 6.12 »String-Methoden für reguläre Ausdrücke«).

Vorsicht

Wenn Sie `str.split('')` mit einem leeren Separator aufrufen, wird der String in Teile zerlegt, die jeweils eine 16-Bit-Codeeinheit enthalten. Das ist jedoch nicht sinnvoll, falls `str` Zeichen oberhalb von `\u{FFFF}` enthält. Verwenden Sie stattdessen `[...str]`.

6.3 Weitere String-Methoden

In diesem Abschnitt finden Sie weitere Methoden der Klasse `String`. Da Strings in JavaScript unveränderbar sind, ändert keine von ihnen den Inhalt eines gegebenen Strings, sondern gibt einen neuen String zurück.

Die Methode `repeat` gibt den String so oft wie angegeben zurück:

```
const repeated = 'ho '.repeat(3) // 'ho ho ho '
```

Die Methoden `trim`, `trimStart` und `trimEnd` geben Strings zurück, bei denen der vorausgehende und nachfolgende Weißraum, nur der vorausgehende oder nur der nachfolgende Weißraum entfernt wurde. Zu den Weißraumzeichen gehören das Leerzeichen, das geschützte Leerzeichen (`\u{00A0}`), der Zeilenumbruch, der Tabulator sowie 21 weitere Zeichen mit der Unicode-Zeicheneigenschaft `White_Space`.

Die Methoden `padStart` und `padEnd` machen genau das Gegenteil: Sie fügen Leerzeichen hinzu, bis der String die gegebene Länge erreicht.

```
let padded = 'Hello'.padStart(10) // '     Hello', fünf Leerzeichen
                                  // hinzugefügt
```

Sie können auch einen Auffüll-String angeben, der statt des Leerzeichens verwendet wird:

```
padded = 'Hello'.padStart(10, '=-') // =-=-=Hello
```

Vorsicht

Der erste Parameter ist die gewünschte Länge des aufgefüllten Strings in Bytes. Wenn der Auffüll-String Zeichen enthält, die zwei Bytes einnehmen, kann das zu einem unförmigen String führen:

```
padded = 'Hello'.padStart(10, '♡')
  // Der String wird mit zwei Herzen und einer Codeeinheit aufgefüllt,
  // die nicht allein stehen kann
```

Die Methoden `toUpperCase` und `toLowerCase` geben einen String zurück, in dem alle Zeichen in Groß- bzw. Kleinbuchstaben umgewandelt wurden:

```
let uppercased = 'Straße'.toUpperCase() // 'STRASSE'
```

Wie Sie sehen, berücksichtigt `toUpperCase` die Tatsache, dass es kein großes `'ß'` gibt, sondern dafür die Ersatzschreibweise `'SS'` verwendet wird. Allerdings kann `toLowerCase` den ursprünglichen String nicht wiederherstellen:

```
let lowercased = uppercased.toLowerCase() // 'strasse'
```

Hinweis

String-Operationen wie die Umwandlung in Groß- und Kleinbuchstaben können von den Spracheinstellungen des Benutzers abhängen. In Kapitel 8 erfahren Sie mehr über die Methoden `toLocaleUpperCase`, `toLocaleLowerCase`, `localeCompare` und `normalize`, die bei der Lokalisierung von Anwendungen hilfreich sind.

> **Hinweis**
>
> Informationen über die String-Methoden `match`, `matchAll`, `search` und `replace` zur Verwendung mit regulären Ausdrücken erhalten Sie in Abschnitt 6.12 »String-Methoden für reguläre Ausdrücke«.

Die Methode `concat` verkettet einen String mit einer beliebigen Anzahl von Argumenten, die dazu in Strings umgewandelt werden:

```
const n = 7
let concatenated = 'agent'.concat(' ', n) // 'agent 7'
```

Das Gleiche können Sie auch mit Template-Strings und mit der Methode `join` der Klasse `Array` erreichen:

```
concatenated = `agent ${n}`
concatenated = ['agent', ' ', n].join('')
```

Tabelle 6–1 zeigt die praktischsten Merkmale der Klasse `String`.

Name	Beschreibung
Funktion	
`fromCodePoint(codePoints...)`	Gibt einen String zurück, der aus den angegebenen Codepunkten besteht.
Methoden	
`startsWith(s)`, `endsWith(s)`, `includes(s)`	`true`, wenn der String mit `s` beginnt, mit `s` endet oder `s` enthält.
`indexOf(s, start)`, `lastIndexOf(s, start)`	Der Index des ersten oder letzten Vorkommens von `s`, gezählt vom Index `start` (standardmäßig ab `0`).
`slice(start, end)`	Der Teil-String der Codeeinheiten mit einem Index zwischen `start` (einschließlich) und `end` (ausschließlich). Negative Indexwerte werden vom Ende des Strings gezählt. Ist `end` nicht angegeben, wird dafür standardmäßig die Länge des Strings genommen. Diese Methode ist gegenüber `substring` zu bevorzugen.
`repeat(n)`	`n`-mal der gegebene String
`trimStart()`, `trimEnd()`, `trim()`	Der gegebene String ohne den vorausgehenden Weißraum, den nachfolgenden Weißraum oder den vorausgehenden und nachfolgenden Weißraum.
`padStart(minLength, padString)`, `padEnd(minLength, padString)`	Der gegebene String, am Anfang oder Ende bis zu `minLength` aufgefüllt. Als Standardauffüllstring (`padString`) wird `' '` verwendet.

→

Name	Beschreibung
`toLowerCase()`, `toUpperCase()`	Der gegebene String, wobei alle Buchstaben in Klein- bzw. Großbuchstaben umgewandelt wurden.
`split(separator, maxParts)`	Ein Array aus Teil-Strings, die durch Aufteilung an dem angegebenen Trennzeichen (bei dem es sich auch um einen regulären Ausdruck handeln kann) und Entfernen aller Vorkommen dieses Zeichens erstellt wurden. Wird `maxParts` nicht angegeben, werden alle Teile zurückgegeben.
`search(target)`	Der Index der ersten Übereinstimmung mit `target` (bei dem es sich auch um einen regulären Ausdruck handeln kann).
`replace(target, replacement)`	Der gegebene String, wobei die erste Übereinstimmung mit `target` ersetzt wurde. Wenn es sich bei `target` um einen globalen regulären Ausdruck handelt, werden alle Übereinstimmungen ersetzt. Mehr über Ersetzungsmuster und -funktionen erfahren Sie in Abschnitt 6.13.
`match(regex)`	Das Array der Übereinstimmungen, wenn `regex` ein globaler regulärer Ausdruck ist, `null`, wenn es keine Übereinstimmungen gibt, und anderenfalls das Ergebnis des Vergleichs. Dieses Ergebnis ist ein Array aller Gruppenübereinstimmungen. Dieses Array hat die Eigenschaften `index` (der Index der Übereinstimmung) und `groups` (ein Objekt, das die Gruppennamen den Übereinstimmungen zuordnet).
`matchAll(regex)`	Ein iterierbares Objekt der Ergebnisse des Vergleichs

Tab. 6–1 *Nützliche Funktionen und Methoden der Klasse* `String`

Außerdem gibt es noch globale Funktionen für die Umwandlung von URL-Komponenten und ganzen URLs oder auch ganz allgemein URIs mit Schemata wie `mailto` und `tel` in eine URL-kodierte Form. Das Ergebnis enthält nur Zeichen, die in den Anfangstagen des Internets als sicher betrachtet wurden. Nehmen wir an, Sie müssen eine Abfrage für die Übersetzung einer Wendung von einer Sprache in eine andere bereitstellen. Dazu können Sie einen URL wie den folgenden aufbauen:

```
const phrase = 'à coté de'
const prefix = 'https://www.linguee.fr/anglais-francais/traduction'
const suffix = '.html'
const url = prefix + encodeURIComponent(phrase) + suffix
```

Die zu übersetzende Formulierung wird in `'%C3%A0%20cot%C3%A9%20de'` umgewandelt. Dazu werden die einzelnen Zeichen in UTF-8 und jedes einzelne Byte in einen

Code der Form `%hh` mit zwei hexadezimalen Stellen kodiert. Unberührt bleiben nur die folgenden sicheren Zeichen:

```
A-Z a-z 0-9 ! ' ( ) * . _ ~ -
```

Wenn Sie – was seltener vorkommt – einen kompletten URI kodieren müssen, verwenden Sie die Funktion `encodeURI`. Sie lässt auch die folgenden Zeichen unberührt, da sie in URIs eine besondere Bedeutung haben können:

```
# $ & + , / : ; = ? @
```

6.4 Tagged-Template-Literale

In Kapitel 1 haben Sie Template-Literale kennengelernt – Strings mit eingebetteten Ausdrücken:

```
const person = { name: 'Harry', age: 42 }
message = `Next year, ${person.name} will be ${person.age + 1}.`
```

Template-Literale fügen die Werte der eingebetteten Ausdrücke in den Template-String ein. In diesem Beispiel werden die eingebetteten Ausdrücke `person.name` und `persan.age + 1` ausgewertet, die Ergebnisse in Strings umgewandelt und diese dann mit den umgebenden String-Fragmenten verknüpft. Am Ende steht der folgende String:

```
'Next year, Harry will be 43.'
```

Mit einer Tag-Funktion können Sie das Verhalten von Template-Literalen anpassen. Beispielsweise können wir eine Tag-Funktion namens `strong` schreiben, die einen HTML-String erstellt, in dem die eingebetteten Werte hervorgehoben werden. Betrachten Sie den folgenden Template-String:

```
strong`Next year, ${person.name} will be ${person.age + 1}.`
```

Daraus ergibt sich der folgende HTML-String:

```
'Next year, <strong>Harry</strong> will be <strong>43</strong>.'
```

Die Tag-Funktion wird mit den Fragmenten, die die eingebetteten Ausdrücke im Literal-String umgeben, sowie den Ausdruckswerten aufgerufen. In unserem Beispiel sind das die Fragmente `'Next year, '` `' will be '` und `'.'` sowie die Werte `'Harry'` und `43`. Die Tag-Funktion kombiniert diese Einzelteile. Der Rückgabewert wird in einen String umgewandelt (falls er nicht bereits ein String ist).

Eine mögliche Implementierung der Tag-Funktion `strong` sieht wie folgt aus:

```
const strong = (fragments, ...values) => {
  let result = fragments[0]
    for (let i = 0; i < values.length; i++)
      result += `<strong>${values[i]}</strong>${fragments[i + 1]}`
  return result
}
```

Nehmen wir an, wir haben folgenden Template-String:

```
strong`Next year, ${person.name} will be ${person.age + 1}.`
```

Bei seiner Verarbeitung wird die Funktion `strong` wie folgt aufgerufen:

```
strong(['Next year, ', ' will be ', '.'], 'Harry', 43)
```

Alle String-Fragmente werden in ein Array gestellt, die Ausdruckswerte dagegen als einzelne Argumente übergeben. Um diese Werte in einem zweiten Array zu sammeln, verwendet `strong` den Verteilungsoperator.

Es gibt immer ein Fragment mehr als Ausdruckswerte.

Dieser Mechanismus ist äußerst flexibel. Sie können ihn für HMTL-Vorlagen, Zeilenformatierung, Internationalisierung usw. nutzen.

6.5 Rohe Template-Literale

Wenn Sie einem Template-Literal `String.raw` voranstellen, werden Backslashs nicht als Maskierungszeichen aufgefasst:

```
path = String.raw`c:\users\nate`
```

Weder ist `\u` hier ein Unicode-Maskierungszeichen, noch wird `\n` in einen Zeilenumbruch umgewandelt.

> **Vorsicht**
>
> Auch im Rohmodus können Sie nicht einfach beliebige Strings in Backticks einschließen. Sie müssen immer noch alle `, alle $ vor { sowie alle \ vor ` und { maskieren.

Doch wie funktioniert `String.raw`? Nun, Tag-Funktionen haben Zugriff auf eine rohe Form der Template-String-Fragmente, in denen Backslash-Kombinationen wie `\u` und `\n` keine besondere Bedeutung mehr haben.

Nehmen wir an, wir müssten Strings mit griechischen Buchstaben handhaben. Dabei folgen wir den Vereinbarungen von LaTeX, der Markup-Sprache für mathematische Funktionen. Darin beginnen Symbole mit Backslashs. Roh-Strings sind daher für unsere Zwecke sehr attraktiv, da die Benutzer einfach `\nu` oder `\upsilon` statt `\\nu` und `\\upsilon` schreiben können. Wir wollen nun den folgenden String verarbeiten:

```
greek`\nu=${factor}\upsilon`
```

Wie bei allen Tagged-Template-Strings müssen wir eine Funktion definieren:

```
const greek = (fragments, ...values) => {
  const substitutions = { alpha: 'α', . . ., nu: 'ν', . . . }
  const substitute = str => str.replace(/\\[a-z]+/g,
    match => substitutions[match.slice(1)])

  let result = substitute(fragments.raw[0])
  for (let i = 0; i < values.length; i++)
    result += values[i] + substitute(fragments.raw[i + 1])
  return result
}
```

Mit der Eigenschaft `raw` des ersten Parameters der Tag-Funktion greifen Sie auf die rohen String-Fragmente zu. Der Wert von `fragments.raw` ist ein Array aus String-Fragmenten mit nicht verarbeiteten Backslashs.

In dem Tagged-Template-Literal aus unserem Beispiel ist `fragments.raw` ein Array aus zwei Strings: Der erste ist `\nu=`, der zweite `\upsilon`.

```
\${\nu\upsilon{
```

Hier sind drei Backslashs enthalten. Der zweite String hat zwei Zeichen:

```
}}
```

Beachten Sie Folgendes:

- Das `\n` in `\nu` wird nicht in einen Zeilenumbruch umgewandelt.
- Das `\u` in `\upsilon` wird nicht als Unicode-Maskierungszeichen gedeutet. Das wäre syntaktisch auch nicht korrekt. Daher kann `fragments[1]` nicht geparst werden und wird auf `undefined` gesetzt.
- `${factor}` ist ein eingebetteter Ausdruck. Sein Wert wird an die Tag-Funktion übergeben.

Die Funktion `greek` nutzt die Ersetzung mithilfe regulärer Ausdrücke, die ausführlicher in Abschnitt 6.13 »Mehr über das Ersetzen mit regulären Ausdrücken« erklärt wird. Bezeichner, die mit einem Backslash beginnen, werden durch ihre Austauschwerte ersetzt, z. B. `\nu` durch u.

6.6 Reguläre Ausdrücke

Reguläre Ausdrücke definieren String-Muster. Sie bieten sich immer dann an, wenn Sie Strings suchen müssen, die ein bestimmtes Muster aufweisen. Nehmen wir beispielsweise an, Sie wollen die Hyperlinks in einer HTML-Datei finden. Dabei müssen Sie nach Strings der Form `<a href="...">` Ausschau halten. Allerdings kann es darin auch zusätzliche Leerzeichen geben und es ist möglich, dass der URL in einfachen Anführungszeichen steht. Reguläre Ausdrücke bieten eine präzise Syntax, um anzugeben, welche Zeichenfolgen als Übereinstimmungen gewertet werden sollen.

In einem regulären Ausdruck steht jedes Zeichen bis auf die folgenden reservierten für sich selbst:

```
. * + ? { | ( ) [ \ ^ $
```

So findet der reguläre Ausdruck `href` ausschließlich den String `href`.

Das Symbol `.` steht für ein beliebiges einzelnes Zeichen. Beispielsweise findet `.r.f` sowohl `href` als auch `prof`. Das Symbol `*` gibt an, dass das vorausgehende Konstrukt null oder mehrere Male vorkommen kann. Bei `+` muss das vorausgehende Konstrukt mindestens einmal vorhanden sein. Das Suffix `?` gibt an, dass das Konstrukt optional ist (es kann also null oder ein Mal auftreten). Beispielsweise findet `be+s?` sowohl `be` und `bee` als auch `bees`. Andere Mehrfachvorkommen können Sie mit `{ }` angeben (siehe Tabelle 6–2). Mit `|` geben Sie mögliche Alternativen an: `.(oo+|ee+)f` findet sowohl `beef` als auch `woof`. Die Klammern sind dabei wichtig, denn bei `.oo+|ee+f` ohne Klammern sind `.oo+` und `.ee+f` die Alternativen. Runde Klammern werden außerdem zur Gruppierung eingesetzt (siehe Abschnitt 6.11 »Gruppen«).

Eine *Zeichenklasse* ist ein Menge von möglichen Zeichen, die in eckigen Klammern angegeben wird, z. B. `[Jj]`, `[0-9]`, `[A-Za-z]` oder `[^0-9]`. Innerhalb einer solchen Zeichenklasse gibt ein Bindestrich (`-`) einen Bereich an, also alle Zeichen, deren Unicode-Werte in den angegebenen Grenzen liegen. Steht der Bindestrich dagegen als erstes oder letztes Zeichen in einer Zeichenklasse, ist damit das Zeichen `-` selbst gemeint. Beginnt eine Zeichenklasse mit einem Zirkumflex (`^`), ist damit die komplementäre Zeichenklasse gemeint, also alle Zeichen außer den angegebenen. Beispielsweise bezeichnet `[^0-9]` alle Zeichen, die keine Dezimalziffern sind.

Es gibt die folgenden sechs *vordefinierten Zeichenklassen*: `\d` (Ziffern), `\s` (Weißraum) und `\w` (Wortzeichen, also Groß- und Kleinbuchstaben, Ziffern und der Unterstrich) sowie ihre Komplemente `\D` (alles außer Ziffern), `\S` (alles außer Weißraum) und `\W` (alles außer Wortzeichen).

Die Zeichen ^ und $ stehen für den Anfang bzw. das Ende der Eingabe. Beispielsweise findet `^[0-9]+$` nur Strings, die ausschließlich aus Ziffern bestehen.

Achten Sie jedoch darauf, wo sich der Zirkumflex befindet: Als erstes Zeichen in eckigen Klammern bezeichnet er das Komplement: `[^0-9]+$` findet Strings, bei denen am Ende keine Ziffern stehen.

Hinweis

Dass ^ für den Anfang und $ für das Ende steht, kommt wahrscheinlich von dem veralteten Texteditor QED, bei dem $ die letzte Zeile kennzeichnete.

Tabelle 6–2 gibt einen Überblick über die Syntax für reguläre Ausdrücke in JavaScript.

Wenn Sie nach einem der Literale `. * + ? { | ( ) [ \ ^ $` suchen müssen, stellen Sie dem Zeichen einen Backslash voran. Innerhalb einer Zeichenklasse müssen Sie nur die Zeichen [und \ maskieren, sofern Sie darauf achten, wo Sie die Zeichen], - und ^ platzieren. So bezeichnet []^-] eine Klasse, die genau diese drei Zeichen einschließt.

Ausdruck	Beschreibung	Beispiel
Zeichen		
Jegliches Zeichen außer `. * + ? {	( ) [\ ^ $`	Findet genau das gegebene Zeichen.	]
.	Findet jedes beliebige Zeichen außer `\n` bzw. jedes beliebige Zeichen, wenn das Flag `dotAll` gesetzt ist.	
`\u{`*hhhh*`}`, `\u{`*hhhhh*`}`	Der Unicode-Codepunkt mit dem gegebenen Hexwert (erfordert das Flag `unicode`).	`\u{1F310}`
`\u`*hhhh*, `\x`*hh*	Die UTF-16-Codeeinheit mit dem gegebenen Hexwert.	`\xA0`
`\f`, `\n`, `\r`, `\t`, `\v`	Seitenvorschub (`\x0C`), Zeilenumbruch (`\x0A`), Wagenrücklauf (`\x0D`), Tabulator (`\x09`), vertikaler Tabulator (`\x0B`)	`\n`
`\c`*L* mit *L* aus `[A-Za-z]`	Das Steuerzeichen, das dem Zeichen *L* entspricht.	`\cH` steht für Strg + H bzw. Rückschritt (\x08).
`\`*c* mit *c* nicht aus `[0-9BDPSWbcdfknprstv]`	Das Zeichen *c*	`\\`

→

Ausdruck	Beschreibung	Beispiel
Zeichenklassen		
[C_1C_2...], wobei die C_i jeweils einzelne Zeichen, Bereiche der Form *c-d* oder Zeichenklassen sind.	Jegliche Zeichen, die durch C_1, C_2 usw. dargestellt werden.	`[09+-]`
`[^...]`	Komplement der Zeichenklasse	`[\d\s]`
`\p{`*Boolesche Eigenschaft*`}`, `\p{`*Eigenschaft=Wert*`}`, `\P{...}`	Eine Unicode-Eigenschaft (siehe Abschnitt 6.9) bzw. ihr Komplement (erfordert das Flag `unicode`).	`\p{L}` steht für Unicode-Buchstaben.
`\d`, `\D`	Eine Ziffer aus der Klasse `[0-9]`; das Komplement.	`\d+` steht für eine Folge von Ziffern
`\w`, `\W`	Ein Wortzeichen aus der Klasse `[a-zA-Z0-9_]`; das Komplement.	
`\s`, `\S`	Weißraum aus der Klasse `[\t\n\v\f\r\xA0]` oder eines der 18 weiteren Unicode-Weißraumzeichen; identisch mit `\p{White_Space}`.	`\s*,\s*` steht für ein Komma, das optional von Weißraum umgeben sein kann.
Folgen und Alternativen		
XY	Ein beliebiger String aus *X*, gefolgt von einem beliebigen String aus *Y*.	`[1-9][0-9]*` steht für eine positive Zahl ohne führende Null.
X|*Y*	Jeder beliebige String aus *X* oder *Y*.	`http|ftp`
Gruppierung		
(*X*)	Erfasst die Übereinstimmung mit *X* in einer Gruppe (siehe Abschnitt 6.11).	`'([^']*)'` erfasst Text in Anführungszeichen in einer Gruppe.
n	Die *n*-te Gruppe	`(['"]).*\1` findet `'Fred'` und `"Fred"`, aber nicht mit `"Fred'`.
(?<*Name*>*X*)	Erfasst die Übereinstimmung von *X* in der Gruppe mit dem angegebenen Namen.	`(?<qty>[0-9]+)'` erfasst die Übereinstimmung in der Gruppe `qty`.
\k<*Name*>	Die Gruppe mit dem angegebenen Namen	`\k<qty>` steht für die Gruppe `qty`
(?:*X*)	Sorgt dafür, dass *X* trotz der Klammern nicht als Gruppe erfasst wird.	In `(?:http|ftp)://(.*)` wird erst die Übereinstimmung hinter `://` als Gruppe `\1` erfasst.
Andere Verwendungen von `(?...)`	Siehe Abschnitt 6.14	

→

Ausdruck	Beschreibung	Beispiel
Quantifizierer		
X?	Optionales *X*	`\+?` steht für ein optionales Pluszeichen.
*X**, *X*+	Null oder mehr *X*, ein oder mehr *X*.	`[1-9][09]+` steht für einen Integer ^{3} 10.
X{*n*}, *X*{*n*,}, *X*{*m*,*n*}	*n*-mal *X*, mindestens *n*-mal *X*, zwischen *m* und *n*-mal *X*.	`[0-9]{4,6}` steht für vier bis sechs Stellen
*X**? oder *X*+?	Träger Quantifizierer; versucht die kürzeste Übereinstimmung zu finden, bevor er eine längere ausprobiert.	`.*(<.+?>).*` findet die kürzeste Zeichenfolge in spitzen Klammern.
Grenzen		
^, $	Anfang bzw. Ende der Eingabe (oder der Zeile, falls das Flag `multiline` gesetzt ist).	`^JavaScript$` findet die Eingabe oder die Zeile `JavaScript`.
\b, \B	Wortgrenze, keine Wortgrenze	`\bJava\B` stimmt mit `JavaScript` überein, aber nimmt mit `Java schreiben`.

Tab. 6–2 *Syntax für reguläre Ausdrücke*

6.7 Literale für reguläre Ausdrücke

Ein Literal für einen regulären Ausdruck wird durch zwei Schrägstriche begrenzt:

```
const timeRegex = /^([1-9]|1[0-2]):[0-9]{2} [ap]m$/
```

Literale für reguläre Ausdrücke sind Instanzen der Klasse `RegExp`. Wird der Operator `typeof` auf einen regulären Ausdruck angewendet, gibt er `'object'` zurück. Zeichen, die in regulären Ausdrücken eine besondere Bedeutung haben, etwa `.` und `+`, müssen in Literalen für reguläre Ausdrücke mit Backslashs maskiert werden:

```
const fractionalNumberRegex = /[0-9]+\.[0-9]*/
```

Der maskierte Punkt steht hier für einen Punkt als solchen.

In Literalen für reguläre Ausdrücke müssen Sie auch Schrägstriche maskieren, damit sie nicht als Ende des Literals gedeutet werden.

Um einen String mit einem regulären Ausdruck in ein `RegExp`-Objekt umzuwandeln, verwenden Sie die Funktion `RegExp` mit oder ohne `new`:

```
const fractionalNumberRegex = new RegExp('[0-9]+\\.[0-9]*')
```

Backslashs im String müssen maskiert werden.

6.8 Flags

Flags verändern das Verhalten eines regulären Ausdrucks. Ein Beispiel dafür ist das Flag `i` oder `ignoreCase`, bei dem nicht zwischen Groß- und Kleinschreibung unterschieden wird:

```
/[A-Z]+\.com/i
```

Dieser reguläre Ausdruck findet auch `Horstmann.COM`.

Sie können das Flag auch im Konstruktor setzen:

```
const regex = new RegExp(/[A-Z]+\.com/, 'i')
```

Um herauszufinden, welche Werte die Flags eines gegebenen `RegExp`-Objekts haben, können Sie die Eigenschaft `flags` verwenden, die einen String aller Flags ausgibt. Außerdem gibt es für jedes einzelne Flag eine boolesche Eigenschaft:

```
regex.flags      // 'i'
regex.ignoreCase // true
```

In JavaScript können Sie die sechs in Tabelle 6–3 aufgeführten Flags verwenden.

Buchstabe	Eigenschaftsname	Beschreibung
`i`	`ignoreCase`	Groß- und Kleinschreibung werden nicht berücksichtigt.
`m`	`multiline`	`^` und `$` stehen für Anfang und Ende der Zeile.
`s`	`dotAll`	`.` kann auch für einen Zeilenumbruch stehen.
`u`	`unicode`	Findet Unicode-Zeichen, keine Codeeinheiten (siehe Abschnitt 6.9).
`g`	`global`	Findet alle Übereinstimmungen (siehe Abschnitt 6.10).
`y`	`sticky`	Übereinstimmungen müssen genau bei *regex.* `lastIndex` beginnen (siehe Abschnitt 6.10).

Tab. 6–3 *Flags für reguläre Ausdrücke*

Das Flag `m` oder `multiline` ändert das Verhalten der Anfangs- und Endanker `^` und `$`. Standardmäßig stehen sie für den Anfang und das Ende des gesamten Strings, im Mehrzeilenmodus dagegen für den Anfang und das Ende einer Zeile. Der folgende Beispielausdruck findet Ziffern am Zeilenanfang:

```
/^[0-9]+/m
```

Ist das Flag `s` oder `dotAll` gesetzt, steht das Muster `.` auch für Zeilenumbrüche, sonst nur für alle Zeichen außer einem Zeilenumbruch.

Die restlichen drei Flags werden in nachfolgenden Abschnitten beschrieben.

Es ist auch möglich, mehrere Flags zu verwenden. Mit dem folgenden regulären Ausdruck wird ohne Berücksichtigung der Groß- und Kleinbuchstaben am Zeilenanfang gesucht:

```
/^[A-Z]/im
```

6.9 Reguläre Ausdrücke und Unicode

Aus historischen Gründen berücksichtigen reguläre Ausdrücke bei einem Mustervergleich die einzelnen UTF-16-Codeeinheiten und nicht die Unicode-Zeichen. So steht beispielsweise das Muster `.` für eine einzelne UTF-16-Codeeinheit. Nehmen wir an, Sie haben den folgenden String:

```
'Hello 🌐'
```

Da das Zeichen 🌐 mit zwei Codeeinheiten kodiert wird, entspricht dieser String nicht dem Muster des folgenden regulären Ausdrucks:

```
/Hello .$/
```

Zur Lösung dieses Problems müssen Sie das Flag `u` oder `unicode` setzen:

```
/Hello .$/u
```

Bei diesem Flag steht das Muster `.` für einzelne Unicode-Zeichen, wie auch immer sie in UTF-16 kodiert sind.

Wenn Ihre Quelldateien nur ASCII enthalten dürfen, können Sie Unicode-Codepunkte mit der Schreibweise `\u{ }` in reguläre Ausdrücke einbetten:

```
/[A-Za-z]+ \u{1F310}/u
```

Vorsicht

Wenn das Flag u nicht gesetzt ist, findet `/\u{1F310}/` den String `'u{1F310}'`.

Bei der Arbeit mit Texten aus aller Welt sollten Sie Muster wie `[A-Za-z]` zur Bezeichnung von Buchstaben vermeiden, denn damit werden Buchstaben in anderen Sprachen nicht erfasst. Verwenden Sie stattdessen `\p{`*Eigenschaft*`}`, wobei *Eigenschaft* der Name einer booleschen Unicode-Eigenschaft ist. Beispielsweise steht `\p{L}` für Unicode-Buchstaben. Betrachten Sie den folgenden regulären Ausdruck:

```
/Hello, \p{L}+!/u
```

Er findet:

```
'Hello, värld!'
```

Er findet aber auch:

```
'Hello, 世界!'
```

Tabelle 6–4 führt die Namen weiterer gängiger boolescher Unicode-Eigenschaften auf.

Für Unicode-Eigenschaften, die keine booleschen Werte haben, verwenden Sie die Schreibweise `\p={`*Eigenschaft*`=`*Wert*`}`. Beispielsweise findet der folgende reguläre Ausdruck beliebige Folgen von chinesischen Schriftzeichen:

```
/p{Script=Han}+/u
```

Mit dem großen `P` erhalten Sie das Komplement. So findet `\P{L}` alle Zeichen, die keine Buchstaben sind.

Name	Beschreibung
`L`	Buchstabe
`Lu`	Großbuchstabe
`Ll`	Kleinbuchstabe
`Nd`	Dezimalzahl
`P`	Satzzeichen
`S`	Symbol
`White_Space`	Weißraum (identisch mit `\s`)
`Emoji`	Emoji-Zeichen, -Modifikatoren und -Komponenten

Tab. 6–4 *Gebräuchliche boolesche Unicode-Eigenschaften*

6.10 Die Methoden der Klasse RegExp

Die Methode `test` gibt `true` zurück, wenn ein String eine Übereinstimmung mit dem gegebenen regulären Ausdruck *enthält*:

```
/[0-9]+/.test('agent 007') // true
```

Um zu prüfen, ob der gesamte String mit dem Muster übereinstimmt, müssen Sie die Anfangs- und Endanker in den regulären Ausdruck aufnehmen:

```
/^[0-9]+$/.test('agent 007') // false
```

Die Methode exec gibt ein Array mit dem ersten übereinstimmenden Teilausdruck bzw. null zurück, wenn es keine Übereinstimmung gab:

```
/[0-9]+/.exec('agents 007 and 008')
```

Dieser Aufruf gibt ein Array mit dem String '007' zurück. (Wie Sie im nächsten Abschnitt noch sehen werden, kann das Array auch Gruppenübereinstimmungen enthalten.)

Außerdem verfügt das von exec zurückgegebene Array über die beiden folgenden Eigenschaften:

- index ist der Index des Teilausdrucks.
- input ist das an exec übergebene Argument.

Das bei dem vorigen Aufruf von exec zurückgegebene Array sieht also in Wirklichkeit wie folgt aus:

```
['007', index: 7, input: 'agents 007 and 008']
```

Um mehrere übereinstimmende Teilausdrücke zu finden, verwenden Sie das Flag g oder global:

```
let digits = /[0-9]+/g
```

Damit gibt jeder Aufruf von exec eine neue Übereinstimmung zurück:

```
result = digits.exec('agents 007 and 008') // ['007', index: 7, . . .]
result = digits.exec('agents 007 and 008') // ['008', index: 15, . . .]
result = digits.exec('agents 007 and 008') // null
```

Damit das funktionieren kann, verfügt das RegExp-Objekt über die Eigenschaft lastIndex, die bei jedem erfolgreichen Aufruf von exec auf den ersten Index hinter der Übereinstimmung gesetzt wird. Der nächste Aufruf von exec fährt dann bei lastIndex fort. Wenn ein regulärer Ausdruck konstruiert wird oder ein Vergleich fehlgeschlagen ist, wird lastIndex auf 0 gesetzt.

Sie können die Eigenschaft lastIndex auch selber setzen, um einen Teil des Strings zu überspringen.

Ist das Flag y oder sticky gesetzt, muss die Übereinstimmung *genau* bei lastIndex beginnen:

```
digits = /[0-9]+/y
digits.lastIndex = 5
result = digits.exec('agents 007 and 008') // null
digits.lastIndex = 8
result = digits.exec('agents 007 and 008') // ['07', index: 8, ...]
```

> **Hinweis**
>
> Wenn Sie lediglich ein Array aller übereinstimmenden Teil-Strings benötigen, verwenden Sie die Methode `match` der Klasse `String`, anstatt exec wiederholt aufzurufen (siehe Abschnitt 6.12 »String-Methoden für reguläre Ausdrücke«):
>
> ```
> let results = 'agents 007 and 008'.match(/[0-9]+/g) // ['007', '008']
> ```

6.11 Gruppen

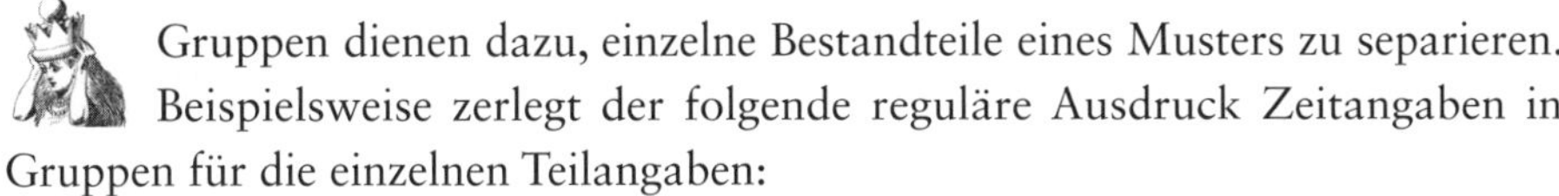

Gruppen dienen dazu, einzelne Bestandteile eines Musters zu separieren. Beispielsweise zerlegt der folgende reguläre Ausdruck Zeitangaben in Gruppen für die einzelnen Teilangaben:

```
let time = /([1-9]|1[0-2]):([0-5][0-9])([ap]m)/
```

Die Übereinstimmungen mit den einzelnen Gruppen werden in das von `exec` zurückgegebene Array gestellt:

```
let result = time.exec('Lunch at 12:15pm')
  // ['12:15pm', '12', '15', 'pm', index: 9, . . .]
```

Wie im vorherigen Abschnitt ist `result[0]` der gesamte übereinstimmende String. Für `i > 0` ist `result[i]` die Übereinstimmung mit der `i`-ten Gruppe.

Gruppen werden in der Reihenfolge ihrer *öffnenden* Klammern nummeriert. Das spielt dann eine Rolle, wenn Sie Gruppen verschachteln. Angenommen wir untersuchen die Zeilen mit den einzelnen Posten einer Rechnung in der folgenden Form:

```
Blackwell Toaster    USD29.95
```

Ein passender regulärer Ausdruck mit Gruppen für die einzelnen Komponenten sieht wie folgt aus:

```
/(\p{L}+(\s+\p{L}+)*)\s+([A-Z]{3})([0-9.]*)/u
```

Gruppe 1 ist in diesem Fall der Teil-String `'Blackwell Toaster'`, der mit dem Ausdruck `(\p{L}+(\s+\p{L}+)*)` übereinstimmt. Diese Gruppe geht von der ersten öffnenden Klammer bis zur zugehörigen schließenden Klammer.

Gruppe 2 ist `' Toaster'`, nämlich der Teil-String, der mit `(\s+\p{L}+)` übereinstimmt.

Die Gruppen 3 und 4 sind `'USD'` und `'29.95'`.

An Gruppe 2 sind wir aber gar nicht interessiert. Es gibt sie nur, weil wir die Klammern für die Zeichenfolge brauchen, die mehrfach vorkommen kann. Um den Ausdruck klarer zu machen, können wir stattdessen eine Gruppe verwenden, die nicht erfasst wird, indem wir hinter der öffnenden Klammer `?:` einfügen:

```
/(\p{L}+(?:\s+\p{L}+)*)\s+([A-Z]{3})([0-9.]*)/u
```

Jetzt werden `'USD'` und `'29.95'` als Gruppe 2 und 3 erfasst.

Hinweis

Wenn sich wie bei `(\s+\p{L}+)*` in dem vorigen Beispiel eine Gruppe innerhalb einer Zeichenfolge befindet, die wiederholt auftreten kann, enthält diese Gruppe nur die *letzte* und nicht alle Übereinstimmungen. Tritt das Muster gar nicht auf, wird die Übereinstimmung mit dieser Gruppe auf `undefined` gesetzt.

Sie können Zeichen auch auf Übereinstimmung mit dem Inhalt einer bereits erfassten Gruppe überprüfen. Betrachten Sie beispielsweise den folgenden regulären Ausdruck:

```
/(['"]).*\1/
```

Die Gruppe `(['"])` findet sowohl ein einfaches als auch ein doppeltes Anführungszeichen. Das Muster `\1` entspricht dem String, der von dieser Gruppe erfasst wurde, sodass der reguläre Ausdruck sowohl `"Fred"` als auch `'Fred'` findet, aber nicht `"Fred'`.

Vorsicht

Im strikten Modus ist die oktale Zeichenmaskierung zwar unzulässig, aber verschiedene JavaScript-Engines unterstützen sie bei regulären Ausdrücken immer noch. Dabei steht beispielsweise `\11` für `\t`, das Zeichen am Codepunkt 9. Wenn der reguläre Ausdruck jedoch elf oder mehr Erfassungsgruppen hat, dann bezeichnet `\11` eine Übereinstimmung mit der elften Gruppe.

Die Nummerierung von Gruppen ist äußerst fehleranfällig. Viel besser ist es, die Erfassung mit benannten Gruppen durchzuführen:

```
let lineItem = /(?<item>\p{L}+(\s+\p{L}+)*)\s+(?<currency>[A-Z]{3})
(?<price>[0-9.]*)/u
```

Hat ein regulärer Ausdruck eine oder mehrere benannte Gruppen, weist das von `exec` zurückgegebene Array die Eigenschaft `groups` auf, deren Wert ein Objekt mit den Gruppennamen und -übereinstimmungen ist:

```
let result = lineItem.exec('Blackwell Toaster USD29.95')
let groupMatches = result.groups
  // { item: 'Blackwell Toaster', currency: 'USD', price: '29.95' }
```

Der Ausdruck `\k`<*Name*> findet Übereinstimmungen mit einer erfassten benannten Gruppe:

```
/(?<quote>['"]).*\k<quote>/
```

Hier findet die Gruppe mit dem Namen `quote` am Anfang des Strings ein einfaches oder ein doppeltes Anführungszeichen. Der String muss jedoch mit demselben Zeichen enden. Beispielsweise stellen `"Fred"` und `'Fred'` Übereinstimmungen dar, `"Fred'` dagegen nicht.

Eine Übersicht über die Merkmale von `RegExp` finden Sie in Tabelle 6–5.

Name	**Beschreibung**
Konstruktoren	
`new RegExp(regex, flags)`	Konstruiert einen regulären Ausdruck aus dem übergebenen `regex` (ein String, ein Literal für einen regulären Ausdruck oder ein `RegExp`-Objekt) und den übergebenen Flags.
Eigenschaften	
`flags`	Ein String aller Flags
`ignoreCase`, `multiline`, `dotAll`, `unicode`, `global`, `sticky`	Boolesche Eigenschaften für alle Arten von Flags
Methoden	
`test(str)`	`true`, wenn `str` eine Übereinstimmung mit dem gegebenen regulären Ausdruck enthält.
`exec(str)`	Übereinstimmungen, die sich beim aktuellen Vergleich mit dem regulären Ausdruck innerhalb von `str` ergeben. Weitere Einzelheiten erfahren Sie in Abschnitt 6.10. Die Methoden `match` und `matchAll` der Klasse `String` lassen sich einfacher verwenden als diese Methode.

Tab. 6–5 *Merkmale der Klasse* `RegExp`

6.12 String-Methoden für reguläre Ausdrücke

Wie Sie in Abschnitt 6.10 »Die Methoden der Klasse RegExp« gesehen haben, ist `exec` in der Klasse `RegExp` die Hauptmethode, um Informationen zu Übereinstimmungen abzurufen. Allerdings ist ihre Schnittstelle alles andere als elegant. Die Klasse `String` verfügt jedoch ebenfalls über Methoden für die Arbeit mit regulären Ausdrücken, mit denen sich gängige Aufgaben viel einfacher lösen lassen.

Für einen regulären Ausdruck ohne das Flag `global` gibt der Aufruf von `str.match(regex)` dieselben Ergebnisse zurück wie `regex.exec(str)`:

```
'agents 007 and 008'.match(/[0-9]+/) // ['007', index: 7, ...]
```

Ist das Flag `global` gesetzt, gibt `match` einfach ein Array der Übereinstimmungen zurück. Das ist meistens auch genau das, was Sie haben wollen:

```
'agents 007 and 008'.match(/[0-9]+/g) // ['007', '008']
```

Gibt es keinerlei Übereinstimmungen, gibt die Methode `String.match` den Wert `null` zurück.

> **Hinweis**
>
> `RegExp.exec` und `String.match` sind die einzigen Methoden in der ECMA-Script-Standardbibliothek, die `null` zurückgeben, um die Abwesenheit eines Ergebnisses anzuzeigen.

Wenn Sie eine globale Suche durchführen und alle Übereinstimmungen finden wollen, ohne wiederholt `exec` aufzurufen, wird Ihnen die Methode `matchAll` der Klasse `String` gefallen, die zurzeit noch ein Vorschlag der Stufe 3 ist. Sie gibt ein iterierbares Objekt mit den Ergebnissen des Mustervergleichs zurück. Nehmen wir an, Sie suchen nach allen Übereinstimmungen mit dem folgenden regulären Ausdruck:

```
let time = /([1-9]|1[0-2]):([0-5][0-9])([ap]m)/g
```

Die folgende Schleife durchläuft alle resultierenden Übereinstimmungen und wendet eine Destrukturierung an, um `hours`, `minutes` und `period` auf die Übereinstimmungen mit den jeweiligen Gruppen zu setzen:

```
for (const [, hours, minutes, period] of input.matchAll(time)) {
  ...
}
```

Durch das Komma am Anfang wird die komplette Version des übereinstimmenden Ausdrucks ignoriert.

Die Methode `matchAll` geht bei der Rückgabe der Übereinstimmungen träge vor. Das ist effizient, wenn es viele Übereinstimmungen gibt, aber nur wenige untersucht werden.

Die Methode `search` gibt den Index der ersten Übereinstimmung bzw. `-1` zurück, wenn keine Übereinstimmung gefunden wurde:

```
let index = 'agents 007 and 008'.search(/[0-9]+/) // Gibt den Index 7 zurück
```

Die Methode `replace` ersetzt die erste Übereinstimmung mit dem regulären Ausdruck durch den Ersatz-String. Um alle Übereinstimmungen zu ersetzen, müssen Sie das Flag `global` setzen:

```
let replacement = 'agents 007 and 008'.replace(/[0-9]/g, '?')
  // 'agents ??? and ???'
```

Hinweis

Die Methode `split` kann einen regulären Ausdruck als Argument haben:

```
str.split(/\s*,\s*/)
```

Dieser Aufruf teilt `str` an Kommata auf, die optional von Weißraum umgeben sein können.

6.13 Mehr über das Ersetzen mit regulären Ausdrücken

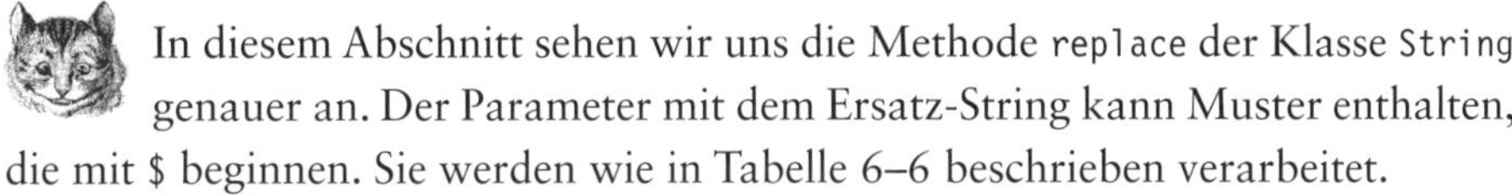

In diesem Abschnitt sehen wir uns die Methode `replace` der Klasse `String` genauer an. Der Parameter mit dem Ersatz-String kann Muster enthalten, die mit $ beginnen. Sie werden wie in Tabelle 6–6 beschrieben verarbeitet.

Muster	Beschreibung
`` $`, $' ``	Der Teil vor bzw. hinter dem übereinstimmenden String
`$&`	Der übereinstimmende String
$*n*	Die *n*-te Gruppe
$<*Name*>	Die Gruppe mit dem gegebenen Namen
`$$`	Ein Dollarzeichen

Tab. 6–6 *Muster für Ersetzungsstring*

Beispielsweise wird bei der folgenden Ersetzung jeder Vokal verdreifacht:

```
'hello'.replace(/[aeiou]/g, '$&$&$&') // 'heeellooo'
```

Besonders nützlich ist das Gruppenmuster. Im folgenden Beispiel verwenden wir Gruppen, um in jeder Zeile den Vor- und Nachnamen der betreffenden Person zu erfassen und die Reihenfolge dann umzukehren:

```
let names = 'Harry Smith\nSally Lin'
let flipped = names.replace(
  /^([A-Z][a-z]+) ([A-Z][a-z]+)/gm, "$2, $1")
  // 'Smith, Harry\nLin, Sally'
```

Ist die Zahl hinter dem Zeichen $ größer als die Anzahl der Gruppen in dem regulären Ausdruck, wird das Muster wörtlich eingefügt:

```
let replacement = 'Blackwell Toaster $29.95'.replace('\$29', '$19')
  // 'Blackwell Toaster $19.95' – Es gibt keine Gruppe 19
```

Sie können auch benannte Gruppen verwenden:

```
flipped = names.replace(/^(?<first>[A-Z][a-z]+) (?<last>[A-Z][a-z]+)$/gm,
  "$<last>, $<first>")
```

Für kompliziertere Ersetzungen können Sie statt des Ersatz-Strings auch eine Funktion angeben, die die folgenden Argumente entgegennimmt:

- den String, der mit dem regulären Ausdruck übereingestimmt hat,
- die Übereinstimmungen aller Gruppen,
- die Positionen der Übereinstimmungen,
- den gesamten String.

Im folgenden Beispiel verarbeiten wir nur die Gruppenübereinstimmungen:

```
flipped = names.replace(/^([A-Z][a-z]+) ([A-Z][a-z]+)/gm,
  (match, first, last) => `${last}, ${first[0]}.`)
  // 'Smith, H.\nLin, S.'
```

Hinweis

Die Methode `replace` funktioniert auch mit Strings, wobei die erste Übereinstimmung mit dem String ersetzt wird:

```
let replacement = 'Blackwell Toaster $29.95'.replace('$', 'USD')
  // Ersetzt $ durch USD
```

Das $ wird hier nicht als Endanker aufgefasst.

Vorsicht

Wenn Sie die Methode search mit einem String aufrufen, wird dieser in einen regulären Ausdruck umgewandelt:

```
let index = 'Blackwell Toaster $29.95'.search('$')
  // Gibt 24 zurück, also das Ende des Strings, nicht den Index von $
```

Um nach einem einfachen String zu suchen, müssen Sie indexOf verwenden.

6.14 Exotische Merkmale

Im letzten Abschnitt dieses Kapitels sehen wir uns einige kompliziertere und ungewöhnliche Merkmale von regulären Ausdrücken an. Die Wiederholungsoperatoren + und * sind gierig, was bedeutet, das sie die längstmögliche Übereinstimmung suchen. Im Allgemeinen ist das auch das gewünschte Verhalten. Wenn Sie einen Ausdruck wie /[0-9]+/ schreiben, wollen Sie schließlich die längstmögliche Ziffernfolge finden und nicht nur eine einfache Ziffer.

Betrachten Sie aber das folgende Beispiel:

```
'"Hi" and "Bye"'.match(/".*"/g)
```

Das Ergebnis lautet:

```
'"Hi" and "Bye"'
```

Das liegt daran, dass .* in seiner Gier alles bis zum abschließenden " erfasst. Wenn wir nur an den Teil-Strings interessiert sind, die in Anführungszeichen stehen, ist das jedoch nicht das, was wir wollen.

Eine Lösung besteht darin, zu verlangen, dass die Folge beliebiger Zeichen keine Anführungszeichen enthalten darf:

```
'"Hi" and "Bye"'.match(/"[^"]*"/g)
```

Alternativ können Sie mit dem Operator *? auch dafür sorgen, dass die Suche nach Übereinstimmungen *träge* erfolgt:

```
'"Hi" and "Bye"'.match(/".*?"/g)
```

In beiden Fällen werden die beiden Strings in Anführungszeichen jetzt getrennt erfasst, sodass sich Folgendes ergibt:

```
['"Hi"', '"Bye"']
```

Es gibt auch +? als träge Version von +, die wenigstens ein Vorkommen des gegebenen Zeichens verlangt.

Der *vorausschauende* Operator *p*(?=*q*) findet eine Übereinstimmung mit *p*, wenn auf das *p* ein *q* folgt, wobei das *q* nicht Teil der Übereinstimmung ist. Damit können wir im folgenden Beispiel die Stundenangaben finden, denen ein Doppelpunkt folgt:

```
let hours = '10:30 - 12:00'.match(/[0-9]+(?=:)/g) // ['10, 12']
```

Der umgekehrte vorausschauende Operator *p*(?!*q*) findet *p*, wenn ihm kein *q* folgt.

```
let minutes = '10:30 - 12:00'.match(/[0-9][0-9](?!:)/g) // ['30, 00']
```

Es gibt auch den *zurückschauenden* Operator (?<=*p*)*q*, der *q* findet, wenn ihm *p* vorausgeht:

```
minutes = '10:30 - 12:00'.match(/(?<=[0-9]+:)[0-9]+/g) // ['30', '00']
```

Das Argument in (?<=**[0-9]+:**) ist dabei selbst ein regulärer Ausdruck.

Schließlich findet der umgekehrte zurückschauende Operator (?<!*p*)*q* eine Übereinstimmung mit *q*, wenn diesem kein *p* vorausgeht:

```
hours = '10:30 - 12:00'.match(/(?<![0-9:])[0-9]+/g)
```

Möglicherweise waren es reguläre Ausdrücke wie dieser, die Jamie Zawinski zu seinem klassischen Ausspruch inspiriert haben: »Manche Leute denken sich, wenn sie mit einem Problem konfrontiert werden: ›Ha, ich verwende dafür reguläre Ausdrücke.‹ Dann haben sie zwei Probleme.«

6.15 Übungen

1. Schreiben Sie eine Funktion, die aus einem gegebenen String einen maskierten und mit den Zeichen ' begrenzten String erstellt. Wandeln Sie dabei alle Nicht-ASCII-Unicode-Zeichen in \u{...} um. Verwenden Sie die Maskierungssequenzen \b, \f, \n, \r, \t, \v, \' und \\.

2. Schreiben Sie eine Funktion, die einen String in eine gegebene Anzahl von Unicode-Zeichen einpasst. Wenn er zu lang ist, schneiden Sie ihn ab und hängen eine Ellipse an (also …, \u{2026}). Achten Sie darauf, Zeichen, die mit zwei UTF-16-Codeeinheiten kodiert werden, korrekt zu handhaben.

3. Die Methoden `substring` und `slice` sind unsauberen Argumenten gegenüber sehr tolerant. Können Sie sie dazu bringen, bei beliebigen Argumenten einen Fehler zu melden? Versuchen Sie es mit Strings, Objekten und Arrays sowie mit dem Fehlen von Argumenten.

4. Schreiben Sie eine Funktion, die einen String entgegennimmt und ein Array aller Teil-Strings zurückgibt. Achten Sie auf Zeichen, die mit zwei UTF-16-Codeeinheiten kodiert sind.

5. In einer idealen Welt würden alle String-Methoden Positionen entgegennehmen, die Unicode-Zeichen zählen und nicht die UTF-16-Codeeinheiten. Welche Methoden von `String` betrifft das? Stellen Sie Ersatzfunktionen dafür bereit, z.B. `indexOf(str., sub)` und `slice(str, start, end)`.

6. Schreiben Sie eine Tagged-Template-Funktion namens `printf`, die Integer, Fließkommazahlen und Strings gemäß den klassischen Formatierungsanweisungen von `printf` formatiert. Diese Anweisungen sollen hinter den eingebetteten Ausdrücken angegeben werden:

   ```
   const formatted = printf`${item}%-40s | ${quantity}%6d | ${price}%10.2f`
   ```

7. Schreiben Sie eine Tagged-Template-Funktion namens `spy`, die sowohl die rohen als auch die gekochten String-Fragmente und die eingebetteten Ausdruckswerte anzeigt. Entfernen Sie aus den rohen String-Fragmenten die Backslashs, die für die Maskierung von Backticks, Dollarzeichen und Backslashs verwendet wurden.

8. Nennen Sie so viele verschiedene Vorgehensweisen wie möglich, um einen regulären Ausdruck zu erstellen, der nur mit dem leeren String übereinstimmt.

9. Ist das Flag `m` oder `multiline` wirklich sinnvoll? Könnte man nicht einfach nach Übereinstimmungen mit `\n` suchen? Erstellen Sie einen regulären Ausdruck, der alle Zeilen mit ausschließlich Ziffern enthält, ohne dieses Flag zu benutzen. Was ist mit der letzten Zeile?

10. Schreiben Sie reguläre Ausdrücke für E-Mail-Adressen und URLs.

11. Schreiben Sie reguläre Ausdrücke für US- und internationale Telefonnummern.

12. Nutzen Sie die Ersetzung mit regulären Ausdrücken, um die Darstellung von Telefon- und Kreditkartennummern zu bereinigen.

13. Schreiben Sie einen regulären Ausdruck für Text in Anführungszeichen. Die Trennzeichen können dabei übereinstimmende gerade oder doppelte Anführungszeichen sowie typografische Anführungszeichen sein.

14. Schreiben Sie einen regulären Ausdruck für Bild-URLs in einem HTML-Dokument.

15. Entnehmen Sie mithilfe eines regulären Ausdrucks alle dezimalen Integer (einschließlich der negativen) aus einem String und stellen Sie sie in ein Array.

16. Nehmen wir an, Sie wollen einen regulären Ausdruck verwenden, um damit die Übereinstimmung mit einem kompletten String und nicht nur mit einem Teil-String zu finden. Dazu müssen Sie ihn in `^` und `$` einschließen. Das ist aber gar nicht so einfach, denn der reguläre Ausdruck muss sauber maskiert werden, bevor Sie diese Anker hinzufügen. Schreiben Sie eine Funktion, die einen regulären Ausdruck annimmt und den regulären Ausdruck mit den Ankern zurückgibt.

17. Verwenden Sie die Methode `replace` der Klasse `String` mit einem Funktionsargument, um alle Angaben von `°F` in einem String durch ihre Entsprechungen in `°C` zu ersetzen.

18. Erweitern Sie die Funktion `greek` aus Abschnitt 6.5 »Rohe Template-Literale«, sodass sie auch mit maskierten Backslashs und Dollarzeichen umgehen kann. Prüfen Sie auch, ob es für ein Symbol, das mit einem Backslash beginnt, einen Ersatzwert gibt. Wenn nicht, fügen Sie es wörtlich ein.

19. Verallgemeinern Sie die Funktion `greek` aus der vorherigen Übung zu einer Allzweck-Ersetzungsfunktion, die als `subst(`*dictionary*`)`\``*templateString*`\`` aufgerufen werden kann.

7 Arrays und Sammlungen

Wenn Sie eine neue Programmiersprache lernen, müssen Sie auch in Erfahrung bringen, wie Sie darin Ihre Daten speichern. Die herkömmliche Datenstruktur für sequenzielle Daten ist das schlichte Array. In diesem Kapitel lernen Sie zunächst verschiedene Array-Methoden kennen, die in JavaScript zur Verfügung stehen. Anschließend wenden wir uns typisierten Arrays und Array-Puffern zu, anspruchsvolleren Konstrukten für den effizienten Umgang mit Blöcken binärer Daten. Anders als Java und C++ bietet JavaScript keine große Menge von Datenstrukturen. Dafür gibt es die einfachen Klassen `map` und `set`, die wir am Ende dieses Kapitels besprechen werden.

7.1 Arrays konstruieren

Wie Sie ein Array mit einer gegebenen Folge von Elementen erstellen, wissen Sie bereits. Sie schreiben dazu einfach ein Literal:

```
const names = ['Peter', 'Paul', 'Mary']
```

Um ein leeres Array mit 10.000 Elementen zu konstruieren, die zu Anfang alle `undefined` sind, gehen Sie wie folgt vor:

```
const bigEmptyArray = []
bigEmptyArray.length = 10000
```

In einem Array-Literal können Sie Verteilungen beliebiger *iterierbarer Objekte* angeben. Dazu gehören Arrays und Strings, die Mengen und Maps, mit denen wir uns weiter hinten in diesem Kapitel beschäftigen werden, sowie `NodeList` und `HTMLCollection` aus der DOM-API. Das folgende Beispiel zeigt, wie Sie ein Array aus den Elementen der beiden iterierbaren Objekte `a` und `b` erstellen:

```
const elements = [...a, ...b]
```

Wie Sie in Kapitel 9 sehen werden, haben iterierbare Objekte eine recht komplexe Struktur. Die Methode `Array.from` erfasst die Elemente eines einfacheren *Array-artigen Objekts*. Dabei handelt es sich um ein Objekt mit der Integer-wertigen Eigenschaft `'length'` sowie weiteren Eigenschaften namens `'0'`, `'1'`, `'2'` usw. Natürlich zählen Arrays selbst zu den Array-artigen Objekten. Einige Methoden der DOM-API geben jedoch Array-artige Objekte zurück, die weder Arrays noch iterierbare Objekte sind. Um die Elemente eines Array-artigen Objekts in ein Array aufzunehmen, rufen Sie `Array.from(arrayLike)` auf:

```
const arrayLike = { length: 3 , '0': 'Peter', '1': 'Paul', '2': 'Mary'}
const elements = Array.from(arrayLike)
  // elements ist das Array ['Peter', 'Paul', 'Mary']
  // Array.isArray(arrayLike) ist false, Array.isArray(elements) ist true
```

Als optionales zweites Argument nimmt die Methode `Array.from` eine Funktion entgegen, die für alle Indexwerte von `0` bis `length - 1` aufgerufen wird und das Element (bzw. `undefined` für fehlende Elemente) und den Index übergibt. Die Ergebnisse dieser Funktion werden in das Array aufgenommen:

```
const squares = Array.from({ length: 5 }, (element, index) => index * index)
  // [0, 1, 4, 9, 16]
```

Vorsicht

Es gibt einen Konstruktor dafür, Arrays mit gegebenen Elementen zu erstellen. Er kann sowohl mit als auch ohne new aufgerufen werden:

```
names = new Array('Peter', 'Paul', 'Mary')
names = Array('Peter', 'Paul', 'Mary')
```

→

Er hat jedoch einen Haken. Wenn Sie new Array oder Array mit einem einzelnen numerischen Argument aufrufen, passiert etwas ganz anderes. Das einzelne Argument gibt dann nämlich die Länge des Arrays an:

```
numbers = new Array(10000)
```

Ergebnis ist ein Array der Länge 10.000, aber ohne Elemente!

Ich rate Ihnen, auf den Konstruktor Array zu verzichten und stattdessen Array-Literale zu verwenden:

```
names = ['Peter', 'Paul', 'Mary']
numbers = [10000]
```

Hinweis

Die Factory-Funktion Array.of ist von dem Problem des Konstruktors Array nicht betroffen:

```
names = Array.of('Peter', 'Paul', 'Mary')
littleArray = Array.of(10000) // Ein Array der Länge 1, identisch mit
[10000]
```

Allerdings bietet sie auch keine Vorteile gegenüber Array-Literalen. (Übung 2 zeigt eine ungewöhnliche Anwendung der Methode of.)

7.2 Die Eigenschaft length und die Indexeigenschaften

Jedes Array weist die Eigenschaft 'length' auf, deren Wert ein Integer zwischen 0 und $2^{32} - 1$ ist. Die Eigenschaften, deren numerische Werte nichtnegative Integer sind, werden als *Indexeigenschaften* bezeichnet. Betrachten Sie das folgende Array:

```
const names = ['Peter', 'Paul', 'Mary']
```

Dieses Objekt hat die Eigenschaft 'length' (mit dem Wert 3) und die Indexeigenschaften '0', '1' und '2'. Wie Sie wissen, sind die Schlüssel von Eigenschaften stets Strings.

Die Länge beträgt immer eins mehr als der höchste Index:

```
const someNames = [ , 'Smith', , 'Jones'] // someNumbers.length ist 4
```

Wird einer Indexeigenschaft ein Wert zugewiesen, so wird die Länge angepasst:

```
someNames[5] = 'Miller' // Jetzt hat someNames die Länge 6
```

Die Länge können Sie auch manuell einstellen:

```
someNames.length = 100
```

Wenn Sie die Länge verringern, werden alle Elemente mit einem Index kleiner als die neue Länge gelöscht:

```
someNames.length = 4 // someNames[4] und alle weiteren Elemente werden
gelöscht
```

Ein Array muss nicht für jeden Index zwischen `0` und `length - 1` eine Indexeigenschaft haben. Der ECMAScript-Standard verwendet den Begriff *fehlende Elemente* für Lücken in der Indexsequenz.

Um herauszufinden, ob ein Element fehlt, können Sie den Operator `in` verwenden:

```
'2' in someNames // false: Es gibt keine Eigenschaft '2'
3 in someNames   // true: Es gibt die Eigenschaft '3'
  // Hier wird der linke Operand in einen String umgewandelt
```

Hinweis

Ein Array kann auch noch andere Eigenschaften als die Indexeigenschaften aufweisen. Diese Möglichkeit wird gelegentlich genutzt, um zusätzliche Informationen in ein Array aufzunehmen. So gibt die Methode exec der Klasse `RegExp` ein Array der Übereinstimmungen zurück, das darüber hinaus noch die zusätzlichen Eigenschaften `index` und `input` hat:

```
/([1-9]|1[0-2]):([0-5][0-9])([ap]m)/.exec('12:15pm')
// ['12:15pm', '12', '15', 'pm', index: 0, input: '12:15pm']
```

Vorsicht

Ein String, der eine negative Zahl enthält, z. B. `'-1'`, ist zwar eine zulässige Eigenschaft, aber keine Indexeigenschaft:

```
const squares = [0, 1, 4, 9]
squares[-1] = 1 // [ 0, 1, 4, 9, '-1': 1 ]
```

7.3 Elemente löschen und hinzufügen

Die folgenden Aufrufe entfernen oder ergänzen ein Element am Ende des Arrays, wobei die Länge entsprechend angepasst wird:

```
let arr = [0, 1, 4, 9, 16, 25]
const deletedElement = arr.pop() // arr ist jetzt [0, 1, 4, 9, 16]
const newLength = arr.push(x)    // arr ist jetzt [0, 1, 4, 9, 16, x]
```

Hinweis

Anstatt pop und push aufzurufen, können Sie auch Folgendes schreiben:

```
arr.length--
arr[arr.length] = x
```

Ich bevorzuge jedoch pop und push, da sie deutlicher zeigen, was ich beabsichtige.

Um ein Element am Anfang zu entfernen oder hinzuzufügen, gehen Sie folgendermaßen vor:

```
arr = [0, 1, 4, 9, 16, 25]
const deletedElement = arr.shift() // arr ist jetzt [1, 4, 9, 16, 25]
const newLength = arr.unshift(x)   // arr ist jetzt [x, 1, 4, 9, 16, 25]
```

Mit den Methoden `push` und `unshift` können Sie beliebig viele Elemente auf einmal hinzufügen:

```
arr = [9]
arr.push(16, 25) // 16, 25 werden angehängt; arr ist jetzt [9, 16, 25]
arr.unshift(0, 1, 4) // 0, 1, 4 werden vorangestellt; arr ist jetzt [0, 1, 4,
  9, 16, 25]
```

Um Elemente in der Mitte zu entfernen oder hinzuzufügen, verwenden Sie die Methode `splice`:

```
const deletedElements = arr.splice(start, deleteCount, x1, x2, ...)
```

Als Erstes werden beginnend mit der Position `start` so viele Elemente entfernt, wie `deleteCount` angibt. Anschließend werden die angegebenen Elemente bei `start` eingefügt:

```
arr = [0, 1, 12, 24, 36]
const start = 2
// Ersetzt arr[start] und arr[start + 1]
arr.splice(start, 2, 16, 25) // arr ist jetzt [0, 1, 16, 25, 36]
// Fügt am Index start Elemente hinzu
arr.splice(start, 0, 4, 9) // arr ist jetzt [0, 1, 4, 9, 16, 25, 36]
// Löscht Elemente an den Indizes start und start + 1
arr.splice(start, 2) // arr ist jetzt [0, 1, 16, 25, 36]
// Löscht alle Elemente ab Index index
arr.splice(start) // arr ist jetzt [0, 1]
```

Ist start negativ, wird die Position vom *Ende* des Arrays gezählt (also durch Addition von arr.length angepasst):

```
arr = [0, 1, 4, 16]
arr.splice(-1, 1, 9) // arr ist jetzt [0, 1, 4, 9]
```

Die Methode splice gibt ein Array der entfernten Elemente zurück:

```
arr = [1, 4, 9, 16]
const spliced = arr.splice(1, 2) // spliced  ist [4, 9], arr ist [1, 16]
```

7.4 Weitere Methoden zur Veränderung von Arrays

In diesem Abschnitt sehen wir uns weitere Methoden der Klasse Array zur Veränderung von Arrays an, außer denen zum Löschen und Hinzufügen von Elementen.

Die Methode fill überschreibt vorhandene Elemente mit einem neuen Wert:

```
arr.fill(value, start, end)
```

Die Methode copyWithin überschreibt vorhandene Elemente mit anderen Elementen desselben Arrays:

```
arr.copyWithin(targetIndex, start, end)
```

Bei beiden Methoden haben start und end die Standardwerte 0 bzw. arr.length.

Ist start, end oder targetIndex negativ, wird der Wert vom Ende des Arrays gezählt.

Betrachten Sie die folgenden Beispiele:

```
let arr = [0, 1, 4, 9, 16, 25]
arr.copyWithin(0, 1) // arr  ist jetzt [1, 4, 9, 16, 25, 25]
arr.copyWithin(1)    // arr ist jetzt [1, 1, 4, 9, 16, 25]
arr.fill(7, 3, -1)   // arr ist jetzt [1, 1, 4, 7, 7, 25]
```

Die Methode arr.reverse() kehrt arr direkt um:

```
arr = [0, 1, 4, 9, 16, 25]
arr.reverse() // arr ist jetzt [25, 16, 9, 4, 1, 0]
```

Der Aufruf arr.sort(comparisonFunction) sortiert arr direkt. Dabei betrachtet die angegebene Vergleichsfunktion zwei Elemente x und y und gibt jeweils Folgendes zurück:

- eine negative Zahl, wenn x vor y kommt,
- eine positive Zahl, wenn x nach y kommt,
- 0, wenn die Werte nicht unterscheidbar sind.

Beispielsweise können Sie ein Array aus Zahlen wie folgt sortieren:

```
arr = [0, 1, 16, 25, 4, 9]
arr.sort((x, y) => x - y) // arr ist jetzt [0, 1, 4, 9, 16, 25]
```

Vorsicht

Wird keine Vergleichsfunktion angegeben, verwandelt die Methode `sort` die Elemente in Strings und vergleicht diese (siehe Übung 5). Für Zahlen ergibt das die wohl denkbar schlechteste Art der Sortierung:

```
arr = [0, 1, 4, 9, 16, 25]
arr.sort() // arr ist jetzt [0, 1, 16, 25, 4, 9]
```

Einen Überblick über die praktischsten Methoden der Klasse `Array` finden Sie in Tabelle 7–1.

Name	Beschreibung
Funktionen	
`from(arraylike, f)`	Erstellt aus einem beliebigen Objekt ein Array mit den Eigenschaften `'length'`, `'0'`, `'1'` usw. Ist die Funktion `f` vorhanden, wird sie auf jedes Element angewendet.
Verändernde Methoden	
`pop()`, `shift()`	Entfernt das letzte Element und gibt es zurück.
`push(value)`, `unshift(value)`	Fügt `value` hinten bzw. vorn zu dem Array hinzu und gibt die neue Länge zurück.
`fill(value, start, end)`	Überschreibt den angegebenen Bereich mit `value`. Sofern nicht anders vermerkt, gilt für diese und die folgenden Methoden: Wenn `start` oder `end` negativ ist, werden sie vom Ende des Arrays gezählt. In dem Bereich ist `start` eingeschlossen, `end` aber nicht. Die Standardwerte für `start` und `end` sind 0 bzw. die Länge des Arrays. Die Methode gibt das Array zurück.
`copyWithin(targetIndex, start, end)`	Kopiert den angegebenen Bereich an den Zielindex.
`reverse()`	Kehrt die Elemente in dem Array um.
`sort(comparisonFunction)`	Sortiert das Array.
`splice(start, deleteCount, values...)`	Entfernt ab dem Index `start` so viele Elemente, wie `deleteCount` angibt, und fügt ab `start` die angegebenen Werte ein.

→

Name	Beschreibung
Nicht verändernde Methoden	
`slice(start, end)`	Gibt die Elemente aus dem angegebenen Bereich zurück.
`includes(target, start)`, `firstIndex(target, start)`, `lastIndex(target, start)`	Wenn `target` am Index `start` oder dahinter vorhanden ist, geben diese Methoden `true` bzw. den Index zurück, anderenfalls `false` bzw. `-1`.
`flat(k)`	Gibt die Elemente des Arrays zurück und ersetzt dabei jegliche Arrays der Dimension kleiner oder gleich `k` durch ihre Elemente. Der Standardwert für `k` beträgt 1.
`map(f)`, `flatMap(f)`, `forEach(f)`	Ruft die gegebenen Funktionen für jedes Element auf und gibt ein Array der Ergebnisse, die abgeflachten Ergebnisse oder `undefined` zurück.
`filter(f)`	Gibt alle Elemente zurück, für die `f` ein Truthy-Ergebnis zurückgibt.
`findIndex(f)`, `find(f)`	Gibt den Index bzw. den Wert des ersten Elements zurück, für das `f` einen Truthy-Wert zurückgibt. Die Funktion `f` wird dabei mit drei Argumenten aufgerufen, nämlich dem Element, dem Index und dem Array.
`every(f)`, `some(f)`	Gibt `true` zurück, wenn `f` einen Truthy-Wert für alle Elemente bzw. für mindestens ein Element zurückgibt.
`join(separator)`	Gibt einen String zurück, der aus allen in Strings umgewandelten und mit dem gegebenen Trennzeichen verknüpften Elementen besteht. Der Standardwert für das Trennzeichen ist `','`.

Tab. 7–1 *Nützliche Funktionen und Methoden der Klasse* `Array`

Um Strings einer menschlichen Sprache zu sortieren, kann die Methode `localeCompare` eine gute Wahl sein:

```
const titles = ...
titles.sort((s, t) => s.localeCompare(t))
```

In Kapitel 8 erhalten Sie weitere Informationen über Vergleiche unter Berücksichtigung des Gebietsschemas.

Hinweis

Seit 2019 ist die Methode `sort` garantiert *stabil*. Das bedeutet, dass die Reihenfolge nichtunterscheidbarer Elemente nicht verändert wird. Nehmen wir beispielsweise an, Sie haben eine Folge von Nachrichten, die ursprünglich nach dem Datum sortiert wurden. Wenn Sie sie nun nach dem Absender sortieren, sind die Nachrichten vom selben Absender immer noch nach dem Datum angeordnet.

7.5 Elemente erstellen

Alle von hier an vorgestellten Methoden verändern nicht das Array, auf dem sie operieren. Die folgenden Methoden erstellen Arrays mit Elementen aus einem bestehenden Array.

Der folgende Aufruf gibt ein Array zurück, das die Elemente aus dem angegebenen Bereich enthält:

```
arr.slice(start, end)
```

Der Standardwert des Index `start` ist `0`, der von `end` ist `arr.length`.

`arr.slice()` ist das Gleiche wie `[...arr]`.

Die Methode `flat` flacht mehrdimensionale Arrays ab, standardmäßig um eine Ebene:

```
[[1, 2], [3, 4]].flat()
```

ergibt das folgende Array:

```
[1, 2, 3, 4]
```

In dem unwahrscheinlichen Fall, dass das Array mehr als zwei Dimensionen hat, können Sie angeben, um wie viele Ebenen Sie es abflachen wollen. Im folgenden Beispiel wird ein dreidimensionales Array zu einem eindimensionalen abgeflacht:

```
[[[1, 2], [3, 4]], [[5, 6], [7, 8]]].flat(2) // [1, 2, 3, 4, 5, 6, 7, 8]
```

Der folgende Aufruf gibt ein Array zurück, das mit den Elementen von `arr` beginnt und dahinter die angegebenen Argumente enthält:

```
arr.concat(arg1, arg2, ...)
```

Werden als Argumente wiederum Arrays angegeben, so werden diese jedoch abgeflacht:

```
const arr = [1, 2]
const arr2 = [5, 6]
const result = arr.concat(3, 4, arr2) // result ist [1, 2, 3, 4, 5, 6]
```

Da Sie heutzutage auch den Verteilungsoperator in Array-Literalen verwenden können, ist die Methode `concat` nicht mehr besonders nützlich. Das gleiche Ergebnis können Sie auch auf einfachere Weise wie folgt erzielen:

```
const result = [...arr, 3, 4, ...arr2]
```

Es gibt jedoch immer noch einen Verwendungszweck für die Methode `concat`, nämlich wenn Sie eine Folge von Elementen unbekannten Typs verketten und nur diejenigen abflachen wollen, bei denen es sich um Arrays handelt.

Hinweis

Die Abflachung können Sie mit dem Symbol `isConcatSpreadable` steuern. (Symbole werden in Kapitel 8 behandelt.)

Wird dieses Symbol zu `false` ausgewertet, werden die Arrays nicht abgeflacht:

```
arr = [17, 29]
arr[Symbol.isConcatSpreadable] = false
[].concat(arr) // Ein Array mit [17, 29] als einzigem Element
```

Ist das Symbol dagegen `true`, werden Array-artige Objekte abgeflacht:

```
[].concat({ length: 2, [Symbol.isConcatSpreadable]: true,
'0': 17, '1': 29 }) // Ein Array mit den beiden Elementen 17, 29
```

7.6 Elemente finden

Der folgende Aufruf prüft, ob in einem Array ein gegebener Wert vorhanden ist:

```
const found = arr.includes(target, start) // true oder false
const firstIndex = arr.indexOf(target, start) // Erster Index oder -1
const lastIndex = arr.lastIndexOf(target, start) // Letzter Index oder -1
```

Das Element muss dem gesuchten Wert (`target`) exakt entsprechen, also einen Vergleich mit `===` erfüllen.

Die Suche beginnt an der Position `start`. Ist `start` kleiner als `0`, wird die Position vom Ende des Arrays gezählt. Wird `start` nicht angegeben, so wird der Standardwert `0` verwendet.

Um einen Wert zu finden, der eine bestimmte Bedingung erfüllt, müssen Sie eine der folgenden Methoden aufrufen:

```
const firstIndex = arr.findIndex(conditionFunction)
const firstElement = arr.find(conditionFunction)
```

Im folgenden Beispiel suchen wir damit die erste negative Zahl in einem Array:

```
const firstNegative = arr.find(x => x < 0)
```

Die Bedingungsfunktion in dieser und den folgenden Methoden in diesem Abschnitt nimmt drei Argumente entgegen:

- das Array-Element,
- den Index,
- das gesamte Array.

Die folgenden Aufrufe geben `true` zurück, wenn `conditionFunction(element, index, arr)` für jedes Element bzw. für mindestens ein Element `true` ist:

```
arr.every(conditionFunction)
arr.some(conditionFunction)
```

Betrachten Sie dazu das folgende Beispiel:

```
const atLeastOneNegative = arr.some(x => x < 0)
```

Die Methode `filter` gibt alle Werte zurück, die die Bedingung erfüllen:

```
const negatives = [-1, 7, 2, -9].filter(x => x < 0) // [-1, -9]
```

7.7 Alle Elemente durchlaufen

Um alle Elemente eines Arrays nacheinander zu durchlaufen, verwenden Sie eine `for-of`-Schleife. Wollen Sie die Indexwerte durchlaufen, nehmen Sie eine `for-in`-Schleife:

```
for (const e of arr) {
  // Macht irgendetwas mit dem Element e
}
for (const i in arr) {
  // Macht irgendetwas mit dem Index i und dem Element arr[i]
}
```

Hinweis

Die `for-of`-Schleife durchläuft die Elemente für alle Indexwerte von 0 bis `length - 1`, wobei für fehlende Elemente `undefined` zurückgegeben wird. Dagegen sucht die `for-in`-Schleife nur die Schlüssel auf, die auch tatsächlich vorhanden sind.
Anders ausgedrückt: Die `for-in`-Schleife betrachtet ein Array als ein Objekt, die `for-of`-Schleife dagegen als ein iterierbares Objekt. (Wie Sie in Kapitel 12 noch sehen werden, sind iterierbare Objekte Folgen von Werten ohne Lücken.)

Wenn Sie sowohl die Indexwerte als auch die Elemente suchen wollen, verwenden Sie den von der Methode `entries` zurückgegebenen Iterator. Er erstellt Arrays der Länge 2, die jeweils einen Index und ein Element enthalten. Der folgende Code verwendet die Methode `entries`, eine `for-or`-Schleife und Destrukturierung:

```
for (const [index, element] of arr.entries())
   console.log(index, element)
```

Hinweis

Die Methode `entries` ist für alle JavaScript-Datenstrukturen einschließlich Arrays definiert. Daneben gibt es die entsprechenden Methoden `keys` und `values`, die Iteratoren für die Schlüssel und Werte einer Sammlung zurückgeben und für die Arbeit mit Sammlungen im Allgemeinen praktisch sind. Wenn Sie jedoch wissen, dass Sie es mit einem Array zu tun haben, brauchen Sie sie nicht.

Der Aufruf `arr.forEach(f)` ruft `f(element, index, arr)` für jedes Element auf, wobei fehlende Elemente übersprungen werden.

Der folgende Aufruf

```
arr.forEach((element, index) => console.log(index, element))
```

entspricht:

```
for (const index in arr) console.log(index, arr[index])
```

Anstatt eine Aktion für jedes Element anzugeben, ist es oft besser, die Elemente umzuwandeln und die Ergebnisse zu sammeln. Der Aufruf `arr.map(f)` gibt ein Array aller von `f(arr[index], index, arr)` gelieferten Werte zurück:

```
[1, 7, 2, 9].map(x => x * x) // [1, 49, 4, 81]
[1, 7, 2, 9].map((x, i) => x * 10 ** i) // [1, 70, 200, 9000]
```

Die folgende Funktion gibt ein Array aus Werten zurück:

```
function roots(x) {
  if (x < 0) {
    return [] // Keine Wurzel
  } else if (x === 0) {
    return [0] //Einzelne Wurzel
  } else {
    return [Math.sqrt(x), -Math.sqrt(x)] // Zwei Wurzeln
  }
}
```

Wenn Sie diese Funktion auf ein Array von Eingaben abbilden, erhalten Sie ein Array der Array-wertigen Ergebnisse:

```
[-1, 0, 1, 4].map(roots) // [[], [0], [1, -1], [2, -2]]
```

Um die Ergebnisse abzuflachen, können Sie `map` gefolgt von `flat` aufrufen. Sie können jedoch auch `flatMap` verwenden, was ein wenig effizienter ist:

```
[-1, 0, 1, 4].flatMap(roots) // [0, 1, -1, 2, -2]
```

Der Aufruf `arr.join(separator)` schließlich wandelt alle Elemente in Strings um und verknüpft diese mithilfe des angegebenen Trennzeichens. Das Standardtrennzeichen ist dabei `','`.

```
[1,2,3,[4,5]].join(' and ') // '1 and 2 and 3 and 4,5'
```

Hinweis

Die Methoden `forEach`, `map`, `filter`, `find`, `findIndex`, `some` und `every` (aber nicht `sort` und `reduce`!) sowie die Funktion `from` können nach der Funktion noch ein optionales Argument entgegennehmen:

```
arr.forEach(f, thisArg)
```

Das Argument `thisArg` wird zum Parameter `this` von `f`. Das heißt, für jeden Index wird Folgendes aufgerufen:

```
thisArg.f(arr[index], index, arr)
```

Das Argument `thisArg` benötigen Sie nur, wenn Sie statt einer Funktion eine Methode übergeben. Übung 4 zeigt, wie Sie eine solche Situation vermeiden können.

7.8 Dünn besetzte Arrays

Ein Array, in dem ein oder mehrere Elemente fehlen, wird als *dünn besetzt* (*sparse*) bezeichnet. Dies kann folgende vier Ursachen haben:

1. Fehlende Elemente in einem Array-Literal:
   ```
   const someNumbers = [ , 2, , 9] // Keine Indexeigenschaften 0 und 2
   ```
2. Hinzufügen eines Elements an einer Position größer als die Länge:
   ```
   someNumbers[100] = 0 // Keine Indexeigenschaften 4 bis 99
   ```
3. Vergrößern der Länge:
   ```
   const bigEmptyArray = []
   bigEmptyArray.length = 10000 // Keine Indexeigenschaften
   ```

4. Löschen eines Elements:

   ```
   delete someNumbers[1] // Indexeigenschaft 1 nicht mehr vorhanden
   ```

Die meisten Array-Methoden überspringen fehlende Elemente in dünn besetzten Arrays. Beispielsweise ruft `[ , 2, , 9].forEach(f)` die Funktion `f` nur zweimal auf und nicht für die fehlenden Elemente an den Indizes `0` und `2`.

Eine Ausnahme bildet `Array.from(arrayLike, f)`, wie Sie schon in Abschnitt 7.1 »Arrays konstruieren« gesehen haben. Diese Funktion ruft `f` für jeden Index auf. Mit `Array.from` können Sie daher fehlende Elemente durch `undefined` ersetzen:

```
Array.from([ , 2, , 9]) // [undefined, 2, undefined, 9]
```

Die Methode `join` verwandelt fehlende und nichtdefinierte Elemente in leere Strings:

```
[ , 2, undefined, 9].join(' and ') // ' and 2 and and 9'
```

Die meisten Methoden, die Arrays aus übergebenen Arrays erstellen, belassen fehlende Elemente an Ort und Stelle. Beispielsweise ergibt `[ , 2, , 9].map(x => x * x)` das Array `[ , 4, , 81]`.

Die Methode `sort` dagegen stellt fehlende Elemente ans Ende:

```
let someNumbers = [ , 2, , 9]
someNumbers.sort((x, y) => y - x) // someNumbers ist jetzt [9, 2, , , ]
```

Lesern mit Adleraugen wird auffallen, dass in dem Array vier Kommata stehen. Das letzte ist das abschließende Komma. Wenn es nicht vorhanden wäre, würde das vorausgehende Komma als abschließendes Komma angesehen, sodass das Array nur noch ein nichtdefiniertes Element hätte.

Die Methoden `filter`, `flat` und `flatMap` ignorieren fehlende Elemente komplett.

Eine einfache Möglichkeit, um fehlende Elemente aus einem Array zu entfernen, besteht darin, es mit einer Funktion zu filtern, die alle vorhandenen Elemente übernimmt:

```
[ , 2, , 9].filter(x => true) // [2, 9]
```

7.9 Reduzierung

In diesem Abschnitt geht es um einen allgemeinen Mechanismus, um aus den Elementen eines Arrays einen Wert zu berechnen. Dieser Mechanismus ist zwar elegant, aber niemals notwendig, denn Sie können das gleiche Ergebnis auch mit einer einfachen Schleife erzielen. Wenn es Sie nicht interessiert, können Sie diesen Abschnitt daher getrost überspringen.

Die Methode `map` wendet eine unäre Funktion auf alle Elemente einer Sammlung an. Die Methoden `reduce` und `reduceRight`, die wir in diesem Abschnitt besprechen, kombinieren Elemente dagegen mit einer *binären* Operation. Der Aufruf `arr.reduce(op)` wendet `op` wie folgt auf aufeinander folgende Elemente an:

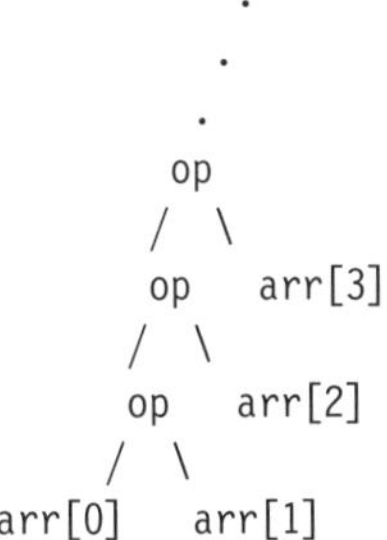

Das folgende Beispiel zeigt, wie Sie damit die Summe der Array-Elemente berechnen:

```
const arr = [1, 7, 2, 9]
const result = arr.reduce((x, y) => x + y) // ((1 + 7) + 2) + 9
```

Die folgende Reduktion ist jedoch interessanter. Sie berechnet den Wert einer Dezimalzahl aus einem Array von Ziffern:

```
[1, 7, 2, 9].reduce((x, y) => 10 * x + y) // 1729
```

Die Zwischenergebnisse sind in dem folgenden Baumdiagramm zu sehen:

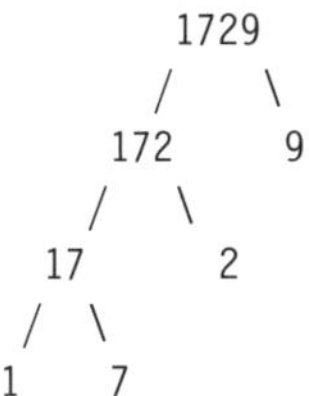

In den meisten Fällen ist es sinnvoll, die Berechnung mit einem anderen Anfangswert als dem ersten Array-Element zu beginnen. Der Aufruf `arr.reduce(op, init)` führt folgende Berechnung durch:

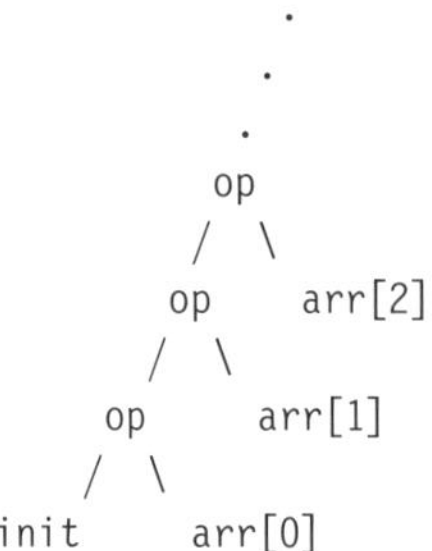

Dieses Baumdiagramm ist regelmäßiger als das von `reduce` ohne Anfangswert: Alle Array-Elemente stehen auf der rechten Seite und jede Operation kombiniert einen kumulierten Wert (beginnend mit dem Anfangswert) und ein Array-Element.

Betrachten Sie dazu das folgende Beispiel:

```
[1, 7, 2, 9].reduce((accum, current) => accum - current, 0)
```

Dies ergibt:

```
0 - 1 - 7 - 2 - 9 = -19
```

Ohne den Anfangswert wäre das Ergebnis `1 - 7 - 2 - 9`, was jedoch nicht die Differenz aller Elemente ist.

Ist das Array leer, wird der Anfangswert zurückgegeben. Angenommen wir haben die folgende Definition:

```
const sum = arr => arr.reduce((accum, current) => accum + current, 0)
```

Als Summe des leeren Arrays wird dabei `0` zurückgegeben. Ohne Anfangswert löst die Reduzierung eines leeren Arrays dagegen eine Ausnahme aus.

Die Callback-Funktion kann sogar vier Argumente entgegennehmen:

- den kumulierten Wert,
- das aktuelle Array-Element,
- den Index des aktuellen Elements,
- das gesamte Array.

Im folgenden Beispiel erfassen wir die Positionen aller Elemente, die eine bestimmte Bedingung erfüllen:

```
function findAll(arr, condition) {
  return arr.reduce((accum, current, currentIndex) =>
    condition(current) ? [...accum, currentIndex] : accum, [])
}
```

```
const odds = findAll([1, 7, 2, 9], x => x % 2 !== 0)
  // [0, 1, 3], die Positionen aller ungeraden Elemente
```

Die Methode `reduceRight` beginnt am Ende des Arrays und durchläuft die Elemente in umgekehrter Reihenfolge:

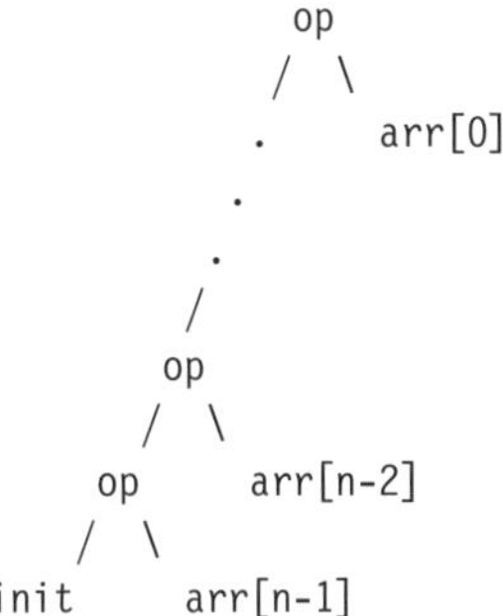

Betrachten Sie folgendes Beispiel:

```
[1, 2, 3, 4].reduceRight((x, y) => [x, y], [])
```

Dies ergibt:

```
[[[[[], 4], 3], 2], 1]
```

Hinweis

Die Reduzierung von rechts in JavaScript ähnelt der rechten Faltung in Lisp-ähnlichen Sprachen, allerdings mit umgekehrter Reihenfolge der Operanden.

Die Reduzierung kann anstelle einer Schleife eingesetzt werden. Angenommen wir wollen die Häufigkeit der Buchstaben in einem String zählen. Eine Möglichkeit dazu besteht darin, jeden Buchstaben aufzusuchen und dabei jeweils ein Objekt zu aktualisieren:

```
const freq = {}
for (const c of 'Mississippi') {
  if (c in freq) {
    freq[c]++
  } else {
    freq[c] = 1
  }
}
```

Es gibt jedoch noch eine andere Möglichkeit, um dieses Problem anzugehen: Sie können in jedem Schritt die Häufigkeits-Map mit dem neuen Buchstaben kombinieren, was eine neue Häufigkeits-Map ergibt. Bei diesem Vorgang handelt es sich um eine Reduzierung:

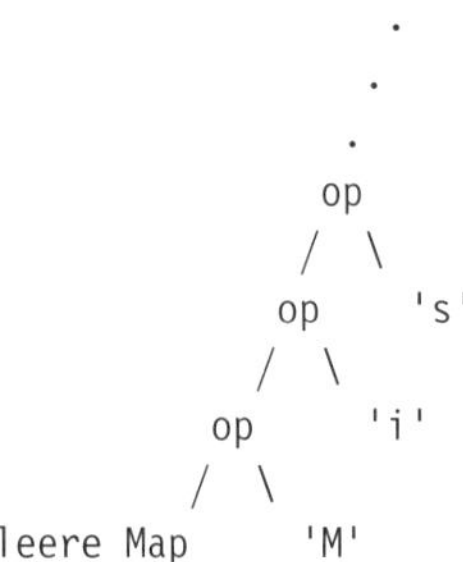

Was für eine Operation ist `op` in diesem Fall? Der linke Operand ist die teilweise gefüllte Häufigkeits-Map, der rechte Operand ist der neue Buchstabe und das Ergebnis die erweiterte Map, die zur Eingabe des nächsten Aufrufs von `op` wird. Das Endergebnis ist eine Map mit allen Häufigkeitswerten. Der Code dafür sieht wie folgt aus:

```
[...'Mississippi'].reduce(
  (freq, c) => ({ ...freq, [c]: (c in freq ? freq[c] + 1 : 1) }),
  {})
```

In der Reduzierfunktion wird ein neues Objekt erstellt. Begonnen wird dabei mit einer Kopie des Objekts `freq`. Anschließend wird der Wert unter dem Schlüssel `c` entweder auf ein Inkrement des vorherigen Wertes gesetzt, falls ein solcher vorhanden war, oder auf `1`. Bei dieser Vorgehensweise wird der Status nicht verändert. Stattdessen wird in jedem Schritt ein neues Objekt berechnet.

Im Prinzip lassen sich alle Schleifen durch einen Aufruf von `reduce` ersetzen. Stellen Sie dazu alle Variablen, die in der Schleife aktualisiert werden, in ein Objekt und definieren Sie eine Operation, die einen Schritt der Schleife implementiert, sodass ein neues Objekt mit den aktualisierten Variablen erstellt wird. Ich behaupte nicht, dass das immer eine gute Idee ist, aber es ist bemerkenswert, dass sich Schleifen auf diese Weise vermeiden lassen.

7.10 Maps

In JavaScript gibt es die Klasse `Map`, die die klassische Datenstruktur einer Map (wörtlich eine Zuordnung oder Abbildung) implementiert: eine Sammlung von Schlüssel-Wert-Paaren. Zwar ist jedes JavaScript-Objekt ohnehin eine Map, aber es bietet doch Vorteile, ausdrücklich die Klasse `Map` zu verwenden:

- Während Objektschlüssel Strings oder Symbole sein müssen, können Map-Schlüssel einen beliebigen Typ aufweisen.
- Eine Map-Instanz merkt sich die Reihenfolge, in der die Elemente eingefügt wurden.
- Im Gegensatz zu Objekten haben Maps keine Prototypkette.
- Mit der Eigenschaft size können Sie die Anzahl der Einträge ermitteln.

Um eine Map zu konstruieren, stellen Sie ein iterierbares Objekt mit Schlüssel-Wert-Paaren der Form [*Schlüssel*, *Wert*] bereit:

```
const weekdays = new Map(
[["Mon", 0], ["Tue", 1], ["Wed", 2], ["Thu", 3], ["Fri", 4], ["Sat", 5],
  ["Sun", 6], ])
```

Es ist auch möglich, eine leere Map zu erstellen und die Einträge später hinzuzufügen:

```
const emptyMap = new Map()
```

Den Konstruktor müssen Sie mit new aufrufen.

Die API ist sehr einfach. Der folgende Aufruf fügt einen Eintrag hinzu:

```
map.set(key, value)
```

Außerdem gibt er die Map zurück, sodass eine Verkettung möglich ist:

```
map.set(key1, value1).set(key2, value2)
```

Um einen Eintrag zu entfernen, verwenden Sie folgenden Aufruf:

```
map.delete(key)
  // Gibt true zurück, wenn der Schlüssel vorhanden war, anderenfalls false
```

Die Methode clear entfernt alle Einträge.

Um zu prüfen, ob ein Schlüssel vorhanden ist, schreiben Sie Folgendes:

```
if (map.has(key)) ...
```

Den Wert zu einem Schlüssel rufen Sie wie folgt ab:

```
const value = map.get(key)
  // Gibt undefined zurück, wenn der Schlüssel nicht vorhanden ist
```

Eine Map ist ein iterierbares Objekt, das Schlüssel-Wert-Paare zurückgibt. Daher können Sie alle Einträge ganz einfach mit einer for-of-Schleife durchlaufen:

```
for (const [key, value] of map) {
  console.log(key, value)
}
```

Alternativ können Sie auch die Methode `forEach` verwenden:

```
map.forEach((value, key) => {
  console.log(key, value)
})
```

Maps werden in der Reihenfolge durchlaufen, in der die Einträge hinzugefügt wurden. Betrachten Sie folgende Map:

```
const weekdays = new Map([['Mon', 0], ['Tue', 1], . . ., ['Sun', 6]])
```

Sowohl die `for-of`-Schleife als auch die Methode `forEach` berücksichtigen die Reihenfolge, in der die Elemente eingefügt wurden.

Hinweis

In Java müssen Sie eine `LinkedHashMap` verwenden, um die Elemente in der Einfügereihenfolge zu durchlaufen. JavaScript merkt sich automatisch die Einfügereihenfolge.

Hinweis

Wie alle Sammlungen in JavaScript haben auch Maps die Methoden `keys`, `values` und `entries`, die Iteratoren über die Schlüssel, die Werte bzw. die Schlüssel-Wert-Paare zurückgeben. Wenn Sie nur die Schlüssel durchlaufen wollen, können Sie auch eine Schleife verwenden:

```
for (const key of map.keys()) ...
```

In Programmiersprachen wie Java und C++ haben Sie die Wahl zwischen Hash-Maps und Baum-Maps und müssen eine Hash- oder Vergleichsfunktion angeben. In JavaScript erhalten Sie immer eine Hash-Map und können die Hash-Funktion nicht auswählen.

Die Hash-Funktion für eine Map in JavaScript ist mit strikter *Schlüsselgleichheit* (`===`) kompatibel. Die einzige Ausnahme besteht darin, dass alle `NaN`-Werte als gleich angesehen werden. Hash-Werte sind von den Werten primitiver Typen oder von Objektreferenzen abgeleitet.

Das ist solange in Ordnung, wie die Schlüssel Strings oder Zahlen sind oder Sie kein Problem damit haben, dass Schlüssel anhand ihrer Identität verglichen werden. Beispielsweise können Sie eine Map verwenden, um Werte mit DOM-Knoten zu verknüpfen. Das ist besser, als Eigenschaften direkt in den Knotenobjekten hinzuzufügen.

Wenn Sie andere Objekte als Schlüssel verwenden, müssen Sie jedoch aufpassen. Verschiedene Objekte sind dabei auch verschiedene Schlüssel, selbst wenn ihre Werte identisch sind:

```
const map = new Map()
const key1 = new Date('1970-01-01T00:00:00.000Z')
const key2 = new Date('1970-01-01T00:00:00.000Z')
map.set(key1, 'Hello')
map.set(key2, 'Epoch') // Jetzt hat map zwei Einträge
```

Wenn das nicht das ist, was Sie erreichen wollen, müssen Sie unterschiedliche Schlüssel verwenden, in diesem Beispiel etwa die Datum-Strings.

7.11 Mengen

Eine Menge (`Set`) ist eine Datenstruktur, in der kein Element doppelt vorkommen kann.

Um eine Menge zu konstruieren, gehen Sie wie folgt vor:

```
const emptySet = new Set()
const setWithElements = new Set(iterable)
```

Dabei dient das iterierbare Objekt `iterable` dazu, die Elemente zu erstellen.

Wie bei Maps gibt die Eigenschaft `size` die Anzahl der Elemente an.

Die API für Mengen ist sogar noch einfacher als die für Maps:

```
set.add(x)
  // Fügt x hinzu, falls es noch nicht vorhanden ist, und gibt die Menge zur
  // Verkettung zurück
set.delete(x)
  // Löscht x und gibt true zurück, wenn x vorhanden ist; anderenfalls wird
  // false zurückgegeben
set.has(x) // Gibt true zurück, wenn x vorhanden ist
set.clear() // Löscht alle Elemente
```

Mit einer `for-of`-Schleife können Sie alle Elemente einer Menge durchlaufen:

```
for (const value of set) {
  console.log(value)
}
```

Alternativ können Sie auch die Methode `forEach` verwenden:

```
set.forEach(value => {
  console.log(value)
})
```

Ebenso wie Maps merken sich auch Mengen die Einfügereihenfolge der Elemente. Angenommen Sie haben die Namen der Wochentage chronologisch geordnet hinzugefügt:

```
const weekdays = new Set(['Mon', 'Tue', 'Wed', 'Thu', 'Fri', 'Sat', 'Sun'])
```

Sowohl die `for-of`-Schleife als auch die Methode `forEach` durchlaufen die Elemente dann in dieser Reihenfolge.

Hinweis

Eine Menge wird als Map von `[value, value]`-Paaren angesehen. Die Methoden `keys` und `values` geben beide einen Iterator über die Werte zurück und `entries` einen Iterator über die `[value, value]`-Paare. Diese Methoden sind für Code zur Behandlung von Sammlungen im Allgemeinen gedacht. Wenn Sie wissen, dass Sie es mit einer Menge zu tun haben, ist es nicht sinnvoll, sie anzuwenden.

Ebenso wie Maps sind auch Mengen in Form von Hash-Tabellen mit einer vordefinierten Hash-Funktion implementiert. Die Elemente einer Menge werden als gleich betrachtet, wenn sie identische Werte eines primitiven Typs oder identische Objektreferenzen sind. Außerdem werden alle `NaN`-Werte als gleich angesehen.

7.12 Schwache Maps und Mengen

Ein wichtiger Verwendungszweck für JavaScript-Maps und -Mengen besteht darin, Eigenschaften mit DOM-Knoten zu verknüpfen. Angenommen wir wollen verschiedene Knoten in Kategorien einteilen, um Erfolg, Fehlschlag oder laufende Arbeit anzuzeigen. Die entsprechenden Eigenschaften können wir direkt in die Knoten aufnehmen:

```
node.outcome = 'success'
```

Das funktioniert zwar im Allgemeinen gut, kann aber gefährlich werden. DOM-Knoten haben viele Eigenschaften, und wenn irgendjemand anderes oder eine zukünftige Version der DOM-API dieselbe Eigenschaft verwendet, haben wir ein Problem.

Sicherer ist es, hier eine Map zu verwenden:

```
const outcome = new Map()
...
outcome.set(node, 'success')
```

DOM-Knoten kommen und gehen. Wenn ein Knoten nicht mehr gebraucht wird, sollte er vom Garbage Collector entfernt werden. Befindet sich aber ein Verweis auf einen Knoten in der Map `outcome`, wird das Knotenobjekt am Leben erhalten.

An dieser Stelle kommen *schwache Maps* ins Spiel. Wenn ein Schlüssel in einer schwachen Map der einzige verbliebene Verweis auf ein Objekt ist, wird das Objekt vom Garbage Collector nicht am Leben erhalten.

Zum Sammeln von Eigenschaften können Sie wie folgt eine schwache Map verwenden:

```
const outcome = new WeakMap()
```

Schwache Maps haben keine Methoden, mit denen sie durchlaufen werden können, und die Map-Objekte sind auch nicht iterierbar. Die einzigen Methoden sind `set`, `delete`, `has` und `get`. Das reicht, um Eigenschaften festzulegen und die Eigenschaften eines gegebenen Objekts zu prüfen.

Wollen Sie eine binäre Eigenschaft überwachen, können Sie eine schwache Menge (`WeakSet`) statt einer schwachen Map verwenden. Die einzigen Methoden sind dabei `set`, `delete` und `has`.

Die Schlüssel schwacher Maps und die Elemente schwacher Mengen können nur Objekte sein, keine Werte primitiver Typen.

7.13 Typisierte Arrays

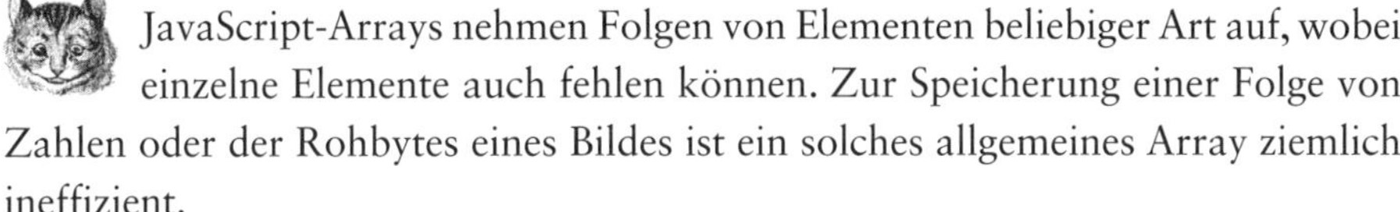

JavaScript-Arrays nehmen Folgen von Elementen beliebiger Art auf, wobei einzelne Elemente auch fehlen können. Zur Speicherung einer Folge von Zahlen oder der Rohbytes eines Bildes ist ein solches allgemeines Array ziemlich ineffizient.

Um Folgen von Zahlen desselben Typs effizient zu speichern, können Sie ein *typisiertes Array* verwenden. Dabei stehen folgende Array-Typen zur Verfügung:

```
Int8Array
Uint8Array
Uint8ClampedArray
Int16Array
Uint16Array
Int32Array
Uint32Array
Float32Array
Float64Array
```

Alle Elemente sind von dem gegebenen Typ. Beispielsweise werden in einem Array vom Typ `Int16Array` nur 16-Bit-Integer aus dem Bereich von –32.768 bis 32.767 gespeichert. Das Präfix `Uint` bezeichnet Integer ohne Vorzeichen. Ein Array vom Typ `UInt16Array` kann Integer von 0 bis 65.535 aufnehmen.

Wenn Sie ein typisiertes Array erstellen, müssen Sie die Länge angeben. Sie können sie später auch nicht ändern.

```
const iarr = new Int32Array(1024)
```

Bei der Konstruktion sind alle Array-Elemente 0.

Es gibt keine Literale für typisierte Arrays, aber jede Klasse für typisierte Arrays verfügt über die Funktion `of`, um eine Instanz mit den gegebenen Werten zu konstruieren:

```
const farr = Float32Array.of(1, 0.5, 0.25, 0.125, 0.0625, 0.03215, 0.015625)
```

Wie bei allgemeinen Arrays gibt es auch hier die Funktion `from`, die Elemente aus einem beliebigen iterierbaren Objekt sowie optional eine Zuordnungsfunktion entgegennimmt:

```
const uarr = Uint32Array.from(farr, x => 1 / x)
  // Ein Uint32Array mit den Elementen [1, 2, 4, 8, 16, 32, 64]
```

Zuweisungen zu einem numerischen Array-Index, bei dem es sich nicht um einen Integer zwischen `0` und `length - 1` handelt, haben keine Auswirkung. Wie bei regulären Arrays können Sie jedoch andere Eigenschaften festlegen:

```
farr[-1] = 2          // Keine Wirkung
farr[0.5] = 1.414214 // Keine Wirkung
farr.lucky = true     // Setzt die Eigenschaft lucky
```

Wenn Sie einem Element eines Integer-Arrays eine Zahl zuweisen, werden jegliche Nachkommastellen verworfen. Die Zahl wird so abgeschnitten, dass sie in den Integer-Bereich passt:

```
iarr[0] = 40000.25 // Setzt iarr[0] auf -25536
```

Nur der Integer-Anteil wird verwendet. Da `40000` aber zu groß für den Bereich der 32-Bit-Integer ist, werden nur die letzten 32 Bits übernommen, was `-25536` ergibt.

Ausgenommen von dieser Abschneideregel ist der Typ `Uint8ClampedArray`. Dabei werden Werte außerhalb des zulässigen Bereichs auf `0` oder `255` gesetzt und nicht ganzzahlige Werte auf den nächsten Integer gerundet.

Der Typ `Uint8ClampedArray` ist zum Einsatz mit HTML-Canvas-Bildern gedacht. Die Methode `getImagaData` eines Canvas-Kontexts gibt ein Objekt zurück, dessen

Eigenschaft `data` ein Array vom Typ `Uint8ClamperedArray` mit den RGBA-Werten eines Rechtecks auf dem Canvas ist:

```
const canvas = document.getElementById('canvas')
const ctx = canvas.getContext('2d')
ctx.drawImage(img, 0, 0)
let imgdata = ctx.getImageData(0, 0, canvas.width, canvas.height)
let rgba = imgdata.data // Ein Uint8ClampedArray
```

Abb. 7–1 *Beim Anklicken wird der Inhalt des Canvas invertiert.*

Der Begleitcode zu diesem Buch enthält ein Beispielprogramm, das den Inhalt des Canvas beim Anklicken invertiert (siehe Abb. 7–1):

```
canvas.addEventListener('click', event => {
  for (let i = 0; i < rgba.length; i++) {
    if (i % 4 != 3) rgba[i] = 255 - rgba[i]
  }
  ctx.putImageData(imgdata, 0, 0)
})
```

Typisierte Arrays verfügen über die gleichen Methoden wie reguläre Arrays. Es fehlen lediglich die folgenden:

- `push`, `pop`, `shift`, `unshift`: Es ist nicht möglich, die Größe eines typisierten Arrays zu ändern.
- `flat`, `flatMap`: Ein typisiertes Array kann keine Arrays enthalten.
- `concat`: Verwenden Sie stattdessen `set`.

Dafür gibt es zwei Methoden, die reguläre Arrays nicht haben. Die Methode `set` kopiert Werte von einem Array oder typisierten Array an eine gegebene Position (`offset`):

```
targetTypedArray.set(source, offset)
```

Der Standardwert für `offset` ist `0`. Die Quelle muss komplett in das Ziel passen. Wenn die Summe aus Position und Quelllänge die Ziellänge übersteigt, wird der Fehler `RangeError` ausgelöst. (Das bedeutet, dass Sie diese Methode nicht verwenden können, um die Elemente eines typisierten Arrays zu verschieben.)

Die Methode `subarray` gibt einen Teilbereich der Elemente zurück:

```
const sub = iarr.subarray(16, 32)
```

Die Standardwerte für den Anfang und das Ende des Bereichs sind `0` bzw. die Länge des Arrays.

Auf den ersten Blick scheint diese Methode mit `slice` identisch zu sein, allerdings gibt es einen wichtigen Unterschied. Das Array und das Teil-Array haben *dieselben* Elemente. Wenn Sie eines dieser Arrays ändern, schlagen sich die Auswirkungen auch in dem anderen nieder:

```
sub[0] = 1024 // Jetzt ist iarr[16] ebenfalls 1024
```

7.14 Array-Puffer

Ein *Array-Puffer* ist eine zusammenhängende Bytefolge, die Daten aus einer Datei, einem Datenstream, einem Image usw. enthalten kann. Auch die Daten von typisierten Arrays werden in Array-Puffern gespeichert.

Verschiedene Web-APIs (darunter die File-API, `XMLHttpRequest` und Web-Sockets) geben Array-Puffer zurück. Auf die folgende Weise können Sie einen Array-Puffer mit einer gegebenen Anzahl von Bytes auch selbst erstellen:

```
const buf = new ArrayBuffer(1024 * 2)
```

Die Binärdaten in einem Array-Puffer haben gewöhnlich eine komplexe Struktur, z.B. die einer Bild- oder Klangdatei. Um sich die enthaltenen Daten anzusehen, verwenden Sie eine Datensicht (`DataView`):

```
const view = new DataView(buf)
```

Mit den `DataView`-Methoden `getInt8`, `getInt16`, `getInt32`, `getUInt8`, `getUInt16`, `getUInt32`, `getFloat32` und `getFloat64` können Sie die Daten an gegebenen Positionen lesen:

```
const littleEndian = true
  // Für die Big-Endian-Bytereihenfolge auf false setzen oder weglassen
const value = view.getUint32(offset, littleEndian)
```

Um Daten zu schreiben, verwenden Sie die Methode set:

```
view.setUint32(offset, newValue, littleEndian)
```

Hinweis

Es gibt zwei Möglichkeiten, um Binärdaten als Folge von Bytes zu speichern, nämlich Big Endian und Little Endian. Betrachten Sie als Beispiel den 16-Bit-Wert 0x2122. Bei Big Endian steht das signifikanteste Bit vorn: 0x21, gefolgt von 0x22. In der Little-Endian-Darstellung ist es umgekehrt: 0x22 0x21.

Die meisten modernen Prozessoren nutzen die Little-Endian-Reihenfolge, aber eine Reihe gängiger Dateiformate (darunter PNG und JPEG) verwenden Big-Endian-Zahlen. Während die Begriffe Big Endian und Little Endian durchaus sinnvolle Umschreibungen der entsprechenden Reihenfolgen sind, stammen sie tatsächlich aus einer satirischen Passage in Jonathan Swifts Roman *Gullivers Reisen*.

Der Puffer eines typisierten Arrays verwendet immer die Bytereihenfolge (also Big oder Little Endian) der Hostplattform. Wenn die gesamten Pufferdaten ein Array bilden und Sie wissen, dass die Bytereihenfolge derjenigen der Hostplattform entspricht, können Sie aus dem Pufferinhalt ein typisiertes Array erstellen:

```
const arr = new Uint16Array(buf) // Ein Array mit 1024 Uint16 aus buf
```

7.15 Übungen

1. Schreiben Sie eine Funktion, die genauso funktioniert wie die Funktion `from` der Klasse `Array`. Achten Sie dabei genau auf fehlende Elemente. Was geschieht bei Objekten mit Schlüsseln, deren numerische Werte größer oder gleich der Eigenschaft `length` sind? Was geschieht mit Eigenschaften, die keine Indexeigenschaften sind?

2. Die Methode `Array.of` wurde für einen ganz bestimmten Zweck entworfen, nämlich um als Sammler an eine Funktion übergeben zu werden, die eine Folge von Werten erzeugt und diese an ein Ziel sendet. Beispielsweise können die Werte dabei ausgegeben, summiert oder in einem Array gesammelt werden. Schreiben Sie eine solche Funktion:

   ```
   mapCollect(values, f, collector)
   ```

   Diese Funktion soll `f` auf alle Werte anwenden und das Ergebnis dann an den Sammler senden, der eine Funktion mit einer variablen Anzahl von Argumenten ist. Geben Sie das Ergebnis des Sammlers zurück.

Welchen Vorteil hat es in diesem Zusammenhang, `Array.of` statt `Array` zu verwenden (also `(...elements) => new Array(...elements)`)?

3. Ein Array kann Eigenschaften haben, deren numerische Werte negative Integer sind, z.B. `'-1'`. Wirkt sich das auf die Länge aus? Wie können Sie solche Eigenschaften geordnet durchlaufen?

4. Suchen Sie im Internet nach »JavaScript forEach thisArg«, um Artikel zu finden, die den Parameter `thisArg` der Methode `forEach` erklären. Schreiben Sie die Beispiele ohne den Parameter `thisArg` um. Bei Aufrufen wie dem folgendem, bei dem `thisArg` gleich `this` ist, ersetzen Sie die Funktion durch eine Pfeilfunktion:

   ```
   arr.forEach(function() { ... this.something() ... }, thisArg)
   ```

   Ersetzen Sie in allen anderen Fällen das innere `this` durch das, was `thisArg` jeweils ist. Bei Aufrufen der folgenden Form verwenden Sie eine Pfeilfunktion, die `thisArg.method(...)` aufruft.

   ```
   arr.forEach(method, thisArg)
   ```

   Können Sie sich eine Situation denken, in der `thisArg` tatsächlich erforderlich ist?

5. Wenn Sie in der Methode `sort` der Klasse `Array` keine Vergleichsfunktion angeben, werden die Elemente in Strings umgewandelt und diese dann als UTF-16-Codeeinheiten lexikografisch verglichen. Warum ist das nicht gut? Geben Sie Arrays aus Integern oder Objekten an, bei denen die Ergebnisse einer solchen Sortierung sinnlos sind. Was geschieht mit Zeichen oberhalb von `\u{FFFF}`?

6. Gegeben sei ein Objekt, das für eine Nachricht steht und Eigenschaften für Datumsangaben und für Absender hat. Sortieren Sie ein Array aus Nachrichten erst nach Datum und dann nach Absender. Vergewissern Sie sich, dass die Methode `sort` stabil ist, dass also Nachrichten vom selben Absender nach der zweiten Sortierung immer noch nach dem Datum sortiert sind.

7. Gegeben sei ein Objekt, das für eine Person steht und Eigenschaften für den Vor- und den Nachnamen hat. Geben Sie eine Vergleichsfunktion für die Sortierung an, die die Nachnamen vergleicht und bei identischen Nachnamen die Vornamen berücksichtigt.

8. Schreiben Sie eine Vergleichsfunktion, die zwei Strings anhand ihrer Unicode-Codepunkte und nicht anhand ihrer UTF-16-Codeeinheiten vergleicht.

9. Schreiben Sie eine Funktion, die alle Positionen eines gegebenen Wertes in einem Array zurückgibt. Beispielsweise soll `indexOf(arr, 0)` alle Array-Indexwerte `i` zurückgeben, an denen `arr[i]` gleich `0` ist. Verwenden Sie `map` und `filter`.

10. Schreiben Sie eine Funktion, die alle Positionen zurückgibt, an denen eine gegebene Funktion `true` ist. Beispielsweise soll `indexOf(arr, x => x > 0)` alle Array-Indexwerte `i` zurückgeben, an denen `arr[i]` positiv ist.

11. Berechnen Sie die Verteilung (also die Differenz zwischen Maximum und Minimum) eines Arrays mithilfe von `reduce`.

12. Gegeben Sei ein Array aus Funktionen `[f1, f2, ... , fn]`. Bestimmen Sie die Kompositionsfunktion `x => f1(f2( ... (fn(x)) ... ))` mithilfe von `reduceRight`.

13. Schreiben Sie die Funktionen `map`, `filter`, `forEach`, `some` und `every` für Mengen.

14. Schreiben Sie die Funktionen `union(set1, set2)`, `intersection(set1, set2)` und `difference(set1, set2)`, die die Vereinigungs-, die Schnitt- und die Differenzmenge zweier Mengen zurückgeben, ohne die Argumente zu verändern.

15. Schreiben Sie eine Funktion, die aus einem Objekt eine Map erstellt, sodass Sie eine Map ganz einfach als `toMap({ Monday: 1, Tuesday: 2, ... })` konstruieren können.

16. Gegeben sei eine Map, deren Schlüssel Punktobjekte der Form `{ x:..., y:... }` sind. Was kann bei Abfragen wie `map.get({ x: 0, y:0 })` schiefgehen? Wie können Sie dieses Problem lösen?

17. Zeigen Sie, dass schwache Mengen tatsächlich wie erwartet funktionieren. Starten Sie Node.js mit dem Flag `--expose-gc` und rufen Sie `process.memoryUsage()` auf, um herauszufinden, wie viel von dem Heap verwendet wird. Weisen Sie dann ein Objekt zu:

    ```
    let fred = { name: 'Fred', image: new Int8Array(1024*1024) }
    ```

    Prüfen Sie nach, ob die Nutzung des Heaps tatsächlich um etwa ein Megabyte zugenommen hat. Setzen Sie `fred` auf `null`, rufen Sie `global.gc()` auf, um den Garbage Collector auszuführen, und vergewissern Sie sich, dass das Objekt entfernt wurde. Wiederholen Sie den Vorgang nun, fügen Sie das Objekt dabei aber in eine schwache Menge ein. Vergewissern Sie sich, dass die schwache Menge eine Garbage Collection des Objekts zulässt. Wiederholen Sie den Vorgang mit einer regulären Menge und zeigen Sie, dass das Objekt nicht vom Garbage Collector erfasst wird.

18. Schreiben Sie eine Funktion, um die Bytereihenfolge der Hostplattform zu ermitteln. Schreiben Sie einen Array-Puffer und betrachten Sie ihn sowohl als Datensicht als auch als typisiertes Array.

8 Internationalisierung

Die Welt ist groß und es steht zu hoffen, dass sich viele ihrer Bewohner für Ihre Software interessieren. Manche Programmierer glauben, sie müssten lediglich Unicode unterstützen und die Benutzeroberfläche übersetzen, um ihre Anwendungen zu internationalisieren. Wie wir noch sehen werden, ist in Wirklichkeit jedoch viel mehr zu tun. Datums- und Uhrzeitangaben, Währungen und sogar Zahlen werden in den verschiedenen Teilen der Welt unterschiedlich formatiert. In diesem Kapitel erfahren Sie, wie Sie mit den Internationalisierungsmerkmalen von JavaScript dafür sorgen, dass Ihre Programme Informationen auf eine Weise ausgeben und annehmen, die für die Benutzer unabhängig davon, wo sie sich befinden, sinnvoll ist.

8.1 Gebietsschemata

Wenn Sie sich eine Anwendung anschauen, die für ein internationales Publikum angepasst wurde, fällt Ihnen als Erstes die Sprache auf. Es gibt jedoch auch viele deutlich feinere Unterschiede. Beispielsweise werden Zahlen je nach Land unterschiedlich formatiert. Betrachten Sie eine Zahl wie die folgende:

```
123.456,78
```

Für englischsprachige Leser muss sie dagegen wie folgt angezeigt werden:

```
123,456.78
```

Die Rollen von Tausendertrennpunkt und Dezimalkomma sind also vertauscht. In anderen Ländern werden sogar ganz andere Ziffern verwendet. In Thai sieht dieselbe Zahl wie folgt aus:

```
๑๒๓
```

Auch bei Datumsangaben gibt es Unterschiede. In den USA werden Datumsangaben in der Form Monat/Tag/Jahr verwendet, während in Deutschland die weniger eigenwillige Form Tag.Monat.Jahr bevorzugt wird. In China schreibt man noch logischer Jahr/Monat/Tag. Ein Datum wie:

```
22.03.1961
```

muss für amerikanischer Benutzer also wie folgt dargestellt werden:

```
3/22/61
```

Werden die Monatsnamen ausgeschrieben, erscheinen die Unterschiede noch deutlicher. Das Datum

```
22. März 1961
```

wird im amerikanischen Englisch zu

```
March 22, 1961
```

und in Chinesisch zu

```
1961年月22日
```

Ein *Gebietsschema* (*locale*) bezeichnet Sprache und Standort des Benutzers, sodass Formatierer die lokalen Besonderheiten berücksichtigen können. Im folgenden Abschnitt erfahren Sie, wie Sie ein Gebietsschema angeben und die Einstellungen für Gebietsschemata in einem JavaScript-Programm steuern.

8.2 Ein Gebietsschema angeben

Ein Gebietsschema kann aus bis zu fünf Teilen bestehen:

1. die Sprache, angegeben durch zwei oder drei Kleinbuchstaben, z.B. `de` für Deutsch, `en` für Englisch oder `zh` für Chinesisch. Tabelle 8–1 zeigt gebräuchliche Codes hierfür.
2. optional die Schrift, angegeben durch vier Buchstaben, von denen der erste ein Großbuchstabe ist, z.B. `Latn` für Lateinisch, `Cyrl` für Kyrillisch oder `Hans` für vereinfachtes Chinesisch. Das ist bei Sprachen wie Serbisch sinnvoll, die sowohl in lateinischen als auch kyrillischen Buchstaben geschrieben werden können, sowie bei Chinesisch, da manche Leser lieber die traditionellen als die vereinfachten Schriftzeichen benutzen.
3. optional das Land oder die Region, angegeben durch zwei Großbuchstaben oder drei Ziffern, z.B. `US` für die USA oder `CH` für die Schweiz. Gebräuchliche Ländercodes sind in Tabelle 8–2 zu finden.
4. optional die Sprachvariante, was aber nur noch selten genutzt wird. Es gab zwar eine Variante für die Nynorsk-Form des Norwegischen, die heute aber durch einen anderen Sprachcode (`nn`) ausgedrückt wird. Die ehemaligen Varianten für den kaiserlichen japanischen Kalender und Thai-Ziffern werden jetzt durch Erweiterungen (siehe Punkt 5) ausgedrückt.
5. optional eine Erweiterung. Solche Erweiterungen beschreiben örtliche Vorlieben für Kalender (z.B. den japanischen Kalender), Ziffern (Thai-Ziffern statt arabischer) usw. Im Unicode-Standard sind einige dieser Erweiterungen spezifiziert. Sie beginnen mit `u-`, gefolgt von einem zweibuchstabigen Code für die Angabe, ob es um Kalenderdaten (`ca`), Ziffern (`nu`) und so weiter geht. Beispielsweise gibt die Erweiterung `u-nu-thai` an, dass Thai-Ziffern verwendet werden sollen. Daneben gibt es noch völlig willkürliche Erweiterungen, die mit `x-` beginnen, z.B. `x-java`.

Sprache	Code
Chinesisch	`zh`
Dänisch	`da`
Englisch	`en`
Finnisch	`fi`
Französisch	`fr`
Italienisch	`it`
Japanisch	`ja`

→

Sprache	Code
Koreanisch	ko
Niederländisch	du
Norwegisch	no
Portugiesisch	pt
Schwedisch	sv
Spanisch	es
Türkisch	tr

Tab. 8–1 *Häufig verwendete Sprachcodes*

Land	Code
Belgien	BE
China	CN
Dänemark	DK
Deutschland	DE
Finnland	FI
Griechenland	GR
Großbritannien	GB
Irland	IE
Italien	IT
Japan	JP
Kanada	CA
Korea	KR
Niederlande	NL
Norwegen	NO
Österreich	AT
Portugal	PT
Schweden	SE
Schweiz	CH
Spanien	ES
Taiwan	TW
Türkei	TR
USA	US

Tab. 8–2 *Häufig verwendete Ländercodes*

Die Regeln für Gebietsschemata sind im Memorandum BCP 47 für aktuelle empfohlene Vorgehensweisen der Internet Engineering Task Force festgehalten (`http://tools.ietf.org/html/bcp47`). Eine leicht verständliche Übersicht finden Sie auf `www.w3.org/International/articles/language-tags`.

> **Hinweis**
>
> Die Codes für einige Sprachen und Länder mögen etwas willkürlich wirken, da sie aus der örtlichen Sprache stammen. So wird die chinesische Sprache in Chinesisch *zhongwen* genannt. Deshalb wird das Kürzel `zh` verwendet. Der Code `CH` für die Schweiz kommt von der lateinischen Bezeichnung *Confoederatio Helvetica* für die Schweizer Konföderation.

Gebietsschemata werden durch Tags bezeichnet. Dabei handelt es sich um Strings, in denen die einzelnen Elemente durch Bindestriche verkettet sind, z.B. `'en-US'`.

Für Deutschland verwenden wir das Gebietsschema `'de-DE'`. Da es in der Schweiz vier offizielle Landessprachen gibt, nämlich Deutsch, Französisch, Italienisch und Rätoromanisch, muss ein deutschsprachiger Benutzer in der Schweiz das Gebietsschema `'de-CH'` verwenden. Dabei werden die Regeln für die deutsche Sprache benutzt, Währungsangaben aber in Schweizer Franken statt in Euro ausgedrückt.

Die Gebietsschema-Tags werden an gebietsschemaabhängige Funktionen übergeben:

```
const newYearsEve = new Date(1999, 11, 31, 23, 59)
newYearsEve.toLocaleString('de')
  // Gibt den String '31.12.1999 23:59:00' zurück
```

Statt eines einzelnen Gebietsschema-Tags können Sie auch ein Array übergeben, in dem mehrere Schemata nach sinkender Priorität geordnet sind, etwa `['de-CH', 'de', 'en']`. Bei der Angabe eines solchen Arrays hat eine gebietsschemaabhängige Methode die Möglichkeit, auf ein anderes Gebietsschema zurückzugreifen, wenn sie das bevorzugte nicht unterstützen kann.

Zusätzliche Optionen können in einem Objekt angegeben werden, das auf das Gebietsschema-Tag folgt:

```
newYearsEve.toLocaleString('de', { timeZone: 'Asia/Tokyo' })
  // Das Datum der genannten Zeitzone, dargestellt wie in dem angegebenen
  // Gebietsschema, hier also in der Form '1.1.2000, 07:59:00'
```

Wenn Sie das Gebietsschema und die Optionen weglassen, wird das Standardgebietsschema ohne Optionen verwendet. Um das Standardgebietsschema zu nutzen, aber zusätzliche Optionen zu verlangen, geben Sie statt des Gebietsschemas ein leeres Array an:

```
newYearsEve.toLocaleString([], { timeZone: 'Asia/Tokyo' })
```

Hinweis

Die Methode toLocaleString ist in der Klasse Object definiert. Sie können sie aber in jeder Klasse überschreiben (siehe Übung 1).

8.3 Zahlenformatierung

Um Zahlen zu formatieren, rufen Sie die Methode toLocaleString der Klasse Number auf und übergeben das Gebietsschema-Tag als Argument:

```
let number = 123456.78
let result = number.toLocaleString('de') // '123.456,78'
```

Alternativ können Sie eine Instanz der Klasse Intl.NumberFormat bilden und deren format-Methode aufrufen:

```
let formatter = new Intl.NumberFormat('de')
result = formatter.format(number) // '123.456,78'
```

In dem eher unwahrscheinlichen Fall, dass Sie ein solches Ergebnis weiteranalysieren müssen, können Sie sich von der Methode formatToParts ein Array der einzelnen Bestandteile zurückgeben lassen. Beispielsweise ergibt formatter.formatToparts(number) das folgende Array:

```
[ { type: 'integer', value: '123' },
  { type: 'group', value: '.' },
  { type: 'integer', value: '456' },
  { type: 'decimal', value: ',' },
  { type: 'fraction', value: '78' } ]
```

Bei allen gebietsschemaabhängigen Methoden ist es gut zu wissen, welche Gebietsschema-Erweiterungen und welche Optionen sie unterstützen. Tabelle 8–3 zeigt dies für die Methode toLocaleString der Klasse Number und für die Methode format der Klasse Intl.NumberFormat.

Gebietsschema-Erweiterungen beginnen mit dem Präfix u. Die Methode format erkennt die Erweiterung u-nu:

```
number.toLocaleString('th-u-nu-thai')
new Intl.NumberFormat('th-u-nu-thai').format(number)
  // Beide geben '๑๒๓,๔๕๖.๗๘' zurück
```

Die Optionen werden als zweites Argument hinter dem Gebietsschema-Tag angegeben:

```
number.toLocaleString('de', { style: 'currency', currency: 'EUR' })
formatter = new Intl.NumberFormat('de', { style: 'currency', currency: 'EUR'
})
formatter.format(number)
  // Beide geben '123.456,78 €' zurück
```

Wie Sie sehen, ist es sinnvoll, ein Formatierer-Objekt zu erstellen, wenn Sie wiederholt komplizierte Formatierungen durchführen müssen.

In Übung 2 werden Sie sich eingehender mit verschiedenen Optionen beschäftigen.

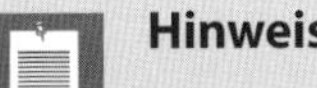

Hinweis

Ein Vorschlag der Stufe 3 fügt weitere Optionen für Maßeinheiten (`'299,792,458 m/s'`), wissenschaftliche Notation (`'6.022E23'`) und kompakte Schreibweisen großer Dezimalzahlen (`'8.1 billion'`) hinzu.

Vorsicht

Leider gibt es zurzeit keine Standardvorgehensweise, um lokalisierte Zahlen mit Gruppierungszeichen oder anderen Ziffern als 0 bis 9 zu analysieren.

Name	Wert
Erweiterungen	
nu (Nummerierung)	`latn`, `arab`, `thai`, ...
Optionen	
`style`	`decimal` (Standard), `currency`, `percent`
`currency`	Währungscode nach ISO 4217, z. B. EUR oder USD. Für den Stil `currency` erforderlich.
`currencyDisplay`	`symbol` (€, Standard), `code` (EUR), `name` (Euro)
`useGrouping`	`true` (Standard) zur Verwendung von Gruppierungszeichen
`minimumIntegerDigits`, `minimumFractionDigits`, `maximumFractionDigits`, `minimumSignificantDigits`, `maximumSignificantDigits`	Gilt für die Ziffern vor bzw. hinter dem Dezimaltrennzeichen bzw. die Gesamtzahl der Stellen.

Tab. 8–3 *Konfiguration von* `toLocaleString` *für Zahlen und des Konstruktors* `Intl.NumberFormat`

8.4 Datum und Uhrzeit

Bei der Formatierung von Datums- und Uhrzeitangaben gibt es viele Eigenheiten der Gebietsschemata zu berücksichtigen:

1. Die Namen der Monate und Wochentage sollten in der örtlichen Sprache angegeben werden.
2. Es gibt örtliche Vorlieben für die Reihenfolge von Jahr, Monat und Tag.
3. Unter Umständen wird in dem Gebietsschema nicht der gregorianische Kalender verwendet.
4. Die Zeitzone muss berücksichtigt werden.

In den folgenden Abschnitten sehen wir uns an, wie `Date`-Objekte, Datumsbereiche und relative Kalenderdaten (also z. B. »in drei Tagen«) lokalisiert werden.

8.4.1 Date-Objekte formatieren

Bei einem `Date`-Objekt können Sie den Datums- oder den Uhrzeitteil oder beide formatieren:

```
const newYearsEve = new Date(1999, 11, 31, 23, 59)
newYearsEve.toLocaleDateString('de') // '31.12.1999'
newYearsEve.toLocaleTimeString('de') // '23:59:00'
newYearsEve.toLocaleString('de') // '31.12.1999, 23:59:00'
```

Wie bei der Zahlenformatierung können Sie auch hier einen Formatierer für ein gegebenes Gebietsschema konstruieren und dessen `format`-Methode aufrufen:

```
const germanDateTimeFormatter = new Intl.DateTimeFormat('de')
germanDateTimeFormatter.format(newYearsEve) // '31.12.1999'
```

Mit Optionen können Sie festlegen, wie die einzelnen Teile formatiert werden sollen:

```
newYearsEve.toLocaleDateString('en', {
  year: 'numeric',
  month: 'short',
  day: 'numeric',
}) // 'Dec 31, 1999'

new Intl.DateTimeFormat('de', {
  hour: 'numeric',
  minute: '2-digit'
}).format(newYearsEve) // '23:59'
```

Diese Vorgehensweise ist nicht nur mühselig, sondern auch unlogisch, denn schließlich ist die Formatierung der einzelnen Teile und auch die Angabe, welche Teile eingeschlossen werden sollen, eine gebietsschemaabhängige Einstellung. Die ECMAScript-Spezifikation beschreibt einen langwierigen Algorithmus, um das geforderte Format an eines anzupassen, das für das gegebene Gebietsschema sinnvoll ist. Außerdem legt sie die Option `formatMatcher` fest, mit der Sie zwischen diesem Spezifizierungsalgorithmus und einem möglicherweise besseren wählen können. Diese komplizierte Vorgehensweise hätte den Verantwortlichen schon zeigen sollen, dass sie auf dem Holzweg sind. Es gibt auch bereits einen Vorschlag der Stufe 3, um dieses Durcheinander aufzulösen. Dabei geben Sie an, welchen Stil Sie für die Datums- und die Uhrzeitangabe haben wollen (`full`, `long`, `medium` oder `short`), woraufhin der Formatierer dann die für das Gebietsschema geeigneten Felder und Formate auswählt:

```
newYearsEve.toLocaleDateString('en', { dateStyle: 'medium' })
  // 'Dec 31, 1999'
newYearsEve.toLocaleDateString('de', { dateStyle: 'medium' })
  // '31.12.1999'
```

Tabelle 8–4 zeigt alle Erweiterungen und Optionen für Gebietsschema-Tags.

Name	Wert
Erweiterungen	
nu (Nummerierung)	`latn`, `arab`, `thai`
ca (Kalender)	`gregory`, `hebrew`, `buddhist` ...
hc (Stundenzählung)	`h11`, `h12`, `h23`, `h24`
Optionen	
`timeZone`	`UTC`, `Europe/Berlin` ... (Standard: Ortszeit)
`dateStyle`, `timeStyle` (Stufe 3)	`full`, `long`, `medium`, `short`. Wenn Sie diese Optionen nutzen können, sollten Sie die nachfolgenden vermeiden!
`hour12`	`true`, `false` (Gibt an, ob die 12-Stunden-Uhr verwendet werden soll; der Standardwert hängt vom Gebietsschema ab.)
`hourCycle`	`h11`, `h12`, `h23`, `h24`
`month`	`2-digit` (09), `numeric` (9), `narrow` (S), `short` (Sep), `long` (September)
`year`, `day`, `hour`, `minute`, `second`	`2-digit`, `numeric`
`weekday`, `era`	`long`, `short`, `narrow`
`timeZoneName`	`short` (GMT+9), `long` (Japan Standard Time)
`formatMatcher`	`basic` (ein Standardalgorithmus, um das angeforderte Format mit denen zu vergleichen, die vom Gebietsschema bereitgestellt werden), `best fit` (Standardwert, eine möglicherweise bessere Implementierung durch die JavaScript-Laufzeit)

Tab. 8–4 *Formatierungsoptionen für Datums- und Uhrzeitangaben*

8.4.2 Datumsbereiche

Die Methode `formatRange` der Klasse `Intl.DateTimeFormat` formatiert den Bereich zwischen zwei Datumsangaben so knapp wie möglich:

```
const newYearsDay = new Date(2000, 0, 1)
const formatter = new Intl.DateTimeFormat('en', { dateStyle: 'long' })
formatter.formatRange(christmas, newYearsEve) // 'December 24 – 31, 1999'
formatter.formatRange(newYearsEve, newYearsDay) // 'December 31, 1999 – January 1, 2000'
```

8.4.3 Relative Zeitangaben

Die Klasse `Intl.RelativeTimeFormat` generiert Ausdrücke wie gestern oder in 3 Stunden:

```
new Intl.RelativeTimeFormat('en', { numeric: 'auto'}).format(-1, 'day')
  // 'yesterday'
new Intl.RelativeTimeFormat('fr').format(3, 'hours') // 'dans 3 heures'
```

Die Methode `format` nimmt zwei Argumente entgegen, nämlich einen Wert und eine Einheit. Mögliche Einheiten sind dabei `year`, `quarter`, `month`, `week`, `day`, `hour`, `minute` und `second`. Auch Pluralformen wie `years` werden akzeptiert.

Außerdem können Sie die folgenden Optionen angeben:

- `numeric`: `always` (Standardeinstellung, ergibt Ausdrücke wie vor 1 Tag), `auto` (gestern)
- `style`: `long`, `short`, `narrow`

8.4.4 Zerlegung in Teilangaben

Wie die Zahlenformatierer verfügen auch die Klassen `Intl.DateTimeFormat` und `Intl.RelativeTimeFormat` über `formatToParts`-Methoden, die Arrays aus Objekten mit den einzelnen Teilen des formatierten Ergebnisses zurückgeben. Betrachten Sie zum Beispiel den folgenden Aufruf:

```
new Intl.RelativeTimeFormat('fr').formatToParts(3, 'hours')
```

Er gibt das folgende Array zurück:

```
[
  { type: 'literal', value: 'dans '},
  { type: 'integer', value: '3', unit: 'hour' },
  { type: 'literal', value: ' heures'}
]
```

Der folgende Aufruf gibt ein Array mit elf Einträgen zurück, die die einzelnen Teile des Strings `'December 31, 1999 at 11:59 PM'` beschreiben:

```
Intl.DateTimeFormat('en',
  {
    dateStyle: 'long',
    timeStyle: 'short'
  }).formatToParts(newYearsEve)
```

Dieses Array sieht wie folgt aus:

```
{ type: 'month', value: 'December' },
{ type: 'literal', value: ' ' },
{ type: 'day', value: '31' },
```

usw.

8.5 Sortierung

In JavaScript können Sie Strings mit den Operatoren <, <=, > und >= vergleichen. Leider sind diese Operatoren zur Präsentation von Daten für menschliche Benutzer unbrauchbar, da sie selbst in Englisch zu absurden Ergebnissen führen. Beispielsweise sind die folgenden fünf Strings mithilfe des Operators < sortiert worden:

```
Athens
Zulu
able
zebra
Ångström
```

Für eine wörterbuchgerechte Sortierung sollten Groß- und Kleinbuchstaben als gleichwertig betrachtet und diakritische Zeichen nicht berücksichtigt werden. Für deutsch- und englischsprachige Benutzer sollten die fünf Wörter daher wie folgt sortiert werden:

```
able
Ångström
Athens
zebra
Zulu
```

Für schwedische Benutzer ist eine solche Reihenfolge aber nicht akzeptabel, da das Å in dieser Sprache ein ganz anderer Buchstabe als das A ist und *hinter* Z eingeordnet wird! Schwedische Benutzer möchte daher folgende Sortierung sehen:

```
able
Athens
zebra
Zulu
Ångström
```

Wenn Sie Strings zur Anzeige für menschliche Benutzer sortieren wollen, müssen Sie daher immer einen gebietsschemaabhängigen Vergleich durchführen.

Die einfachste Möglichkeit bietet die Methode `localeCompare` der Klasse `String`, der Sie das Gebietsschema als zweites Argument übergeben:

```
const words = ['Alpha', 'Ångström', 'Zulu', 'able', 'zebra']
words.sort((x, y) => x.localeCompare(y, 'en'))
  // words ist jetzt ['able', 'Alpha', 'Ångström', 'zebra', 'Zulu']
```

Alternativ können Sie auch ein Sortiererobjekt (`Collator`) erstellen:

```
const swedishCollator = new Intl.Collator('sv')
```

Übergeben Sie dann die `compare`-Funktion des Sortierers an die Methode `Array.sort`:

```
words.sort(swedishCollator.compare)
  // words ist jetzt ['able', 'Alpha', 'zebra', 'Zulu', 'Ångström']
```

Tabelle 8–5 zeigt die Erweiterungen und Optionen, die die Methode `localeCompare` und der Konstruktor `Intl.Collator` unterstützen.

Eine praktische Erweiterung ist die numerische Sortierung, wobei numerische Teil-Strings in aufsteigender Reihenfolge sortiert werden:

```
const parts = ['part1', 'part10', 'part2', 'part9']
parts.sort((x, y) => x.localeCompare(y, 'en-u-kn-true'))
  // parts ist jetzt ['part1', 'part2', 'part9', 'part10']
```

Viele der anderen Konstrukte sind nur von begrenztem Nutzen. Beispielsweise wird in deutschen Telefonbüchern anders als in Wörterbüchern das Ö als Oe sortiert. Beim folgenden Aufruf wird das gegebene Array daher nicht verändert:

```
['Österreich', 'Offenbach'].sort((x, y) => x.localeCompare(y,
  'de-u-co-phonebk'))
```

Name	Wert
Erweiterungen	
`co` (Sortierung)	`phonebook`, `phonetic`, `reformed`, `pinyin` ...
`kn` (numerische Sortierung)	`true ('1' < '2' < '10')`, `false` (Standardeinstellung)
`kf` (erst Unterscheidung nach Groß- und Kleinbuchstaben)	`upper`, `lower`, `false` (Standardeinstellung)
Optionen	
`sensitivity`	`base` (a = A = Å), `accent` (a = A ≠ Å), `case` (a ≠ A = Å), `variant` (a, A, Å werden als unterschiedliche Buchstaben gewertet (Standardeinstellung).
`ignorePunctuation`	`true`, `false` (Standardeinstellung)
`numeric`, `caseFirst`	`true`, `false` (Standardeinstellung – siehe `kn` und `kf` weiter oben)
`usage`	`sort` (zur Sortierung, Standardeinstellung), `search` (zum Suchen, wobei es nur auf Gleichheit ankommt)

Tab. 8–5 *String-Sortierung mit* `localeCompare` *und dem Konstruktor* `Intl.Collator`

8.6 Weitere gebietsschemaabhängige String-Methoden

Die Klasse `String` enthält mehrere Methoden, die das Gebietsschema berücksichtigen. Davon haben Sie die Methode `localeCompare` bereits im vorigen Abschnitt kennengelernt. Auch die Methoden `toLocaleUpperCase` und `toLocaleLowerCase` berücksichtigen die Regeln der örtlichen Sprache. Beispielsweise wird im Deutschen als Großbuchstabe für das ß ein Doppel-S verwendet:

```
'Großhändler'.toLocaleUpperCase('de') // 'GROSSHÄNDLER'
```

Die Methode `localeCompare` akzeptiert ebenso wie der Konstruktor `Intl.Collator` aus dem vorherigen Abschnitt Optionen. So gibt der folgende Vergleich eine positive Zahl zurück, da `'part10'` beim numerischen Vergleich hinter `'part2'` sortiert wird:

```
'part10'.localeCompare('part2', 'en', { numeric: true })
```

In Unicode kann ein Zeichen oder eine Zeichenfolge auf mehrere Weisen ausgedrückt werden. Beispielsweise kann das Å (`\u{00C5}`) auch als einfaches A (`\u{0041}`), gefolgt von einem verknüpfenden oberen Ring ◌̊ (`\u{030A}`), dargestellt werden.

Wenn Sie Strings speichern oder einem anderen Programm übergeben, kann es sinnvoll sein, sie in eine normalisierte Form umzuwandeln. Der Unicode-Standard definiert vier solcher normalisierter Formen, nämlich C, D, KC und KD (siehe www.unicode.org/unicode/reports/tr15/tr15-23.html). In Form C werden Buchstaben mit diakritischen Zeichen stets zusammengesetzt. Beispielsweise wird ein A, gefolgt vom ◌̊, zu dem einzelnen Buchstaben Å kombiniert. In Form D dagegen werden solche kombinierten Buchstaben immer in den Grundbuchstaben und das diakritische Zeichen zerlegt: Aus einem Å wird hier ein A, gefolgt vom ◌̊. In den Formen KC und KD werden Zeichen wie das Trademark-Symbol ™ (\u{2122}) zerlegt. Das W3C empfiehlt, zur Übertragung von Daten über das Internet die Form C zu verwenden.

Eine solche Normalisierung können Sie mithilfe der Methode normalize der Klasse String vornehmen. Probieren wir das mit allen vier Formen aus. Für jede Form teilen wir das Ergebnis des Aufrufs von normalize auf, sodass Sie die einzelnen Zeichen gut erkennen können:

```
const str = 'Å™'
['NFC', 'NFD', 'NFKC', 'NFKD'].map(mode => [...str.normalize(mode)])
  // Gibt ['Å', '™'], ['A', '°', '™'], ['Å', 'T', 'M'], ['A', '°', 'T', 'M']
  // zurück
```

8.7 Pluralregeln und Listen

In vielen Sprachen gibt es Sonderformen für kleine Mengen. Im Englischen wird 0 dollars, 1 dollar, 2 dollars, 3 dollars usw. gezählt. Für die Menge 1 gibt es also eine Sonderform.

Wenn Sie russische Rubel zählen, wird es noch komplizierter, denn dabei gibt es Sonderformen für eins und für ein paar: 0 рублей, 1 рубль, 2, 3 oder 4 рубля. Ab 5 heißt es wieder рублей.

Diese Regeln müssen Sie kennen, wenn Sie Meldungen wie »*n* Übereinstimmungen gefunden« formatieren wollen.

Dabei hilft Ihnen die Klasse Intl.PluralRules. Die Methode select gibt einen Schlüssel zurück, der beschreibt, welche Wortform für eine gegebene Menge benötigt wird. Die Ergebnisse für Englisch und Russisch sehen wie folgt aus:

```
[0, 1, 2, 3, 4, 5].map(i => (new Intl.PluralRules('en').select(i)))
  // ['other', 'one', 'other', 'other', 'other', 'other']

[0, 1, 2, 3, 4, 5].map(i => (new Intl.PluralRules('ru').select(i)))
  // ['many', 'one', 'few', 'few', 'few', 'many']
```

Die Klasse PluralRules gibt die Bezeichnungen der jeweiligen Formen in Englisch aus, die anschließend auf die Wortformen in der örtlichen Sprache abgebildet werden müssen. Stellen Sie dazu für jede Sprache eine Map bereit:

```
dollars = { one: 'dollar', other: 'dollars' }
rubles = { one: 'рубль', few: 'рубля', many: 'рублей' }
```

Nun können Sie Folgendes aufrufen:

```
dollars[new Intl.PluralRules('en').select(i)]
rubles[new Intl.PluralRules('ru').select(i)]
```

Die Methode `select` hat nur eine Option:

- `type`: `cardinal` (Standardwert), `ordinal`

Probieren wir das mit englischen Ordnungszahlen aus:

```
const rules = new Intl.PluralRules('en', { type: 'ordinal' })
[0, 1, 2, 3, 4, 5].map(i => rules.select(i))
  // ['other', 'one', 'two', 'few', 'other', 'other']
```

Was bedeutet das? Es stellt sich heraus, dass Englisch nicht einfacher ist als Russisch: Die englischen Ordnungszahlen sind 0th, 1st, 2nd, 3rd, 4th, 5th usw.

Die Klasse `Intl.listFormat` hilft bei der Formatierung von Wertelisten. Das lässt sich am einfachsten anhand eines Beispiels zeigen:

```
let list = ['Goethe', 'Schiller', 'Lessing']
new Intl.ListFormat('en', { type: 'conjunction' }).format(list)
  // Gibt den String 'Goethe, Schiller, and Lessing' zurück
```

Wie Sie sehen, kennt die Methode `format` sowohl die Konjunktion and als auch das sogenannte Oxford-Komma (das Komma vor and).

Beim Typ `'disjunction'` werden die Elemente mit or verknüpft. In Deutsch ergibt sich dabei Folgendes:

```
new Intl.ListFormat('de', { type: 'disjunction' }).format(list)
  // 'Goethe, Schiller oder Lessing'
```

Die Methode `format` bietet die folgenden Optionen:

- `type`: `conjunction` (Standardeinstellung), `disjunction`, `unit`
- `style`: `long` (Standardeinstellung), `short`, `narrow` (nur beim Typ `unit`)

Der Typ `unit` ist für Listen mit Maßangaben wie 7 pounds 11 ounces zuständig. Bei den Stilen `long` und `short` gibt der Formatierer in Englisch dabei leider Kommata aus:

```
list = ['7 pounds', '11 ounces']
new Intl.ListFormat('en', { type: 'unit', style: 'long' }).format(list)
  // '7 pounds, 11 ounces
```

Das widerspricht den Vorgaben bekannter englischer Stilhandbücher wie dem Chicago Manual of Style oder dem Associated Press Stylebook.

8.8 Verschiedene gebietsschemaabhängige Merkmale

In modernen Browsern ist die Eigenschaft `navigator.languages` ein Array der bevorzugten Gebietsschema-Tags des Benutzers, geordnet nach sinkender Priorität. Der Wert `navigator.language` ist dabei das vorrangige Gebietsschema-Tag, identisch mit `navigator.language[0]`. Browser verwenden gewöhnlich das Gebietsschema des Hostbetriebssystems, sofern der Benutzer in den Spracheinstellungen des Browsers nicht etwas anderes angegeben hat.

Die Eigenschaft `navigator.languages` können Sie als Gebietsschema-Argument für die verschiedenen gebietsschemaabhängigen Methoden und Konstruktoren verwenden, die Sie in den vorherigen Abschnitten kennengelernt haben.

Die Methode `Intl.getCanonicalLocales` nimmt ein Gebietsschema-Tag oder ein Array von Gebietsschema-Tags entgegen und gibt ein Array bereinigter Tags ohne Dubletten zurück.

Alle in den vorherigen Abschnitten beschriebenen Formatiererklassen verfügen über die Methode `supportedLocaleOf`, der Sie ein Gebietsschema-Tag oder ein Array von Gebietsschema-Tags übergeben können. Nicht unterstützte Tags werden dabei verworfen und unterstützte Tags normalisiert. Nehmen wir an, die Klasse `Intl.NumberFormat` Ihres Browsers unterstützt Walisisch nicht und Sie rufen die Methode wie folgt auf:

```
Intl.NumberFormat.supportedLocalesOf(['cy', 'en-uk'])
```

In diesem Fall wird `['en-UK']` zurückgegeben.

Wenn Sie einer gebietsschemaabhängigen Methode ein Array mit möglichen Gebietsschema-Tags übergeben, ist es Sache des Browsers, das Gebietsschema auszuwählen, das am besten zu den Voreinstellungen passt. Alle gebietsschemaabhängigen Funktionen unterstützen die Option `localeMatcher`, um den Auswahlalgorithmus festzulegen. Diese Option kann die beiden folgenden Werte annehmen:

- Bei `'lookup'` wird der Standardalgorithmus nach ECMA-402 verwendet.
- Bei `'best fit'` (Standardeinstellung) hat die JavaScript-Laufzeit die Möglichkeit, eine bessere Wahl zu treffen.

Da die gebräuchlichen JavaScript-Laufzeiten zurzeit den Standardalgorithmus verwenden, lohnt es jedoch nicht, sich Gedanken über diese Option zu machen.

Hinweis

Wenn Sie Ihren Benutzern erlauben wollen, das Gebietsschema auszuwählen, müssen Sie die Auswahlmöglichkeiten in einer Sprache anzeigen, die die Benutzer auch verstehen. In einem Vorschlag der Stufe 3 wird die Klasse `Intl.DisplayNames` definiert. Betrachten Sie dazu die folgenden Verwendungsbeispiele:

```
const regionNames = new Intl.DisplayNames(['fr'], { type: 'region' })
const languageNames = new Intl.DisplayNames(['fr'], { type: 'language' })
const currencyNames = new Intl.DisplayNames(['zh-Hans'],
{ type: 'currency' })
regionNames.of('US') // 'États-Unis'
languageNames.of('fr') // 'Français'
currencyNames.of('USD') // ' '
```

Um mehr Informationen über die Eigenschaften eines Internationalisierungsobjekts zu gewinnen, rufen Sie die Methode `resolvedOptions` auf. Angenommen wir haben das folgende Sortiererobjekt:

```
const collator = new Intl.Collator('en-US-u-kn-true', { sensitivity: 'base' })
```

Der Aufruf

```
collator.resolvedOptions()
```

gibt das folgende Objekt zurück:

```
{
  locale: 'en-US',
  usage: 'sort',
  sensitivity: 'base',
  ignorePunctuation: false,
  numeric: true,
  caseFirst: 'false',
  collation: 'default'
}
```

Hinweis

Die Klasse `Intl.Locale` bietet eine Möglichkeit, um ein Gebietsschema mit Optionen anzugeben:

```
const usMilitaryTime = new Intl.Locale('en-US', { hourCycle: 'h23' })
```

Unterstützt werden die Optionen `language`, `script`, `region`, `calendar`, `collation`, `hourCycle`, `caseFirst`, `numeric` und `numberingSystem`.

8.9 Übungen

1. Implementieren Sie die Klasse `Person` mit Instanzfeldern für den Vornamen, den Nachnamen, das Geschlecht und den Familienstand. Stellen Sie eine `toLocaleString`-Methode bereit, die Namen formatiert, z.B. als `'Ms. Smith'`, `'Frau Smith'` oder `'Mme Smith'`. Beschäftigen Sie sich mit den Anredeformen in einigen Sprachen und entwerfen Sie Optionen für Varianten wie Ms., Mrs. und Miss.

2. Schreiben Sie ein Programm, das einen Wert als Zahl, Prozentwert oder Dollarbetrag formatiert. Schauen Sie sich alle Optionen zur Währungsanzeige an. Schalten Sie die Gruppierung ein und aus und veranschaulichen Sie die Bedeutung der verschiedenen Grenzen für die Zahl der Stellen.

3. Führen Sie vor, wie Zahlen aussehen, wenn Sie europäisch-arabische Ziffern, arabische Ziffern oder Thai-Ziffern verwenden. Welche anderen Ziffern können Sie generieren?

4. Schreiben Sie ein Programm, das die Formatierungen für Datum und Uhrzeit in Frankreich, China, Ägypten und Thailand (mit thailändischen Ziffern) vorführt.

5. Erstellen Sie ein Array mit sämtlichen zweibuchstabigen Sprachcodes (nach ISO 639-1). Formatieren Sie ein Datum und eine Uhrzeit in jeder dieser Sprachen. Wie viele verschiedene Formate ergeben sich?

6. Schreiben Sie ein Programm, um alle Unicode-Zeichen aufzuführen, die in der Normalisierungsform KC oder KD in zwei oder mehr ASCII-Zeichen zerlegt werden.

7. Geben Sie Beispiele an, um die verschiedenen `sensitivity`-Optionen für die Sortierung zu veranschaulichen.

8. Was geschieht beim türkischen Gebietsschema, wenn Sie `'i'` in einen Großbuchstaben oder `'I'` in einen Kleinbuchstaben umwandeln? Nehmen wir an, Sie schreiben ein Programm, das nach dem HTTP-Header `If-Modified-Since` Ausschau hält. Bei HTTP-Headern wird nicht zwischen Groß- und Kleinschreibung unterschieden. Auf welche Weise müssen Sie den Header suchen, damit das Programm überall funktioniert, auch in der Türkei?

9. In der Java-Bibliothek gibt es das praktische Konzept eines Meldungsbündels, mit dem Sie lokalisierte Meldungen nach Gebietsschema nachschlagen und ggf. auf Ausweichformate zurückgreifen können. Stellen Sie einen ähnlichen Mechanismus für JavaScript bereit. Für jedes Gebietsschema soll es dabei eine Map mit Schlüsseln für die übersetzten Meldungen geben:

   ```
   { de: { greeting: 'Hallo', farewell: 'Auf Wiedersehen' },
     'de-CH' : { greeting: 'Grüezi' },
     fr: { greeting: 'Bonjour', farewell: 'Au revoir' },
     ...
   }
   ```

   Beim Nachschlagen einer Meldung müssen Sie beim spezifischsten Gebietsschema beginnen und sich dann zu den allgemeineren vorarbeiten. Machen Sie es möglich, dass spezifischere Gebietsschemata Vorrang vor allgemeineren haben. Wenn Sie beispielsweise im Gebietsschema `'de-CH'` nach dem Schlüssel `'greeting'` suchen, finden Sie dort die Meldung `'Grüezi'`, doch für `'farewell'` müssen Sie auf `'de'` zurückgreifen.

10. Die Java-Bibliothek bietet eine praktische Klasse für die Formatierung von gebietsschemaabhängigen Meldungen. Bei einem Template wie `'{0} has {1} messages'` würde etwa die französische Version `'Il y a {1} messages pour {0}'` lauten. Beim Formatieren der Meldung können Sie die einzelnen Elemente in einer festen Reihenfolge angeben, unabhängig von der Reihenfolge, die sie in der Sprache haben müssen. Schreiben Sie die Funktion `messageFormat`, die einen Template-String und eine beliebige Anzahl von Elementen entgegennimmt. Denken Sie sich einen Mechanismus aus, um auch geschweifte Klammern als Text einfügen zu können.

11. Schreiben Sie eine Klasse für die gebietsschemaabhängige Anzeige von Papiergrößen. Verwenden Sie dabei jeweils die bevorzugte Maßeinheit und die Standardpapiergröße des gegebenen Gebietsschemas. Mit Ausnahme der USA und Kanada wird überall auf der Welt Papier mit Größen nach ISO 216 verwendet. Nur drei Länder haben noch nicht offiziell auf das metrische System umgestellt, nämlich Liberia, Myanmar (Burma) und die USA.

9 Asynchrone Programmierung

In diesem Kapitel lernen Sie, wie Sie Aufgaben koordinieren, die zu einem bestimmten Zeitpunkt in der Zukunft ausgeführt werden müssen. Dabei sehen wir uns als Erstes den Mechanismus der sogenannten *Promises* ausführlich an. Ein Promise (Versprechen) ist eine Aktion, die zu irgendeinem späteren Zeitpunkt ein Ergebnis hervorrufen wird, sofern es nicht mit einer Exception endet. Wie Sie noch sehen werden, können Promises nacheinander, aber auch parallel ausgeführt werden.

Ein Nachteil von Promises besteht darin, dass Sie sie mithilfe von Methodenaufrufen kombinieren müssen. Das Konstrukt `async/await` bietet eine viel angenehmere Syntax. Dabei schreiben Sie Code, der dem regulären Steuerungsfluss folgt, wobei der Compiler diesen Code in eine Kette von Promises umwandelt.

Im Idealfall können Sie auf Promises verzichten und gleich die `async/await`-Syntax verwenden. Um die komplizierten Einzelheiten und die Einschränkungen dieser Syntax kennenzulernen, ist es jedoch besser, erst einmal zu wissen, was dabei hinter den Kulissen vor sich geht.

Am Ende dieses Kapitels werden wir uns noch mit asynchronen Generatoren und Iteratoren beschäftigen. Alle Abschnitte dieses Kapitels bis auf den letzten sind Pflichtlektüre für JavaScript-Entwickler auf einem mittleren Niveau, da die asynchrone Verarbeitung in Webanwendungen allgegenwärtig ist.

9.1 Parallele Aufgaben in JavaScript

Ein Programm ist parallel, wenn es mehrere Aktivitäten zeitlich überlappend handhabt. In Java und C++ nutzen parallele Programme mehrere Ausführungs-Threads. Auf Prozessoren mit mehr als einem Kern laufen diese Threads tatsächlich parallel. Es gibt jedoch eine Schwierigkeit: Die Programmierer müssen die Daten sorgfältig schützen, sodass es nicht zu Inkonsistenzen kommt, wenn ein Wert gleichzeitig von verschiedenen Threads verändert wird.

Ein JavaScript-Programm läuft dagegen nur in einem einzigen Thread. Wenn eine Funktion beginnt, wird sie bis zu ihrem Ende ausgeführt, bevor irgendein anderer Teil des Programms starten kann. Das ist gut so, denn dadurch können Sie sicher sein, dass kein anderer Code die Daten beschädigen kann, die diese Funktion nutzt. Innerhalb der Funktion können Sie die Programmvariablen nach Herzenslust ändern, sofern Sie vor der Rückgabe der Funktion aufräumen. Sie müssen sich keine Sorgen über Inkonsistenzen und Deadlocks machen.

Nur einen einzelnen Thread zur Verfügung zu haben, birgt jedoch ein anderes, offensichtliches Problem: Wenn ein Programm auf irgendetwas warten muss – meistens auf Daten, die über das Internet übertragen werden –, kann es in der Zwischenzeit nichts anderes tun. Daher werden zeitaufwendige Operationen in JavaScript immer *asynchron* ausgeführt. Sie legen fest, was getan werden soll, und geben eine Callback-Funktion an, die aufgerufen wird, sobald die Daten verfügbar sind oder irgendein Fehler aufgetreten ist. Die aktuelle Funktion wird dann weiter ausgeführt, sodass andere Arbeit erledigt werden kann.

Schauen wir uns das anhand eines einfachen Beispiels an. Die folgende Funktion lädt ein Bild von einem URL und hängt es an das DOM-Element:

```
const addImage = (url, element) => {
  const request = new XMLHttpRequest()
  request.open('GET', url)
  request.responseType = 'blob'

  request.addEventListener('load', () => {
    if (request.status == 200) {
      const blob = new Blob([request.response], { type: 'image/png' })
      const img = document.createElement('img')
      img.src = URL.createObjectURL(blob)
      element.appendChild(img)
```

```
    } else {
      console.log(`${request.status}: ${request.statusText}`)
    }
  })
  request.addEventListener('error', event => console.log('Network error'));
  request.send()
}
```

Die Einzelheiten der `XMLHttpRequest`-API sind für uns nicht von Interesse – bis auf eine entscheidende Sache: Die Bilddaten werden in einem Callback verarbeitet, nämlich einem Listener, der auf das Ereignis `load` lauscht.

Wenn Sie `addImage` aufrufen, wird der Aufruf direkt zurückgegeben. Das Bild wird erst viel später zu dem DOM-Element hinzugefügt, nämlich dann, wenn die Daten geladen sind.

Im folgenden Beispiel laden wir vier Bilder (mit Motiven der japanischen Hanafuda-Spielkarten; siehe `https://de.wikipedia.org/wiki/Hanafuda`):

```
const imgdiv = document.getElementById('images')
addImage('hanafuda/1-1.png', imgdiv)
addImage('hanafuda/1-2.png', imgdiv)
addImage('hanafuda/1-3.png', imgdiv)
addImage('hanafuda/1-4.png', imgdiv)
```

Alle vier Aufrufe von `addImage` kehren sofort zurück. Wenn die Daten für ein Bild ankommen, wird der Callback aufgerufen und das Bild hinzugefügt. Sie müssen sich dabei auch keine Sorgen wegen möglicher Beschädigungen durch gleichzeitige Callbacks machen, da die Callbacks niemals vermischt werden. Sie werden einer nach dem anderen in dem einen JavaScript-Thread ausgeführt. Allerdings können die Bilder in beliebiger Reihenfolge eintreffen. Wenn Sie die Webseite mit dem Programm mehrere Male laden, können die Bilder dabei jedes Mal in einer anderen Reihenfolge stehen (siehe Abb. 9–1).

Hinweis

Alle Beispielprogramme in diesem Kapitel sind für die Ausführung in einem Browser ausgelegt. Der Begleitcode enthält Webseiten, die Sie in Ihren Browser laden können, und Code, den Sie in die Entwicklerkonsole kopieren.

Um diese Dateien auf Ihrem lokalen System auszuprobieren, müssen Sie einen lokalen Webserver ausführen. Sie können `light-server` mit dem folgenden Befehl installieren:

```
npm install -g light-server
```

→

Wechseln Sie in das Verzeichnis mit den anzuzeigenden Dateien und führen Sie dann folgenden Befehl aus:

```
light-server -s .
```

Rufen Sie in Ihrem Browser anschließend URLs wie `http://localhost:4000/images.html` auf.

Abb. 9–1 *Die Bilder können in willkürlicher Reihenfolge geladen werden.*

Beim Laden von Bildern ist es ziemlich einfach, mit dem Problem fertig zu werden, dass sie in willkürlicher Reihenfolge eintreffen (siehe Übung 1, Seite 209). Nehmen wir aber an, Sie wollen externe Daten lesen und dann in Abhängigkeit von den empfangenen Daten weitere abrufen. Beispielsweise kann eine Webseite einen URL für ein Bild enthalten, das Sie laden möchten.

In diesem Fall müssen Sie die Webseite asynchron mit einem Callback lesen, der den Inhalt nach dem Bild-URL absucht. Anschließend muss das Bild asynchron abgerufen werden, wobei ein weiterer Callback dieses Bild an der gewünschten Stelle hinzufügt. Jeder Abruf erfordert eine Fehlerbehandlung, was zu noch mehr Callbacks führt. Schon nach einigen wenigen Verarbeitungsebenen verwandelt sich diese Art der Programmierung in eine Callback-Hölle voller tief verschachtelter Callbacks und schwer nachzuvollziehender Erfolgs- und Fehlerpfade.

In den folgenden Abschnitten erfahren Sie daher, wie Sie asynchrone Aufgaben mit *Promises* ohne solche verschachtelten Callbacks gestalten können.

Ein Promise ist ein Objekt, das verspricht, irgendwann ein Ergebnis hervorzurufen – hoffentlich. Dieses Ergebnis steht aber nicht unbedingt sofort bereit, und wenn ein Fehler auftritt, kann es auch sein, dass es niemals zur Verfügung steht.

Das mag zwar nicht sehr vielversprechend klingen, doch wie Sie bald sehen werden, ist es mit Promises viel einfacher als mit Callbacks, Erfolgs- und Fehleraktionen zu verketten.

9.2 Promises erstellen

In diesem und dem folgenden Abschnitt sehen wir uns an, wie Sie Promises erstellen. Das ist technisch anspruchsvoll, aber in der Praxis müssen Sie es nur selten selbst tun. Gewöhnlich rufen Sie einfach Bibliotheksfunktionen auf, die ein Promise zurückgeben. Sie können diesen Abschnitt daher überfliegen und erst dann genau lesen, wenn Sie ein Promise manuell anlegen müssen.

Hinweis

Ein typisches Beispiel für eine API, die Promises erstellt, ist die von allen modernen Browsern unterstützte Fetch-API. Der folgende Aufruf gibt ein Promise zurück:

```
fetch('https://horstmann.com/javascript-impatient/hanafuda/index.html')
```

Dieses Promise gibt die Antwort auf die HTTP-Anfrage zurück, wenn diese zur Verfügung steht.

Der Konstruktor `Promise` nimmt als sein einziges Argument eine Funktion mit zwei Argumenten entgegen, nämlich den Handlern für Erfolg und Fehlschlag. Sie wird als Ausführungsfunktion (executor function) bezeichnet.

```
const myPromise = new Promise((resolve, reject) => {
  // Rumpf der Ausführungsfunktion
})
```

Im Rumpf der Ausführungsfunktion können Sie die Aufgabe beginnen, die das gewünschte Ergebnis liefern soll. Sobald dieses Ergebnis zur Verfügung steht, übergeben Sie es an den Handler `resolve`. Ist dagegen klar, dass es kein Ergebnis geben wird, rufen Sie stattdessen den Handler `reject` mit dem Grund für den Fehlschlag auf.

In groben Zügen läuft der Vorgang wie folgt ab:

```
const myPromise = new Promise((resolve, reject) => {
  const callback = (args) => {
    ...
    if (Erfolg) resolve(Ergebnis) else reject(Grund)
  }
  invokeTask(callback)
})
```

Sehen wir uns das im einfachsten Fall an, nämlich der Ablieferung des Ergebnisses nach einer Verzögerung. Die folgende Funktion gibt ein Promise zurück, das genau so vorgeht:

```
const produceAfterDelay = (result, delay) => {
  return new Promise((resolve, reject) => {
    const callback = () => resolve(result)
    setTimeout(callback, delay)
  })
}
```

In der an den Konstruktor übergebenen Ausführungsfunktion rufen wir `setTimeout` mit einem Callback und der gewünschten Verzögerung auf. Der Callback wird aufgerufen, nachdem die als Verzögerung angegebene Zeit abgelaufen ist. Innerhalb dieses Callbacks übergeben wir das Ergebnis an den Handler `result`. Um Fehlschläge müssen wir uns hier keine Sorgen machen, weshalb wir den Handler `reject` nicht benötigen.

Die folgende etwas kompliziertere Funktion gibt ein Promise zurück, dessen Ergebnis ein Bild ist:

```
const loadImage = url => {
  return new Promise((resolve, reject) => {
    const request = new XMLHttpRequest()
    const callback = () => {
      if (request.status == 200) {
        const blob = new Blob([request.response], { type: 'image/png' })
        const img = document.createElement('img')
        img.src = URL.createObjectURL(blob)
        resolve(img)
      } else {
        reject(Error(`${request.status}: ${request.statusText}`))
      }
    }
    request.open('GET', url)
    request.responseType = 'blob'
    request.addEventListener('load', callback)
    request.addEventListener('error', event => reject(Error('Network error')));
    request.send()
  })
}
```

Die Ausführungsfunktion konfiguriert das `XMLHttpRequest`-Objekt und sendet es. Beim Eingang der Antwort erzeugt ein Callback ein Bild und ruft den Handler `resolve` auf, um es weiterzugeben. Tritt ein Fehler auf, wird er an den Handler `reject` übergeben.

In Zeitlupe sieht der Steuerungsfluss eines Promise wie folgt aus:

1. Der Konstruktor `Promise` wird aufgerufen.
2. Die Ausführungsfunktion wird aufgerufen.
3. Die Ausführungsfunktion löst eine asynchrone Aufgabe mit einem oder mehreren Callbacks aus.
4. Die Ausführungsfunktion kehrt zurück.
5. Die Konstruktorfunktion kehrt zurück. Das Promise befindet sich jetzt im Zustand ausstehend (*pending*).
6. Die Ausführung des Codes, der den Konstruktor aufgerufen hat, endet.
7. Die asynchrone Aufgabe wird abgeschlossen.
8. Ein Callback dieser Aufgabe wird aufgerufen.
9. Dieser Callback ruft den Handler `resolve` oder `reject` auf. Das Promise geht in den Zustand erfüllt (*fulfilled*) oder abgelehnt (*rejected*) über. In jedem Fall ist das Promise jetzt erledigt (*settled*).

> **Hinweis**
>
> Vom letzten Schritt gibt es noch eine Variante: Sie können `resolve` mit einem weiteren Promise aufrufen. In diesem Fall ist das aktuelle Promise zwar aufgelöst, aber nicht erledigt. Es bleibt ausstehend, bis das Folge-Promise erledigt ist. Aus diesem Grund heißt die Handler-Funktion `resolve` und nicht `fulfill`.

Achten Sie darauf, in den Callbacks der Aufgaben stets `resolve` oder `reject` aufzurufen, da das Promise den ausstehenden Zustand sonst niemals verlässt.

Das bedeutet, dass Sie bei diesen Callbacks auf Exceptions aufpassen müssen. Wenn der Callback einer Aufgabe nicht mit einem Aufruf von `resolve` oder `reject` abgeschlossen wird, sondern mit einer Ausnahme, wird das Promise nicht erledigt. In dem Beispiel mit `loadImage` habe ich den Code sorgfältig gestaltet, damit keine Exception ausgelöst werden kann. Im Allgemeinen ist es sinnvoll, in dem Callback eine `try`/`catch`-Anweisung zu verwenden und jegliche Exceptions an den Handler `reject` zu übergeben.

Eine Exception, die in der Ausführungsfunktion ausgelöst wird, müssen Sie dagegen nicht abfangen. In einem solchen Fall gibt der Konstruktor einfach ein abgelehntes Promise zurück.

9.3 Unmittelbar erledigte Promises

Der Aufruf `Promise.resolve(value)` erstellt ein Promise, das unmittelbar mit dem gegebenen Wert erfüllt wird. Das ist bei Methoden, die Promises zurückgeben, in solchen Fällen sinnvoll, in denen die Antwort sofort verfügbar sein kann:

```
const loadImage = url => {
  if (url === undefined) return Promise.resolve(brokenImage)
  ...
}
```

Wenn Sie ein `value` haben, das ein Promise oder ein einfacher Wert sein kann, wird das Ergebnis von `Promise.resolve(value)` eindeutig zu einem Promise. Ist `value` ohnehin schon ein Promise, wird es einfach zurückgegeben.

> **Hinweis**
>
> Zur Kompatibilität mit Bibliotheken, die vor dem Aufkommen von Standard-Promises in ECMAScript erstellt wurden, ermöglicht die Methode `Promise.resolve` eine besondere Behandlung von `then`-fähigen Objekten, also solchen, die über die Methode `then` verfügen. Diese Methode wird mit einem Auflösungs- und einem Ablehnungs-Handler aufgerufen und gibt ein Promise zurück, das erledigt wird, wenn einer dieser beiden Handler aufgerufen wird (siehe Übung 6).

Der Aufruf `Promise.reject(error)` gibt ein Promise zurück, das unmittelbar mit dem gegebenen Fehler abgelehnt wird. Nutzen Sie diese Möglichkeit, wenn die Funktion fehlschlägt, die das Promise erstellt:

```
const loadImage = url => {
  if (url === undefined) {
    return Promise.reject(Error('No URL'))
  } else {
    return new Promise(. . .)
  }
}
```

9.4 Ergebnisse von Promises abrufen

Damit wissen Sie nun, wie Sie ein Promise erstellen. Der nächste Schritt besteht darin, das Ergebnis dieses Promise abzurufen. Dabei warten Sie nicht, bis das Promise erledigt ist. Stattdessen bieten Sie Aktionen an, die das Ergebnis oder den Fehler bearbeiten, sobald das Promise aufgelöst wurde. Diese Aktionen werden zu irgendeinem Zeitpunkt *nach* dem Abschluss der Funktion ausgeführt, die sie eingeplant hat.

Geben Sie mithilfe der Methode then eine Aktion an, die ausgeführt werden soll, sobald das Promise aufgelöst ist. Diese Aktion ist eine Funktion, die das Ergebnis verarbeitet.

```
const promise1 = produceAfterDelay(42, 1000)
promise1.then(console.log) // Protokolliert den Wert, wenn er bereitsteht

const promise2 = loadImage('hanafuda/1-1.png')
promise2.then(img => imgdiv.appendChild(img)) // Hängt das Bild an, wenn es
                                              // bereitsteht
```

Hinweis

Die Methode then ist die einzige Möglichkeit, um an das Ergebnis eines Promise zu gelangen.

In Abschnitt 9.6 »Umgang mit abgelehnten Promises« erfahren Sie, wie Sie abgelehnte Promises handhaben.

Vorsicht

Wenn Sie bei den Funktionen loadImage und fetch andere URLs ausprobieren wollen, erhalten Sie sehr wahrscheinlich Cross-Origin-Fehlermeldungen. Die JavaScript Engine im Browser erlaubt JavaScript-Code nicht, die Ergebnisse von Webanfragen an andere Hosts zu sehen, sofern diese Hosts dem Zugriff nicht zugestimmt und einen Antwort-Header festgelegt haben. Leider machen sich nur die Betreiber weniger Webseiten diese Mühe. Sie können die URLs von https://horstmann.com/javascript-impatient sowie (zurzeit) von https://developer.mozilla.org und https://aws.random.cat/meow verwenden. Wollen Sie mit anderen Webseiten experimentieren, können Sie einen CORS-Proxy oder ein Browser-Plug-in verwenden, um die Browserüberprüfung zu umgehen.

9.5 Promises verketten

Im vorigen Abschnitt haben Sie gesehen, wie Sie das Ergebnis eines Promise abrufen können. Jetzt wollen wir uns mit dem interessanteren Fall beschäftigen, dass das Ergebnis des Promise an eine andere asynchrone Aufgabe übergeben wird.

Wenn die Aktion, die Sie an then übergeben, ein weiteres Promise zurückgibt, ist dieses andere Promise das Ergebnis. Um es zu verarbeiten, rufen Sie erneut then auf.

Im folgenden Beispiel laden wir erst ein Bild und dann ein anderes:

```
const promise1 = loadImage('hanafuda/1-1.png')
const promise2 = promise1.then(img => {
  imgdiv.appendChild(img)
  return loadImage('hanafuda/1-2.png') // Another promise
})
promise2.then(img => {
  imgdiv.appendChild(img)
})
```

Es ist nicht nötig, jedes Promise in einer eigenen Variablen zu speichern. Normalerweise wird eine Kette von Promises als Pipeline verarbeitet:

```
loadImage('hanafuda/1-1.png')
  .then(img => {
    imgdiv.appendChild(img)
    return loadImage('hanafuda/1-2.png')
  })
  .then(img => imgdiv.appendChild(img))
```

Hinweis

Wenn Sie die Fetch-API verwenden, müssen Sie Promises verketten, um den Inhalt einer Webseite lesen zu können:

```
fetch('https://developer.mozilla.org')
.then(response => response.text())
.then(console.log)
```

Die Funktion `fetch` gibt ein Promise zurück, das das Ergebnis liefert. Die Methode `text` gibt ein weiteres Promise für den Textinhalt der Seite zurück.

Es ist möglich, synchrone und asynchrone Aufgaben miteinander zu vermischen:

```
loadImage('hanafuda/1-1.png')
  .then(img => imgdiv.appendChild(img)) // Synchron
  .then(() => loadImage('hanafuda/1-2.png')) // Asynchron
  .then(img => imgdiv.appendChild(img)) // Synchron
```

Wenn eine `then`-Aktion einen Wert zurückgibt, der kein Promise ist, wird dies formal als unmittelbar erfülltes Promise angesehen, um eine Verkettung mit einer weiteren `then`-Methode zu ermöglichen.

Tipp

Um Promise-Pipelines symmetrischer zu gestalten, können Sie mit einem unmittelbar erfüllten Promise beginnen:

```
Promise.resolve()
  .then(() => loadImage('hanafuda/1-1.png'))
  .then(img => imgdiv.appendChild(img))
  .then(() => loadImage('hanafuda/1-2.png'))
  .then(img => imgdiv.appendChild(img))
```

In den vorstehenden Beispielen haben Sie gesehen, wie Sie eine feste Anzahl von Aufgaben zusammenstellen. Mit einer Schleife können Sie auch beliebig lange Aufgabenpipelines gestalten:

```
let p = Promise.resolve()
for (let i = 1; i <= n; i++) {
  p = p.then(() => loadImage(`hanafuda/1-${i}.png`))
    .then(img => imgdiv.appendChild(img))
}
```

Vorsicht

Argumente der Methode `then`, die keine Funktionen sind, werden verworfen! Der folgende Code ist daher falsch:

```
loadImage('hanafuda/1-1.png')
  .then(img => imgdiv.appendChild(img))
  .then(loadImage('hanafuda/1-2.png'))
    // Fehler: Das Argument von then ist keine Funktion
  .then(img => imgdiv.appendChild(img))
```

Hier wird `then` mit dem Rückgabewert von `loadImage` aufgerufen, also mit einem Promise. Wenn Sie `p.then(arg)` mit einem Argument aufrufen, das keine Funktion ist, wird keine Fehlermeldung angezeigt. Das Argument wird verworfen und die Methode `then` gibt ein Promise mit demselben Ergebnis wie p zurück. Dadurch erfolgt der zweite Aufruf von `loadImage` hinter dem ersten, ohne erst darauf zu warten, dass das erste Promise erledigt wird.

9.6 Umgang mit abgelehnten Promises

Im vorherigen Abschnitt haben Sie gesehen, wie Sie mehrere asynchrone Aufgaben nacheinander ausführen. Dabei sind wir davon ausgegangen, dass alles eitel Sonnenschein ist und sämtliche Aufgaben erfolgreich abgeschlossen werden. Mit den Ausführungspfaden im Fall von Fehlern zu jonglieren, kann die Programmlogik ziemlich kompliziert werden. Promises dagegen machen es ziemlich einfach, Fehler durch eine Pipeline von Aufgaben weiterzuleiten.

Beim Aufruf der Methode `then` können Sie auch einen Handler für eine Ablehnung des Promise vorsehen:

```
loadImage(url)
  .then(
    img => { // Promise wurde erledigt
      imgdiv.appendChild(img)
    },
    reason => { // Promise wurde abgelehnt
      console.log({reason})
      imgdiv.appendChild(brokenImage)
    })
```

Im Allgemeinen ist es jedoch besser, die Methode `catch` zu verwenden:

```
loadImage(url)
  .then(
    img => { // Das Promise wurde erledigt
      imgdiv.appendChild(img)
    })
  .catch(
    reason => { // Ein früheres Promise wurde abgelehnt
      console.log({reason})
      imgdiv.appendChild(brokenImage)
    })
```

Dadurch werden auch Fehler im Handler `resolve` abgefangen.

Die Methode `catch` gibt ein neues Promise auf der Grundlage des zurückgegebenen Wertes, des zurückgegebenen Promise oder der ausgelösten Exception des als Argument übergebenen Handlers zurück.

Gibt der Handler zurück, ohne eine Exception auszulösen, wird das resultierende Promise aufgelöst, sodass die Pipeline weiter ausgeführt wird.

Viele Pipelines haben nur einen einzigen Ablehnungs-Handler, der aufgerufen wird, wenn irgendeine der Aufgaben fehlschlägt:

```
Promise.resolve()
  .then(() => loadImage('hanafuda/1-1.png'))
  .then(img => imgdiv.appendChild(img))
  .then(() => loadImage('hanafuda/1-2.png'))
  .then(img => imgdiv.appendChild(img))
  .catch(reason => console.log({reason}))
```

Wenn eine `then`-Aktion eine Ausnahme auslöst, gibt die Methode `then` ein abgelehntes Promise zurück. Wird dieses abgelehnte Promise mit einem weiteren `then` verkettet, wird es so einfach weitergeleitet. Dadurch kann der `catch`-Handler am Ende Ablehnungen aus allen Stufen der Pipeline handhaben.

Die Methode `finally` ruft unabhängig davon einen Handler auf, ob das Promise erledigt ist oder nicht. Der Handler hat keine Argumente, da er für Aufräumarbeiten da ist und nicht zur Analyse von Promise-Ergebnissen. Da die Methode `finally` ein Promise mit demselben Ergebnis zurückgibt wie das Promise, für das sie aufgerufen wurde, kann sie in eine Pipeline eingefügt werden:

```
Promise.resolve()
  .then(() => loadImage('hanafuda/1-1.png'))
  .then(img => imgdiv.appendChild(img))
  .finally(() => { doCleanup(. . .) })
  .catch(reason => console.log({reason}))
```

9.7 Mehrere Promises ausführen

Wenn mehrere Promises aufgelöst werden müssen, ohne dass eines fehlschlagen darf, stellen Sie sie in ein Array oder ein iterierbares Objekt und rufen `Promise.all(iterable)` auf. Dadurch erhalten Sie ein Promise, das genau dann aufgelöst wird, wenn alle Promises in dem iterierbaren Objekt aufgelöst werden. Der Wert des kombinierten Promise ist ein iterierbares Objekt aller Promise-Ergebnisse in der Reihenfolge der Promises.

Dadurch können wir recht einfach eine Folge von Bildern laden und in der richtigen Reihenfolge anhängen:

```
const promises = [
  loadImage('hanafuda/1-1.png'),
  loadImage('hanafuda/1-2.png'),
  loadImage('hanafuda/1-3.png'),
  loadImage('hanafuda/1-4.png')]
Promise.all(promises)
  .then(images => { for (const img of images) imgdiv.appendChild(img) })
```

In Wirklichkeit führt `Promise.all` die Aufgaben nicht parallel aus, sondern nacheinander in einem einzigen Thread. Allerdings ist ihre zeitliche Reihenfolge nicht vorhersehbar. Beispielsweise können Sie in dem vorigen Beispiel nicht wissen, welche Bilddaten als Erste eintreffen.

Wie bereits erwähnt, gibt `Promise.all` ein Promise für ein iterierbares Objekt zurück. Dieses iterierbare Objekt enthält die Ergebnisse der einzelnen Promises in der richtigen Reihenfolge, unabhängig davon, in welcher Reihenfolge sie eingetroffen sind.

Im vorigen Beispielcode wird die Methode `then` aufgerufen, nachdem alle Bilder geladen wurde. Sie werden dann dem iterierbaren Objekt `images` entnommen und in der richtigen Reihenfolge hinzugefügt.

Wenn das an `Promise.all` übergebene iterierbare Objekt Elemente enthält, die keine Promises sind, werden diese einfach in das iterierbare Objekt mit den Ergebnissen übernommen.

Wird auch nur eines der Promises abgelehnt, gibt `Promise.all` ein abgelehntes Promise mit dem Fehler des ersten abgelehnten Promise zurück.

Mit der Methode `Promise.allSettled` erhalten Sie eine genauere Kontrolle über abgelehnte Promises. Sie gibt ein Promise für ein iterierbares Objekt zurück, dessen Elemente Objekte der folgenden Form sind:

```
{ status: 'fulfilled', value: Ergebnis }
```

oder:

```
{ status: 'rejected', reason: Ausnahme }
```

Übung 8 zeigt, wie die Ergebnisse verarbeitet werden.

9.8 Wettlauf mehrerer Promises

Es kann vorkommen, dass Sie mehrere Aufgaben parallel ausführen, aber schon dann anhalten wollen, wenn die erste abgeschlossen ist. Ein typisches Beispiel dafür sind Suchvorgänge, bei denen Sie mit dem ersten Ergebnis zufrieden sind. Die Methode `promise.race(iterable)` führt die Promises in dem iterierbaren Objekt aus, bis eines davon erledigt ist. Dieses Promise bestimmt das Ergebnis des Wettrennens.

> **Vorsicht**
>
> Wenn das iterierbare Objekt Elemente enthält, die keine Promises sind, gewinnt eines von ihnen das Wettrennen. Ist das iterierbare Objekt leer, wird `Promise.race (iterable)` nie erledigt.

Dabei ist es auch möglich, dass ein abgelehntes Promise das Rennen macht. In diesem Fall werden alle anderen Promises abgebrochen, selbst wenn eines von ihnen ein Ergebnis erzielen könnte.

Sinnvoller ist die Methode `Promise.any`, die zurzeit noch Kandidatenstatus der Stufe 3 hat. Sie wird ausgeführt, bis eine der Aufgaben *aufgelöst* wurde. In dem ungünstigen Fall, dass alle Promises abgelehnt werden, wird auch das Gesamt-Promise abgelehnt. Dabei wird der Fehler `AggregateError` zurückgegeben, in dem die Gründe für alle einzelnen Ablehnungen gesammelt sind.

```
Promise.any(promises)
  .then(result => ...) // Verarbeitet das Ergebnis des ersten erledigten
                       // Promise
  .catch(error => ...) // Keines der Promises wurde erledigt
```

9.9 async-Funktionen

Sie haben bereits gesehen, wie Sie mit den Methoden `then` und `catch` Promise-Pipelines aufbauen und wie Sie mit `Promise.all` und `Promise.any` Folgen von Promises parallel ausführen. Eine solche Art der Programmierung ist jedoch mühselig, denn anstatt die üblichen Folgen von Anweisungen und den üblichen Steuerungsfluss zu verwenden, richten Sie die Pipeline dabei mit Methodenaufrufen ein. Mit `await`/`async` können Sie Promises auf intuitivere Art nutzen.

Der folgende Ausdruck wartet auf das Auflösen eines Promise und gibt dessen Wert zurück:

```
let value = await promise
```

Aber hatten wir am Anfang dieses Kapitels nicht gesagt, dass es keine gute Idee ist, eine JavaScript-Funktion warten zu lassen? Das stimmt und dies ist auch der Grund, warum Sie den Operator `await` nicht in regulären Funktionen verwenden können, sondern nur in solchen, die mit dem Schlüsselwort `async` gekennzeichnet sind:

```
const putImage = async (url, element) => {
  const img = await loadImage(url)
  element.appendChild(img)
}
```

Der Compiler wandelt den Code einer `async`-Funktion so um, dass jegliche Schritte, die auf den Operator `await` folgen, erst dann ausgeführt werden, wenn das Promise aufgelöst ist. Die Beispielfunktion `putImage` ist damit gleichwertig mit der folgenden Form:

```
const putImage = (url, element) => {
  loadImage(url)
    .then(img => element.appendChild(img))
}
```

Es ist auch möglich, `await` mehrere Male anzugeben:

```
const putTwoImages = async (url1, url2, element) => {
  const img1 = await loadImage(url1)
  element.appendChild(img1)
  const img2 = await loadImage(url2)
  element.appendChild(img2)
}
```

Auch Schleifen sind zulässig:

```
const putImages = async (urls, element) => {
  for (const url of urls) {
    const img = await loadImage(url)
    element.appendChild(img)
  }
}
```

Wie diese Beispiele zeigen, sind die Umformulierungen, die der Compiler hinter den Kulissen vornimmt, alles andere als trivial.

Vorsicht

Wenn Sie beim Aufruf einer `async`-Funktion das Schlüsselwort `await` weglassen, wird die Funktion aufgerufen und gibt ein Promise zurück, das aber nichts tut. Betrachten Sie das folgende Beispiel, wie man es häufig in wirren Blogs findet:

```
const putImages = async (urls, element) => {
  for (const url of urls)
    putImage(url, element) // Fehler: kein await für die async-Funktion
                           // putImage
}
```

Diese Funktion erstellt eine Reihe von `Promise`-Objekten, die sie sofort wieder vergisst, und gibt `Promise.resolve(undefined)` zurück. Wenn alles gut geht, werden die Bilder in einer willkürlichen Reihenfolge hinzugefügt, doch wenn eine Exception auftritt, wird sie nirgendwo abgefangen.

Das Schlüsselwort `async` können Sie auf folgende Dinge anwenden:

- Pfeilfunktionen:

```
async url => { ... }
async (url, params) => { ... }
```

- Methoden:

```
class ImageLoader {
  async load(url) { ... }
}
```

- Benannte und anonyme Funktionen:

```
async function loadImage(url) { ... }
async function(url) { ... }
```

- Objektliteral-Methoden:

```
obj = {
  async loadImage(url) { ... },
  ...
}
```

> **Hinweis**
>
> In allen diesen Fällen ist die resultierende Funktion eine Instanz von `AsyncFunction` und nicht von `Function`, auch wenn `typeof` nach wie vor den Typ `'function'` meldet.

9.10 Rückgabewerte von async-Funktionen

`async`-Funktionen sehen zwar so als, als würden sie einen Wert zurückgeben, doch was sie wirklich zurückgeben, ist immer ein Promise. Sehen wir uns das an einem Beispiel an. Der URL `https://aws.random.cat/meow` gibt die Speicherorte willkürlicher Katzenbilder als JSON-Objekte wie `{ file:'https://purr.objects-us-east-1.dream.io/i/mDh7a.jpg' }` aus.

Mit der Fetch-API können wir für diese Inhalte wie folgt ein Promise abrufen:

```
const result = await fetch('https://aws.random.cat/meow')
const imageJSON = await result.json()
```

Das zweite `await` ist erforderlich, da die JSON-Verarbeitung in der Fetch-API asynchron verläuft: Der Aufruf `result.json()` gibt ein weiteres Promise zurück.

Damit können wir nun eine Funktion schreiben, die den URL eines Katzenbildes zurückgibt:

```
const getCatImageURL = async () => {
  const result = await fetch('https://aws.random.cat/meow')
  const imageJSON = await result.json()
  return imageJSON.file
}
```

Da die Funktion den Operator `await` nutzt, muss sie als `async` gekennzeichnet sein.

Diese Funktion scheint einen String zurückzugeben. Schließlich dient der Operator `await` ja gerade dazu, mit Werten statt mit Promises arbeiten zu können. Die Illusion bricht jedoch zusammen, wenn Sie eine `async`-Funktion verlassen. Der Wert, der in einer `return`-Anweisung erscheint, wird immer zu einem Promise.

Was können Sie also mit einer async-Funktion anfangen? Da sie ein Promise zurückgibt, können Sie das Ergebnis mithilfe von then holen:

```
getCatImageURL()
  .then(url => loadImage(url))
  .then(img => imgdiv.appendChild(img))
```

Es ist auch möglich, das Ergebnis mit dem Operator await abzurufen:

```
const url = await getCatImageURL()
const img = await loadImage(url)
imgdiv.appendChild(img)
```

Die zweite Vorgehensweise sieht eleganter aus, muss aber in einer weiteren async-Funktion erfolgen. Wie Sie sehen, ist es ziemlich schwer, die async-Welt zu verlassen, nachdem Sie sie einmal betreten haben.

Betrachten Sie die letzte Zeile der folgenden async-Funktion:

```
const loadCatImage = async () => {
  const result = await fetch('https://aws.random.cat/meow')
  const imageJSON = await result.json()
  return await loadImage(imageJSON.file)
}
```

Den letzten await-Operator können Sie auch weglassen:

```
const loadCatImage = async () => {
  const result = await fetch('https://aws.random.cat/meow')
  const imageJSON = await result.json()
  return loadImage(imageJSON.file)
}
```

In jedem Fall gibt diese Methode ein Promise für ein Bild zurück, das asynchron durch den Aufruf von loadImage bereitgestellt wird.

Ich halte die erste Version für leichter verständlich, da die async/await-Syntax durchgängig sämtliche Promises verbirgt.

Vorsicht

Innerhalb einer try/catch-Anweisung gibt es einen feinen Unterschied zwischen return await promise und return promise (siehe Übung 11). Dort dürfen Sie den Operator await nicht weglassen.

Wenn eine async-Funktionen einen Wert zurückgibt, bevor await jemals aufgerufen wurde, wird dieser Wert in ein aufgelöstes Promise eingeschlossen:

```
const getJSONProperty = async (url, key) => {
  if (url === undefined) return null
    // Gibt tatsächlich Promise.resolve(null) zurück
  const result = await fetch(url)
  const json = await result.json()
  return json[key]
}
```

> **Hinweis**
>
> Die in diesem Abschnitt behandelten async-Funktionen geben zu einem späteren Zeitpunkt nur einen einzelnen Wert zurück. In Kapitel 12 lernen Sie einen async-Iterator kennen, der zu einem späteren Zeitpunkt eine Folge von Werten hervorruft. Das folgende Beispiel gibt getrennt durch eine gegebene Verzögerung eine Folge von Integern aus einem festgelegten Bereich zurück:
>
> ```
> async function* range(start, end, delay) {
>   for (let current = start; current < end; current++) {
>     yield await produceAfterDelay(current, delay)
>   }
> }
> ```
>
> Machen Sie sich jedoch keine Gedanken über die Syntax dieser async-Generatorfunktion. Es ist sehr unwahrscheinlich, dass Sie jemals selbst eine schreiben müssen. Sie können aber eine aus einer Bibliothek nutzen. Die Ergebnisse können Sie mit einer for-await-of-Schleife abrufen:
>
> ```
> for await (const value of range(0, 10, 1000)) {
>   console.log(value)
> }
> ```
>
> Da diese Schleife auf alle Werte wartet, muss sie sich innerhalb einer async-Funktion befinden.

9.11 Gleichzeitiges Warten

Nachfolgende Aufrufe von await werden einer nach dem anderen ausgeführt:

```
const img1 = await loadImage(url)
const img2 = await loadCatImage()
  // Beginnt erst, wenn das erste Bild geladen ist
```

Es wäre jedoch effizienter, die Bilder gleichzeitig zu laden. Dafür müssen Sie Promise.all verwenden:

```
const [img1, img2] = await Promise.all([loadImage(url), loadCatImage()])
```

Um diesen Ausdruck zu verstehen, reicht es nicht aus, die `async`/`await`-Syntax zu kennen. Sie müssen auch über Promises Bescheid wissen.

Das Argument von `Promise.all` ist ein iterierbares Objekt aus Promises. Bei `loadImages` handelt es sich hier um eine reguläre Funktion, die ein Promise zurückgibt. Dagegen ist `loadCatImage` eine `async`-Funktion, die implizit ein Promise zurückgibt.

Da die Methode `Promise.all` ein Promise zurückgibt, können wir `await` dafür aufrufen. Das Ergebnis des Promise ist ein Array, das wir destrukturieren.

Es ist leicht möglich, Fehler zu machen, wenn einem nicht klar ist, was hier hinter den Kulissen vor sich geht. Betrachten Sie die folgende Anweisung:

```
const [img1, img2] = [await loadImage(url), await loadCatImage()]
  // Fehler: immer noch sequenziell!
```

Die Anweisung wird kompiliert und ausgeführt, aber sie lädt die Bilder nicht gleichzeitig. Der Aufruf `await loadImage(url)` muss abgeschlossen sein, bevor `await loadCatImage()` ausgelöst wird.

9.12 Ausnahmen in async-Funktionen

Wenn in einer `async`-Funktion eine Exception auftritt, wird ein abgelehntes Promise zurückgegeben:

```
const getAnimalImageURL = async type => {
  if (type === 'cat') {
    return getJSONProperty('https://aws.random.cat/meow', 'file')
  } else if (type === 'dog') {
    return getJSONProperty('https://dog.ceo/api/breeds/image/random',
        'message')
  } else {
    throw Error('bad type') // Async function returns rejected promise
  }
}
```

Umgekehrt löst der Operator `await` eine Exception aus, wenn er ein abgelehntes Promise erhält. Die folgende Funktion fängt eine solche Exception ab:

```
const getAnimalImage = async type => {
  try {
    const url = await getAnimalImageURL(type)
    return loadImage(url)
  } catch {
    return brokenImage
  }
}
```

Sie müssen nicht jedes `await` in eine `try/catch`-Anweisung einschließen, aber irgendeine Vorgehensweise zur Fehlerbehandlung in den `async`-Funktionen bereitstellen. Vielleicht fängt Ihre Top-Level-`async`-Funktion alle asynchronen Exceptions ab oder Sie dokumentieren die Tatsache, dass ihre Aufrufer `catch` für das zurückgegebene Promise aufrufen müssen.

Wenn in Node.js ein Promise auf der obersten Ebene abgelehnt wird, erhalten Sie eine ernste Warnung, die besagt, dass der Prozess in einer späteren Version von Node.js möglicherweise abgebrochen wird (siehe Übung 12).

9.13 Übungen

1. Das Beispielprogramm aus Abschnitt 9.1 »Parallele Aufgaben in JavaScript« lädt die Bilder nicht zwangsläufig in der richtigen Reihenfolge. Wie können Sie es ohne Verwendung von Promises so ändern, dass die Bilder unabhängig von der Reihenfolge des Eingangs stets in der richtigen Reihenfolge hinzugefügt werden?

2. Schreiben Sie die Funktion `invokeAfterDelay`, die ein Promise zurückgibt, um eine gegebene Funktion nach einer gegebenen Verzögerung aufzurufen. Führen Sie dies anhand eines Promise für eine Zufallszahl zwischen 0 und 1 vor. Lassen Sie das Ergebnis an der Konsole ausgeben, wenn es zur Verfügung steht.

3. Rufen Sie die Funktion `produceRandomAfterDelay` aus der vorherigen Übung zweimal auf und geben Sie die Summe aus, sobald die Summanden zur Verfügung stehen.

4. Schreiben Sie eine Schleife, die die Funktion `produceRandomAfterDelay` aus der vorherigen Übung `n`-mal aufruft und die Summe ausgibt, sobald die Summanden zur Verfügung stehen.

5. Schreiben Sie eine Funktion namens `addImage(url, element)` ähnlich der gleichnamigen Funktion aus Abschnitt 9.1 »Parallele Aufgaben in JavaScript«. Geben Sie ein Promise zurück, sodass die Aufrufe verkettet werden können:

   ```
   addImage('hanafuda/1-1.png')
   .then(() => addImage('hanafuda/1-2.png', imgdiv))
   .then(() => addImage('hanafuda/1-3.png', imgdiv))
   .then(() => addImage('hanafuda/1-4.png', imgdiv))
   ```

   Nutzen Sie dann den Tipp aus Abschnitt 9.5 »Promises verketten«, um die Verkettung symmetrischer zu gestalten.

6. Zeigen Sie, dass die Methode `Promise.resolve` jedes Objekt mit einer `then`-Methode in ein Promise umwandelt. Schreiben Sie ein Objekt, dessen `then`-Methode zufallsgesteuert entweder den Handler `resolve` oder `reject` aufruft.

7. Clientseitige Anwendungen müssen Arbeiten oft zurückstellen, bis der Browser mit dem Laden des DOM fertig ist. Solche Arbeiten können Sie in den Listener für das Ereignis `DOMContentLoaded` stellen. Doch wenn `document.readyState != 'loading'` gilt, ist der Ladevorgang bereits abgeschlossen, sodass das Ergebnis nicht mehr ausgelöst wird. Decken Sie beide Fälle mit einer Funktion ab, die ein Promise zurückgibt, sodass folgender Aufruf möglich ist:

   ```
   whenDOMContentLoaded().then(...)
   ```

8. Stellen Sie ein Array von Bild-URLs zusammen, von denen einige funktionieren, andere aber aufgrund von CORS nicht (siehe den Hinweiskasten am Ende von Abschnitt 9.2 »Promises erstellen«). Wandeln Sie jeden dieser URLs in ein Promise um:

   ```
   const urls = [. . .]
   const promises = urls.map(loadImage)
   ```

   Rufen Sie `allSettled` für das Array der Promises auf. Durchlaufen Sie das Array, wenn das Promise aufgelöst wird, fügen Sie die geladenen Bilder zu einem DOM-Element hinzu und protokollieren Sie die Fehlschläge:

   ```
   Promise.allSettled(promises)
     .then(results => {
       for (result of results)
         if (result.status === 'fulfilled') . . . else . . .
     })
   ```

9. Wiederholen Sie die vorherige Übung, aber verwenden Sie dabei `await` statt `then`.

10. Schreiben Sie eine Funktion namens `sleep`, die ein Promise zurückgibt, sodass es möglich ist, Folgendes aufzurufen:

    ```
    await sleep(1000)
    ```

11. Erklären Sie den Unterschied zwischen

    ```
    const loadCatImage = async () => {
      try {
        const result = await fetch('https://aws.random.cat/meow')
        const imageJSON = await result.json()
        return loadImage(imageJSON.file)
    ```

```
    } catch {
      return brokenImage
    }
  }
```

und:

```
const loadCatImage = async () => {
  try {
    const result = await fetch('https://aws.random.cat/meow')
    const imageJSON = await result.json()
    return await loadImage(imageJSON.file)
  } catch {
    return brokenImage
  }
}
```

Hinweis: Was geschieht, wenn das von `loadImage` zurückgegebene Promise abgelehnt wird?

12. Versuchen Sie, in Node.js eine `async`-Funktion aufzurufen, die eine Exception auslöst. Gegeben sei:

```
const rejectAfterDelay = (result, delay) => {
  return new Promise((resolve, reject) => {
    const callback = () => reject(result)
    setTimeout(callback, delay)
  })
}
```

Versuchen Sie Folgendes:

```
const errorAfterDelay = async (message, delay) =>
await rejectAfterDelay(new Error(message), delay)
```

Rufen Sie jetzt die Funktion `errorAfterDelay` auf. Was geschieht? Wie können Sie eine solche Situation vermeiden?

13. Erklären Sie, wie die Fehlermeldung aus der vorherigen Übung dabei helfen kann, Code mit einem fehlenden `await`-Operator zu finden:

```
const errorAfterDelay = async (message, delay) => {
  try {
    return rejectAfterDelay(new Error(message), 1000)
  } catch(e) { console.error(e) }
}
```

14. Schreiben Sie vollständige Programme, die die Funktionen `Promise.all` und `Promise.race` aus Abschnitt 9.7 »Mehrere Promises ausführen« vorführen.

15. Schreiben Sie die Funktion `produceAfterRandomDelay`, die nach einer zufälligen Verzögerung zwischen 0 und einer gegebenen maximalen Anzahl von Millisekunden einen Wert zurückgibt. Erstellen Sie dann ein Array aus Promises, in dem die Funktion auf 1, 2, ... 10 angewendet wird, und übergeben Sie es an `Promise.all`. In welcher Reihenfolge werden die Ergebnisse erfasst?

16. Laden Sie mithilfe der Fetch-API ein (CORS-freundliches) Bild. Rufen Sie den URL ab und rufen Sie für die Antwort `blob()` auf, um ein Promise für das BLOB zu erhalten. Wandeln Sie das Ergebnis wie in der Funktion `loadImage` in ein Bild um. Schreiben Sie zwei Implementierungen, eine mit `then` und eine mit `await`.

17. Rufen Sie mit der Fetch-API den HTML-Inhalt einer (CORS-freundlichen) Webseite ab. Suchen Sie darin nach allen Bild-URLs und laden Sie sämtliche Bilder.

18. Wenn Arbeiten für die Zukunft geplant sind, kann es vorkommen, dass sie aufgrund geänderter Umstände nicht mehr erforderlich sind und daher abgebrochen werden sollten. Entwerfen Sie eine Vorgehensweise für einen solchen Abbruch. Betrachten Sie dabei wie in der vorherigen Übung einen Vorgang, der in mehreren Schritten abläuft, wobei es in jedem Schritt möglich sein sollte, ihn abzubrechen. Es gibt in JavaScript noch keine Standardmöglichkeit dafür, aber gewöhnlich stellen APIs Abbruch-Token zur Verfügung. Beispielsweise kann die Funktion `fetchImages` wie folgt ein zusätzliches Argument entgegennehmen:

    ```
    const token = new CancellationToken()
    const images = fetchImages(url, token)
    ```

    Der Aufrufer kann sich später entscheiden, Folgendes aufzurufen:

    ```
    token.cancel()
    ```

    In der Implementierung einer abbrechbaren `async`-Funktion löst der folgende Aufruf eine Exception aus, wenn tatsächlich ein Abbruch angefordert wurde:

    ```
    token.throwIfCancellationRequested()
    ```

    Implementieren Sie diesen Mechanismus und führen Sie ihn anhand eines Beispiels vor.

19. Betrachten Sie den folgenden Code, der asynchrone Arbeiten verrichtet und beispielsweise Daten über das Netzwerk abruft, die Daten verarbeitet und ein Promise für die zukünftige Verarbeitung zurückgibt:

```
const doAsyncWorkAndThen = handler => {
  const promise = asyncWork();
  promise.then(result => handler(result));
  return promise;
}
```

Was geschieht, wenn `handler` eine Exception auslöst? Wie sollte dieser Code anders gegliedert werden?

20. Was geschieht, wenn Sie mit `async` eine Funktion kennzeichnen, die keine Promises zurückgibt?

21. Was geschieht, wenn Sie den Operator `await` auf einen Ausdruck anwenden, der kein Promise ist? Was geschieht, wenn dieser Ausdruck eine Exception auslöst? Gibt es einen Grund dafür, so etwas zu tun?

10
Module

Wenn Sie Code schreiben, der von anderen Programmierern wiederverwendet werden soll, ist es wichtig, die öffentliche Schnittstelle von den privaten Implementierungen zu trennen. In einer objektorientierten Programmiersprache wird diese Trennung mithilfe von Klassen erreicht. Eine Klasse können Sie weiterentwickeln, indem Sie ihre private Implementierung ändern, ohne dadurch ihre Verwendung zu beeinträchtigen. (Wie Sie schon in Kapitel 4 gesehen haben, bietet JavaScript noch keine umfassende Möglichkeit, um private Merkmale zu verbergen, allerdings ist damit in Zukunft sicher zu rechnen.)

Ein Modulsystem bietet die gleichen Vorteile für die Programmierer in größerem Maßstab. Dabei kann ein Modul einzelne Klassen und Funktionen bereitstellen und andere verbergen, sodass es möglich ist, es kontrolliert weiterzuentwickeln.

Für JavaScript wurden verschiedene informelle Modulsysteme entwickelt. Im Jahr 2015 wurde in ECMAScript 6 ein einfaches Modulsystem spezifiziert, mit dem wir uns in diesem kurzen Kapitel beschäftigen wollen.

10.1 Das Prinzip von Modulen

Ein *Modul* stellt sogenannte *exportierte* Merkmale (Klassen, Funktionen und andere Werte) für Programmierer bereit. Alle nichtexportierten Merkmale des Moduls sind privat. Darüber hinaus gibt ein Modul auch an, von welchen anderen Modulen es abhängt. Wenn ein Modul benötigt wird, lädt die JavaScript-Laufzeit es zusammen mit jenen, von denen es abhängt.

Module verhindern auch Namenskonflikte. Da die privaten Merkmale eines Moduls öffentlich nicht sichtbar sind, spielt es keine Rolle, wie sie heißen. Sie können niemals mit Namen außerhalb des Moduls in Konflikt geraten. Wenn Sie ein öffentliches Merkmal verwenden, können Sie es entsprechend umbenennen, sodass sein Name eindeutig ist.

Hinweis

In dieser Hinsicht unterscheiden sich JavaScript-Module von Java-Paketen und -Modulen, die global eindeutige Namen nutzen.

Ein Modul ist etwas anderes als eine Klasse. Von einer Klasse kann es mehrere Instanzen geben, aber bei Modulen gibt es so etwas wie Instanzen nicht. Ein Modul ist lediglich ein Behälter für Klassen, Funktionen und Werte.

10.2 ECMAScript-Module

Nehmen wir an, ein JavaScript-Entwickler möchte einige Merkmale anderen Programmierern zur Verfügung stellen und stellt sie daher in eine Datei. Kollegen, die diese Merkmale nutzen wollen, nehmen die Datei in ihr Projekt auf.

Stellen Sie sich jetzt aber vor, dass ein Programmierer solche Dateien von mehreren anderen Entwicklern verwendet. Dabei ist es sehr wahrscheinlich, dass einige der Namen miteinander in Konflikt geraten. Außerdem enthält jede Datei eine Menge von Hilfsfunktionen und Variablen, die noch mehr Konflikte hervorrufen können.

Was daher unbedingt gebraucht wird, ist eine Möglichkeit, die Einzelheiten der Implementierung zu verbergen. Viele Jahre lang haben JavaScript-Entwickler Module mithilfe von Closures simuliert und Hilfsfunktionen und Klassen in Wrapper-Funktionen gestellt. Das ähnelt der Technik der harten Objekte aus Kapitel 3. Es wurden auch informelle Möglichkeiten entwickelt, um exportierte Merkmale und Abhängigkeiten zu veröffentlichen.

Node.js implementiert ein Modulsystem namens Common.js, das sich um Modulabhängigkeiten kümmert. Wenn ein Modul benötigt wird, dann werden es selbst und seine Abhängigkeiten geladen. Dieser Ladevorgang erfolgt *synchron*, sobald das Modul benötigt wird.

Der Standard AMD (Asynchronous Module Definition) definiert ein System, um Module asynchron zu laden, was für browsergestützte Anwendungen besser geeignet ist.

ECMAScript-Module sind gegenüber beiden Systemen eine Verbesserung. Sie werden geparst, sodass schnell klar wird, wovon sie abhängen und was sie exportieren, ohne dass erst ihr Rumpf ausgeführt werden muss. Das ermöglicht asynchrones Laden sowie zyklische Abhängigkeiten. In der JavaScript-Programmierung ist zurzeit der Übergang zum ECMAScript-Modulsystem zu beobachten.

Hinweis

Eine Entsprechung der JavaScript-Module für Java-Programmierer sind Maven-Artefakte oder (seit Java 9) Java-Plattformmodule. Artefakte geben Informationen über Abhängigkeiten, bieten aber keine Kapselung (außer derjenigen der Java-Klassen und -Pakete). Java-Plattformmodule ermöglichen beides, sind aber etwas komplizierter als ECMAScript-Module.

10.3 Standardimporte

Nur wenige Programmierer schreiben Module; die meisten nutzen sie lediglich. Daher schauen wir uns zuerst die gängigste Tätigkeit an, nämlich den Import von Merkmalen aus einem vorhandenen Modul.

Meistens importieren Sie Funktionen und Klassen, es ist jedoch auch möglich, Objekte, Arrays und primitive Werte zu importieren.

Der Autor eines Moduls kann ein Merkmal (gewöhnlich das nützlichste) als Standardmerkmal kennzeichnen. Mit `import` ist es dann besonders einfach, dieses Standardmerkmal zu importieren. Angenommen wir wollen eine Klasse aus einem Modul importieren, das einen Verschlüsselungsdienst bietet:

```
import CaesarCipher from './modules/caesar.mjs'
```

Diese Anweisung gibt den Namen an, den Sie dem Standardmerkmal geben wollen, gefolgt von der Datei mit der Implementierung des Moduls. Weitere Einzelheiten zur Angabe von Modulspeicherorten erhalten Sie in Abschnitt 10.7 »Module verpacken«.

Wie Sie das Merkmal in Ihrem Programm nennen wollen, ist ganz allein Ihre Sache. Wenn Sie wollen, können Sie auch eine kürzere Bezeichnung wählen:

```
import CC from './modules/caesar.mjs'
```

Bei der Arbeit mit Modulen, die ihre Dienste als Standardmerkmal zur Verfügung stellen, ist das auch schon alles, was Sie über das ECMAScript-Modulsystem wissen müssen.

> **Hinweis**
>
> In einem Browser muss der Modulspeicherort ein vollständiger URL oder ein relativer URL sein, der mit `./`, `../` oder `/` beginnt. Diese Einschränkung lässt die Möglichkeit offen, bekannte Paketnamen oder -pfade in der Zukunft speziell zu behandeln.
>
> In Node.js können Sie einen relativen URL verwenden, der mit `./` oder `../` beginnt, oder einen `file://`-URL. Es ist auch möglich, einen Paketnamen anzugeben.

10.4 Benannte Importe

Neben oder anstatt Standardmerkmalen kann ein Modul auch benannte Merkmale exportieren. Dazu muss der Autor des Moduls allen außer den Standardmerkmalen einen Namen geben. Benannte Merkmale lassen sich in beliebiger Anzahl importieren.

Der folgende Beispielcode importiert zwei Funktionen, die in dem Modul `encrypt` und `decrypt` genannt werden:

```
import { encrypt, decrypt } from './modules/caesar.mjs'
```

Hier lauert jedoch eine Falle. Was geschieht, wenn Sie Verschlüsselungsfunktionen aus zwei Modulen importieren, die beide `encrypt` heißen? Glücklicherweise können Sie importierte Merkmale umbenennen:

```
import { encrypt as caesarEncrypt, decrypt as caesarDecrypt }
  from './modules/caesar.mjs'
```

Auf diese Weise lassen sich Namenskonflikte vermeiden.

Wenn Sie sowohl das Standardmerkmal als auch benannte Merkmale importieren wollen, können Sie die beiden Syntaxelemente wie folgt kombinieren:

```
import CaesarCipher, { encrypt, decrypt } from './modules/caesar.mjs'
```

oder:

```
import CaesarCipher, { encrypt as caesarEncrypt, decrypt as caesarDecrypt} ...
```

Hinweis

Beim Import eines einzigen benannten Merkmals müssen Sie unbedingt geschweifte Klammern verwenden:

```
import { encrypt } from './modules/caesar.mjs'
```

Ohne die Klammern würden Sie dem Standardmerkmal einen Namen geben.

Wenn ein Modul viele benannte Merkmale exportiert, kann es sehr mühselig sein, sie in der `import`-Anweisung alle einzeln aufzuzählen. Stattdessen können Sie alle exportieren Merkmale in ein Objekt stellen:

```
import * as CaesarCipherTools from './modules/caesar.mjs'
```

Anschließend können Sie die importierten Funktionen als `CeasarCipherTools.encrypt` und `CeaserCipherTools.decrypt` nutzen. Das Standardmerkmal ist als `CaesarCipherTools.default` zugänglich, kann aber auch benannt werden:

```
import CaesarCipher, * as CaesarCipherTools ...
```

Die Anweisung `import` können Sie auch verwenden, ohne irgendetwas zu importieren:

```
import './app/init.mjs'
```

Dabei werden die Anweisungen in der Datei ausgeführt, aber nicht importiert. Diese Vorgehensweise ist jedoch unüblich.

10.5 Dynamische Importe

Mit einem Vorschlag der Stufe 4 ist es auch möglich, Module ohne festen Speicherort zu importieren. Das Laden von Modulen nach Bedarf kann praktisch sein, um den Start einer Anwendung nicht zu verlangsamen und den Speicherumfang zu reduzieren.

Für einen dynamischen Import verwenden Sie das Schlüsselwort `import`, als wäre es eine Funktion, der Sie den Speicherort des Moduls als Argument übergeben:

```
import(`./plugins/${action}.mjs`)
```

Eine dynamische `import`-Anweisung lädt das Modul asynchron. Die Anweisung gibt ein Promise für ein Objekt zurück, das alle exportierten Merkmale enthält.

Dieses Promise wird beim Laden des Moduls erfüllt, woraufhin Sie dessen Merkmale nutzen können:

```
import(`./plugins/${action}.mjs`)
  .then(module => {
    module.default()
    module.namedFeature(args)
    ...
  }
```

Natürlich können Sie auch die Schreibweise mit `async` und `await` verwenden:

```
async load(action) {
  const module = await import(`./plugins/${action}.mjs`)
  module.default()
  module.namedFeature(args)
  ...
}
```

Bei der dynamischen Vorgehensweise ist ein Import von Merkmalen nach Namen nicht möglich. Es gibt auch keine Syntax, um Merkmale umzubenennen.

Hinweis

Das Schlüsselwort `import` ist keine Funktion, auch wenn es so aussieht. Es verfügt lediglich über eine funktionsähnliche Syntax. Das ist ähnlich wie bei der Syntax `super(...)` des Schlüsselworts `super`.

10.6 Exporte

Nachdem wir nun wissen, wie wir Merkmale aus Modulen importieren können, wollen wir uns Module jetzt aus der Sicht ihrer Implementierer ansehen.

10.6.1 Benannte Exporte

In einem Modul können Sie beliebige Funktions-, Klassen- und Variablendeklarationen mit `export` kennzeichnen:

```
export function encrypt(str, key) { ... }
export class Cipher { ... }
export const DEFAULT_KEY = 3
```

Alternativ können Sie auch eine `export`-Anweisung mit den Namen der zu exportierenden Funktionen verwenden:

```
function encrypt(str, key) { ... }
class Cipher { ... }
const DEFAULT_KEY = 3
...
export { encrypt, Cipher, DEFAULT_KEY }
```

In dieser Form von `export` können Sie für die zu exportierenden Merkmale auch andere Namen angeben:

```
export { encrypt as caesarEncrypt, Cipher, DEFAULT_KEY }
```

Die `export`-Anweisung gibt den Namen an, unter dem das Merkmal exportiert wird. Wie Sie bereits gesehen haben, kann ein importierendes Modul diesen Namen nutzen, aber auch einen ganz anderen Namen für den Zugriff auf das Merkmal festlegen.

Hinweis

Die zu exportierenden Merkmale müssen auf der obersten Ebene des Moduls definiert werden. Lokale Funktionen, Klassen und Variablen lassen sich nicht exportieren.

10.6.2 Der Standardexport

Höchstens eine Funktion oder Klasse kann mit `export default` als Standardexport gekennzeichnet werden:

```
export default class Cipher { ... }
```

Dieser Beispielcode macht die Klasse `Cipher` zum Standardmerkmal des Moduls.

Auf Variablendeklarationen lässt sich `export default` nicht anwenden. Wenn Sie eine Variable zum Standardexport machen wollen, deklarieren Sie sie nicht als Variable, sondern geben ihren Wert hinter `export default` an:

```
export default 3 // OK
export default const DEFAULT_KEY = 3
  // Fehler: export default kann nicht mit const/let/var verwendet werden
```

Es ist jedoch nicht sehr wahrscheinlich, dass jemand eine einfache Konstante zum Standardwert eines Moduls macht. Realistischer ist der Export eines Objekts mit mehreren Merkmalen:

```
export default { encrypt, Cipher, DEFAULT_KEY }
```

Diese Syntax können Sie für eine anonyme Funktion oder Klasse verwenden:

```
export default (s, key) => { ... } // Benennung der Funktion nicht nötig
```

oder:

```
export default class { // Benennung der Klasse nicht nötig
  encrypt(str) { ... }
  decrypt(str) { ... }
}
```

Das Standardmerkmal können Sie auch mit der Umbenennungssyntax deklarieren:

```
export { Cipher as default }
```

Hinweis

Das Standardmerkmal ist einfach das Merkmal mit dem Namen `default`. Da `default` jedoch ein Schlüsselwort ist, können Sie es nicht einfach als Bezeichner verwenden, sondern müssen eine der in diesem Abschnitt vorgestellten syntaktischen Formen wählen.

10.6.3 Exporte sind Variable

Jedes exportierte Merkmal ist eine Variable mit einem Namen und einem Wert, wobei letzterer eine Funktion, eine Klasse oder ein beliebiger JavaScript-Wert sein kann. Der Wert eines exportierten Merkmals kann sich im importierenden Modul mit der Zeit ändern. Ein exportiertes Merkmal enthält also nicht lediglich einen Wert, sondern eine Variable.

Beispielsweise kann ein Modul zur Protokollierung eine Variable mit dem aktuellen Protokollierungsgrad und eine Funktion zu dessen Änderung exportieren:

```
export const Level = { FINE: 1, INFO: 2, WARN: 3, ERROR: 4 }
export let currentLevel = Level.INFO
export const setLevel = level => { currentLevel = level }
```

Stellen Sie sich nun ein Modul vor, das dieses Protokollierungsmodul mit der folgenden Anweisung importiert:

```
import * as logging from './modules/logging.mjs'
```

Zu Anfang hat `logging.currentLevel` in diesem Modul den Wert `Level.INFO` oder `2`. Ruft das Modul dann aber Folgendes auf, wird die Variable aktualisiert:

```
logging.setLevel(logging.Level.WARN)
```

Jetzt hat `logging.currentLevel` den Wert `3`.

Allerdings ist die Variable im importierenden Modul schreibgeschützt. Folgendes ist nicht möglich:

```
logging.currentLevel = logging.Level.WARN
  // Fehler: Zuweisung zu importierter Variable nicht möglich
```

Die Variablen für die exportierten Merkmale werden erstellt, sobald das Modul geparst wird, aber erst bei der Ausführung des Modulrumpfes gefüllt. Das macht zyklische Abhängigkeiten zwischen Modulen möglich (siehe Übung 6).

Vorsicht

Wenn Module zyklisch voneinander abhängig sind, kann es sein, dass ein exportiertes Merkmal noch `undefined` ist, während es in einem anderen Modul verwendet wird (siehe Übung 11).

10.6.4 Reexport

Wenn Sie ein Modul mit einer umfassenden API und einer komplexen Implementierung versehen, hängt es sehr wahrscheinlich von anderen Modulen ab. Da sich das Modulsystem um die Verwaltung der Abhängigkeiten kümmert, müssen sich die Benutzer des Moduls nicht damit beschäftigen. Es kann aber vorkommen, dass eines der Module praktische Merkmale enthält, die Sie Ihren Benutzern zur Verfügung stellen wollen. Anstatt von den Benutzern zu verlangen, dass sie diese Merkmale selbst importieren, können Sie diese *reexportieren*.

Der folgende Code reexportiert Merkmale aus einem anderen Modul:

```
export { randInt, randDouble } from './modules/random.mjs'
```

Beim Import dieses Moduls stehen auch die Merkmale `randInt` und `randDouble` aus `'./modules/random.mjs'` zur Verfügung, als wären sie in dem Modul selbst definiert.

Sie können die von Ihnen reexportierten Merkmale auch umbenennen:

```
export { randInt as randomInteger } from './modules/random.mjs'
```

Um das Standardmerkmal eines Moduls zu reexportieren, müssen Sie als `default` darauf verweisen:

```
export { default } from './modules/stringutil.mjs'
export { default as StringUtil } from './modules/stringutil.mjs'
```

Wollen Sie dagegen ein anderes Merkmal reexportieren und dabei zum Standard Ihres Moduls machen, verwenden Sie die folgende Syntax:

```
export { Random as default } from './modules/random.mjs'
```

Um alle Nichtstandardmerkmale eines anderen Moduls zu reexportieren, gehen Sie wie folgt vor:

```
export * from './modules/random.mjs'
```

Diese Vorgehensweise kann sinnvoll sein, wenn Sie Ihr Projekt in mehrere kleinere Module aufteilen und ein einziges Modul als Fassade dafür bereitstellen wollen. Dieses eine Modul reexportiert dann alle Merkmale der kleineren Module.

Bei der Anweisung `export *` wird das Standardmerkmal ausgelassen, da der Reexport von Standardmerkmalen aus mehreren Modulen zu Konflikten führen würde.

10.7 Module verpacken

Module unterscheiden sich von einfachen Skripten:

- Der Code in einem Modul wird stets im strikten Modus ausgeführt.
- Jedes Modul hat seinen eigenen Top-Level-Bereich, der sich von dem globalen Bereich der JavaScript-Laufzeit unterscheidet.
- Ein Modul wird nur einmal verarbeitet, auch wenn es mehrere Male geladen wird.
- Module werden asynchron verarbeitet.
- Module können die Anweisungen `import` und `export` enthalten.

Wenn die JavaScript-Laufzeit den Inhalt eines Moduls liest, muss sie wissen, dass sie ein Modul und nicht ein einfaches Skript verarbeitet.

Im Browser laden Sie ein Modul mit dem Tag `script`, wobei das Attribut `type` auf `module` gesetzt ist:

```
<script type="module" src="./modules/caesar.mjs"></script>
```

In Node.js zeigen Sie mit der Dateierweiterung `.mjs` an, dass es sich bei einer Datei um ein Modul handelt. Wollen Sie nur die einfache Erweiterung `.js` verwenden, müssen Sie die Module in der Konfigurationsdatei `package.json` kennzeichnen. Beim Aufruf der ausführbaren Datei `node` im interaktiven Modus verwenden Sie die Befehlszeilenoption `--input-type=module`.

Am einfachsten ist es, für Module die Erweiterung `.mjs` zu verwenden. Sie wird von allen Laufzeiten und Build-Werkzeugen erkannt.

> **Hinweis**
>
> Wenn Sie `.mjs`-Dateien von einem Webserver bereitstellen lassen, muss dieser Server so eingerichtet sein, dass er zusammen mit der Antwort den Header `Content-Type: text/javascript` zurückgibt.

> **Vorsicht**
>
> Anders als bei regulären Skripten rufen Browser Module mit CORS-Einschränkungen ab. Wenn Sie ein Modul aus einer anderen Domäne laden, muss der Server den Header `Access-Control-Allow-Origin` zurückgeben.

> **Hinweis**
>
> Das Objekt `import.meta` ist ein Vorschlag auf Stufe 3, um Informationen über das aktuelle Modul bereitzustellen. Einige JavaScript-Laufzeiten geben den URL, von dem das Modul geladen wurde, als `import.meta.url` an.

10.8 Übungen

1. Suchen Sie eine JavaScript-Bibliothek für statistische Berechnungen (z.B. `https://github.com/simple-statistics/simple-statistics`). Schreiben Sie ein Programm, das die Bibliothek als ECMAScript-Modul implementiert und den Mittelwert und die Standardabweichung einer Datenmenge berechnet.

2. Suchen Sie eine JavaScript-Bibliothek für die Verschlüsselung (z.B. `https://github.com/brix/crypto-js`). Schreiben Sie ein Programm, das die Bibliothek als ECMAScript-Modul implementiert und eine Nachricht erst verschlüsselt und dann entschlüsselt.

3. Schreiben Sie ein einfaches Protokolliermodul, das die Protokollierung von Nachrichten ermöglicht, deren Protokollierungsgrad einen gegebenen Schwellenwert überschreitet. Exportieren Sie eine Protokollierfunktion, Konstanten für den Protokollierungsgrad und eine Funktion zum Festlegen des Schwellenwerts.

4. Wiederholen Sie die vorherige Übung, exportieren Sie diesmal aber eine einzelne Klasse als Standardmerkmal.

5. Schreiben Sie ein einfaches Modul für die Caesar-Verschlüsselung (bei der zu jedem Codepunkt eine Konstante addiert wird). Verwenden Sie das Protokolliermodul aus einer der vorherigen Übungen, um alle Aufrufe von `decrypt` festzuhalten.

6. Stellen Sie als Beispiel für zyklische Abhängigkeiten in den Modulen aus der vorherigen Übung eine Möglichkeit bereit, um die Protokolle im Protokolliermodul zu verschlüsseln.

7. Schreiben Sie ein einfaches Modul, das zufällige Integer, Arrays aus zufälligen Integern und zufällige Strings bereitstellt. Nutzen Sie so viele verschiedene Möglichkeiten der `export`-Syntax wie möglich.

8. Was ist der Unterschied zwischen

   ```
   import Cipher from './modules/caesar.mjs'
   ```

   und

   ```
   import { Cipher } from './modules/caesar.mjs' ?
   ```

9. Erklären Sie den Unterschied zwischen

   ```
   export { encrypt, Cipher, DEFAULT_KEY }
   ```

   und

   ```
   export default { encrypt, Cipher, DEFAULT_KEY }
   ```

10. Welche der folgenden Anweisungen sind gültiges JavaScript?

    ```
    export function default(s, key) { ... }
    export default function (s, key) { ... }
    export const default = (s, key) => { ... }
    export default (s, key) => { ... }
    ```

11. Bäume enthalten zwei verschiedene Arten von Knoten, nämlich solche mit Kindern (Eltern) und solche ohne (Blätter). Das können wir mithilfe der Vererbung wie folgt modellieren:

    ```
    class Node {
      static from(value, ...children) {
        return children.length === 0 ? new Leaf(value)
          : new Parent(value, children)
      }
    }
    ```

```
class Parent extends Node {
  constructor(value, children) {
    super()
    this.value = value
    this.children = children
  }
  depth() {
    return 1 + Math.max(...this.children.map(c => c.depth()))
  }
}

class Leaf extends Node {
  constructor(value) {
    super()
    this.value = value
  }
  depth() {
    return 1
  }
}
```

Versetzen Sie sich nun in die Lage eines modulbegeisterten Entwicklers und stellen Sie jede Klasse in ein eigenes Modul. Probieren Sie das Ergebnis anschließend mit einem Demonstrationsprogramm aus:

```
import { Node } from './node.mjs'

const myTree = Node.from('Adam',
  Node.from('Cain', Node.from('Enoch')),
  Node.from('Abel'),
  Node.from('Seth', Node.from('Enos')))
console.log(myTree.depth())
```

Was geschieht dabei? Warum ist das so?

12. Das Problem aus der vorherigen Übung können Sie natürlich ganz einfach vermeiden, indem Sie entweder keine Vererbung nutzen oder darauf verzichten, alle Klassen in eigene Module zu stecken. In einem umfangreichen System ist das jedoch möglicherweise nicht nötig. Behalten Sie daher die einzelnen Module für jede Klasse bei und stellen Sie ein Fassadenmodul namens `tree.mjs` bereit, das alle drei Module reexportiert. Importieren Sie in allen Modulen aus `'./tree.mjs'` statt aus den einzelnen Modulen. Warum können Sie das Problem mit dieser Vorgehensweise lösen?

11 Metaprogrammierung

In diesem Kapitel beschäftigen wir uns intensiv mit fortgeschrittenen APIs, mit denen es möglich ist, Objekte mit nicht standardmäßigem Verhalten zu erstellen und Code für generische Objekte zu schreiben.

Als Erstes sehen wir uns dabei Symbole an. Neben Strings bilden sie den einzigen Typ, der für die Namen von Objekteigenschaften verwendet werden kann. Durch die Definition von Eigenschaften mit bestimmten bekannten oder Standardsymbolen können Sie das Verhalten ausgewählter API-Methoden anpassen.

Anschließend werfen wir einen genaueren Blick auf Objekteigenschaften und ihre Attribute. Dabei werden Sie erfahren, wie Sie Eigenschaften analysieren, erstellen und die gewünschten Attribute aktualisieren. Als Beispielanwendung betrachten wir dabei eine umfassende Klonfunktion für tiefe Kopien.

Anschließend wenden wir uns Funktionsobjekten und Methoden zum Binden von Parametern und zum Aufrufen von Funktionen mit gegebenen Parametern zu. Abschließend schauen wir uns an, wie wir mithilfe von Proxys jegliche Vorgänge im Zusammenhang mit Objekten abfangen können. Dabei betrachten wir zwei

Anwendungen ausführlich, nämlich eine zur Beobachtung des Objektzugriffs und eine zum dynamischen Erstellen von Eigenschaften.

11.1 Symbole

In diesem Buch haben Sie immer wieder JavaScript-Objekte mit Schlüsseln vom Typ `String` gesehen. Allerdings unterliegt die Verwendung von Strings als Schlüssel einigen Einschränkungen. Im modernen JavaScript gibt es daher noch einen zweiten Typ, den Sie für Objektschlüssel verwenden können, nämlich `Symbol`.

Symbole haben String-Labels, sind aber selbst keine Strings. Ein Symbol erstellen Sie wie folgt:

```
const sym = Symbol('label')
```

Symbole sind eindeutig. Nehmen wir an, Sie erstellen ein zweites Symbol:

```
const sym2 = Symbol('label')
```

In diesem Fall gilt `sym != sym2`.

Das ist der Hauptvorteil von Symbolen. Wenn Sie einen garantiert eindeutigen String-Schlüssel haben wollen, können Sie ihm einen Zähler, einen Zeitstempel oder eine Zufallszahl hinzufügen. Aber selbst dann müssen Sie sich noch Sorgen machen, ob das ausreicht.

Hinweis

Es ist nicht möglich, mit new ein Symbol zu erstellen. new `Symbol('label')` löst eine Exception aus.

Da Symbole keine Strings sind, können Sie für Symbolschlüssel nicht die Punktschreibweise verwenden, sondern müssen eckige Klammern nehmen:

```
let obj = { [sym]: initialValue }
obj[sym] = newValue
```

Wenn Sie einem vorhandenen Objekt, etwa einem DOM-Knoten, eine Eigenschaft hinzufügen möchten, ist es nicht sehr günstig, dafür einen String-Schlüssel zu verwenden:

```
node.outcome = 'success'
```

Auch wenn die Knoten zurzeit keinen Schlüssel namens `outcome` haben, kann es sein, dass sich das in Zukunft ändert.

Ein Symbol dagegen ist völlig sicher:

```
let outcomeSymbol = Symbol('outcome')
node[outcomeSymbol] = 'success'
```

Beachten Sie, dass Sie das Symbol in einer Variablen oder einem Objekt speichern müssen, damit Sie es noch zur Verfügung haben, wenn Sie es später brauchen.

Beispielsweise verfügt die Klasse `Symbol` über Standardsymbole in den Feldern `Symbol.iterator` und `Symbol.species`, die wir uns im nächsten Abschnitt genauer ansehen werden.

Müssen Sie Symbole über verschiedene Bereiche hinweg verwenden (z.B. in unterschiedlichen Iframes oder Web Workern), können Sie die globale Symbolregistrierung nutzen. Um ein globales Symbol zu erstellen oder ein zuvor erstelltes abzurufen, verwenden Sie die Methode `Symbol.for`. Geben Sie dabei einen global eindeutigen Schlüssel an:

```
let sym3 = Symbol.for('com.horstmann.outcome')
```

Hinweis

Bei der Anwendung auf ein Symbol gibt der Operator `typeof` den String `'symbol'` zurück.

11.2 Anpassung mithilfe von Symboleigenschaften

In der JavaScript-API werden Symboleigenschaften verwendet, um das Verhalten von Klassen anzupassen. Zu diesem Zweck definiert die Klasse `Symbol` eine Reihe von bekannten oder Standard-Symbolkonstanten, die Sie in Tabelle 11–1 finden. In den folgenden Teilabschnitten sehen wir uns drei davon genauer an.

Symbol	Beschreibung
`toStringTag`	Passt die Methode `toString` der Klasse `Object` an (siehe Abschnitt 11.2.1).
`toPrimitive`	Passt die Umwandlung in einen primitiven Typ an (siehe Abschnitt 11.2.2).
`species`	Eine Konstruktorfunktion, um eine Sammlung von Ergebnissen zu erstellen, wie sie von Methoden wie `map` und `filter` genutzt wird (siehe Abschnitt 11.2.3).
`iterator`, `asyncIterator`	Definiert Iteratoren (siehe Kapitel 9) und asynchrone Iteratoren (siehe Kapitel 10).

→

<table>
<tr><th>Symbol</th><th>Beschreibung</th></tr>
<tr><td><code>hasInstance</code></td><td>Passt das Verhalten von <code>instanceof</code> an:<pre>class Iterable {
  static [Symbol.hasInstance](obj) {
    return Symbol.iterator in obj
  }
}
[1, 2, 3] instanceof Iterable</pre></td></tr>
<tr><td><code>match</code>, <code>matchAll</code>, <code>replace</code>, <code>search</code>, <code>split</code></td><td>Werden von den gleichnamigen <code>String</code>-Methoden aufgerufen und können für andere als <code>RegEx</code>-Objekte umdefiniert werden (siehe Übung 2).</td></tr>
<tr><td><code>isConcatSpreadable</code></td><td>Wird in der <code>Array</code>-Methode <code>concat</code> verwendet:<pre>const a = [1, 2]
const b = [3, 4]
a[Symbol.isConcatSpreadable] = false
[].concat(a, b) ⇒ [[1, 2], 3, 4]</pre></td></tr>
</table>

Tab. 11–1 *Standardsymbole*

11.2.1 Die Methode toString anpassen

Das Verhalten der Methode `toString` in der Klasse `Object` können Sie ändern. Standardmäßig gibt sie `'[object Object]'` zurück. Hat ein Objekt aber eine Eigenschaft mit dem Schlüssel `Symbol.toStringTag`, dann wird statt `Object` der Eigenschaftswert verwendet:

```
const harry = { name: 'Harry Smith', salary: 100000 }
harry[Symbol.toStringTag] = 'Employee'
console.log(harry.toString())
  // Jetzt gibt toString den Wert '[object Employee]' zurück
```

Bei der Definition einer Klasse können Sie diese Eigenschaft im Konstruktor festlegen:

```
class Employee {
  constructor(name, salary) {
    this[Symbol.toStringTag] = 'Employee'
    ...
  }
  ...
}
```

Sie können auch eine Get-Methode bereitstellen, was es ermöglicht, die folgende besondere Syntax zu nutzen:

```
class Employee {
  ...
  get [Symbol.toStringTag]() { return JSON.stringify(this) }
}
```

Wichtig ist, dass die Standardsymbole einen Anknüpfungspunkt bieten, um das Verhalten einer API-Methode anzupassen.

11.2.2 Die Typumwandlung steuern

Das Symbol `Symbol.toPrimitive` gibt Ihnen mehr Kontrolle über die Konvertierung in primitive Typen, wenn ein Überschreiben der Methode `valueOf` nicht ausreicht. Betrachten Sie die folgende Klasse zur Darstellung von Prozentwerten:

```
class Percent {
  constructor(rate) { this.rate = rate }
  toString() { return `${this.rate}%` }
  valueOf() { return this.rate * 0.01 }
}
```

Sehen Sie sich nun folgendes Beispiel an:

```
const result = new Percent(99.44)
console.log('Result: ' + result) // Gibt Result: 0.9944 aus
```

Warum nicht `'99.44%'`? Das liegt daran, dass der Operator die Methode `valueOf` verwendet, wenn sie verfügbar ist. Die Lösung besteht darin, eine Methode mit dem Schlüssel `Symbol.toPrimitive` hinzuzufügen:

```
[Symbol.toPrimitive](hint) {
  if (hint === 'number') return this.rate * 0.01
  else return `${this.rate}%`
}
```

Der Parameter `hint` kann folgende Werte haben:

- `'number'` bei arithmetischen Operationen außer + und Vergleichen
- `'string'` bei `` `${. . .}` `` oder `String(...)`
- `'default'` bei + oder ==

11.2.3 species

Standardmäßig gibt die `Array`-Methode `map` eine Sammlung derselben Art zurück, die sie entgegengenommen hat:

```
class MyArray extends Array {}
let myValues = new MyArray(1, 2, 7, 9)
myValues.map(x => x * x) // Gibt ein MyArray zurück
```

Das ist jedoch nicht immer sinnvoll. Stellen Sie sich eine Klasse `Range` vor, die `Array` erweitert und einen Bereich von Integern beschreibt:

```
class Range extends Array {
  constructor(start, end) {
    super()
    for (let i = 0; i < end - start; i++)
      this[i] = start + i
  }
}
```

Transformationen von Bereichen sind aber gewöhnlich keine Bereiche:

```
const myRange = new Range(10, 99)
myRange.map(x => x * x) // Das sollte kein Range sein
```

Eine solche Sammlungsklasse kann einen anderen Konstruktor als Wert der Eigenschaft `Symbol.species` angeben:

```
class Range extends Array {
  ...
  static get [Symbol.species]() { return Array }
}
```

Diese Konstruktorfunktion wird von den `Array`-Methoden verwendet, die neue Arrays erstellen: `map`, `filter`, `flat`, `flatMap`, `subarray`, `slice`, `splice` und `concat`.

11.3 Attribute von Eigenschaften

In diesem und den folgenden Abschnitten sehen wir uns alle Funktionen und Methoden der Klasse `Object` an (siehe die Übersicht in Tabelle 11–2).

Name	Beschreibung
Funktionen	

`defineProperty(obj, name, descriptor)`
`defineProperties(obj,`
`{ name1: descriptor1, ... })`
	Definiert einen oder mehrere Deskriptoren für Eigenschaften.

`getOwnPropertyDescriptor(obj, name)`
`getOwnPropertyDescriptors(obj)`
`getOwnPropertyNames(obj)`
`getOwnPropertySymbols(obj)`
	Ruft einen oder alle nicht geerbten Deskriptoren eines Objekts oder nur deren String-Namen bzw. Symbole ab.

`keys(obj)`
`values(obj)`
`entries(obj)`
	Die Namen, Werte und `[`*Name*`,` *Wert*`]`-Paare eigener aufzählbarer Eigenschaften.

`preventExtensions(obj)`
`seal(obj)`
`freeze(obj)`
	Untersagt die Änderung des Prototyps und das Hinzufügen von Eigenschaften; darüber hinaus das Löschen von Eigenschaften und eine Konfiguration; zusätzlich die Änderung von Eigenschaften.

`isExtensible(obj)`
`isSealed(obj)`
`isFrozen(obj)`
	Prüft, ob `obj` von einer der Funktionen aus der vorherigen Zeile geschützt wird.

`create(prototype,`
`{ name1: descriptor1, ... })`
`fromEntries([[name1, value1], ...])`
	Erstellt ein neues Objekt mit den gegebenen Eigenschaften.

`assign(target, source1, source2, ...)`	Kopiert alle aufzählbaren eigenen Eigenschaften aus den Quellen ins Ziel. Verwenden Sie stattdessen lieber einen Verteilungsoperator.
`getPrototypeOf(obj)` `setPrototypeOf(obj, proto)`	Ruft den Prototyp ab bzw. legt ihn fest.
Methoden	
`hasOwnProperty(stringOrSymbol)` `propertyIsEnumerable(stringOrSymbol)`	Ist `true`, wenn das Objekt über die genannte Eigenschaft verfügt bzw. wenn es aufzählbar ist.
`isPrototypeOf(other)`	Prüft, ob das Objekt der Prototyp eines anderen ist.

Tab. 11–2 *Funktionen und Methoden der Klasse* `Object`

Sehen wir uns nun den Umgang mit Objekteigenschaften genauer an. Jede Eigenschaft eines JavaScript-Objekts verfügt über die folgenden drei *Attribute*:

1. `enumerable`: Wenn `true`, kann die Eigenschaft in `for-in`-Schleifen durchlaufen werden.
2. `writable`: Wenn `true`, kann der Wert der Eigenschaft geändert werden.
3. `configurable`: Wenn `true`, ist es möglich, die Eigenschaft zu löschen und ihre Attribute zu ändern.

Wenn Sie eine Eigenschaft in einem Objektliteral oder durch eine Zuweisung festlegen, sind alle drei Attribute `true` – bis auf eine Ausnahme: Eigenschaften mit Symbolschlüsseln sind nicht aufzählbar (`enumerable`):

```
let james = { name: 'James Bond' }
  // james.name ist schreib-, aufzähl- und konfigurierbar
```

Dagegen ist die Eigenschaft `length` eines Arrays schreibbar, aber weder aufzählnoch konfigurierbar.

Hinweis

Die Attribute `writable` und `configurable` werden im strikten Modus erzwungen, da sonst eine Excpetion ausgelöst wird. Im nichtstrikten Modus werden Verletzungen der Regel stillschweigend ignoriert.

Mit der Funktion `Object.defineProperty` können Sie Eigenschaften mit beliebigen Namen und Attributwerten dynamisch definieren:

```
Object.defineProperty(james, 'id', {
  value: '007',
  enumerable: true,
  writable: false,
  configurable: true
})
```

Das letzte Argument ist der *Deskriptor* der Eigenschaft.

Wenn Sie bei der Definition einer neuen Eigenschaft ein Attribut nicht angeben, wird es auf `false` gesetzt.

Mit derselben Funktion können Sie auch die Attribute bestehender Eigenschaften ändern, sofern diese konfigurierbar sind:

```
Object.defineProperty(james, 'id', {
  configurable: false
}) // Jetzt ist es nicht mehr möglich, james.id zu löschen und die Attribute
   // zu ändern
```

Sie können auch Get- und Set-Eigenschaften definieren, um Funktionen mit den Schlüsseln `get` und `set` bereitzustellen:

```
Object.defineProperty(james, 'lastName', {
  get: function() { return this.name.split(' ')[1] },
  set: function(last) { this.name = this.name.split(' ')[0] + ' ' + last }
})
```

Da Sie den Parameter `this` benötigen, können Sie hier keine Pfeilfunktionen verwenden.

Die Funktion `get` wird aufgerufen, wenn die Eigenschaft als Wert verwendet wird:

```
console.log(james.lastName) // Gibt Bond aus
```

Dagegen wird `set` aufgerufen, wenn der Eigenschaft ein neuer Wert zugewiesen wird:

```
james.lastName = 'Smith' // james.name ist jetzt 'James Smith'
```

> **Hinweis**
>
> In Kapitel 4 haben Sie erfahren, wie Sie Get- und Set-Methoden in einer Klasse erstellen, nämlich indem Sie einer Methode das Präfix `get` bzw. `set` voranstellen. Wie Sie gerade gesehen haben, ist es jedoch nicht erforderlich, eine Klasse zu definieren, um Get- und Set-Methoden zu erstellen.

Die Funktion `Object.defineProperties` kann mehrere Eigenschaften definieren oder ändern. Übergeben Sie ihr ein Objekt mit Eigenschaftsnamen als Schlüssel und Eigenschaftsdeskriptoren als Werte:

```
Object.defineProperties(james, {
  id: { value: '007', writable: false, enumerable: true, configurable: false },
  age: { value: 42, writable: true, enumerable: true, configurable: true }
})
```

11.4 Eigenschaften auflisten

Im letzten Abschnitt haben Sie erfahren, wie Sie eine oder mehrere Eigenschaften definieren. Die Funktionen `getOwnPropertyDescriptor` und `getOwnPropertyDescriptors` geben Eigenschaftsdeskriptoren in dem Format der Argumente von `defineProperty` bzw. `defineProperties` zurück:

```
Object.getOwnPropertyDescriptor(james, 'name')
```

Diese Funktion gibt folgenden Deskriptor zurück:

```
{ value: 'James Bond',
  writable: true,
  enumerable: true,
  configurable: true }
```

Um an alle Deskriptoren zu gelangen, rufen Sie Folgendes auf:

```
Object.getOwnPropertyDescriptors(james)
```

Das Ergebnis ist ein Objekt mit Eigenschaftsnamen als Schlüsseln und Deskriptoren als Werten:

```
{ name:
    { value: 'James Bond',
      writable: true,
      enumerable: true,
      configurable: true },
  lastName:
    { get: [Function: get],
      set: [Function: set],
      enumerable: false,
      configurable: false }
  ...
}
```

Diese Funktion heißt `get`**`Own`**`PropertyDescriptor`, da sie nur die in dem Objekt selbst definierten Eigenschaften zurückgibt und nicht diejenigen, die das Objekt über die Prototypkette geerbt hat.

> **Tipp**
>
> Die Funktion `Object.getOwnPropertyDescriptors` ist sehr nützlich, um ein Objekt auszuspionieren, da sie sämtliche Eigenschaften auflistet, auch diejenigen, die nicht aufzählbar sind (siehe Übung 9).

Wenn Sie nicht an dem Rundumschlag von Informationen interessiert sind, die `Object.getOwnPropertyDescriptors` liefert, können Sie `Object.getOwnPropertyNames(obj)` oder `Object.getOwnPropertySymbols(obj)` aufrufen. Dadurch erhalten Sie alle String- oder symbolwertigen Eigenschaftsschlüssel – ob aufzählbar oder nicht – und können damit die Deskriptoren nachschlagen, an denen Sie wirklich interessiert sind.

Schließlich gibt es noch die Funktionen `Object.keys`, `Object.values` und `Object.entries`, die die Namen, Werte bzw. [*Name*, *Wert*]-Paare der eigenen aufzählbaren Eigenschaften zurückgeben. Sie ähneln den Methoden `key`, `values` und `entries` der Klasse `Map` aus Kapitel 7. Allerdings sind dies keine Methoden und sie geben auch keine Iteratoren, sondern Arrays zurück:

```
const obj = { name: 'Fred', age: 42 }
Object.entries(obj) // [['name', 'Fred'], ['age', 42]]
```

Mit der folgenden Schleife können Sie die Eigenschaften durchlaufen:

```
for (let [key, value] of Object.entries(obj))
  console.log(key, value)
```

11.5 Das Vorhandensein einer einzelnen Eigenschaft prüfen

Die folgende Bedingung prüft, ob die eine Eigenschaft in einem Objekt oder dessen Prototypkette vorhanden ist:

```
stringOrSymbol in obj
```

Warum prüfen wir nicht einfach, ob `obj[stringOrSymbol] !==undefined`? Der Grund dafür ist, dass der Operator `in` für Eigenschaften mit dem Wert `undefined` ebenfalls `true` zurückgibt. Betrachten Sie das folgende Objekt:

```
const harry = { name: 'Harry', partner: undefined }
```

Die Bedingung `'partner' in harry` ist hier `true`.

Manchmal wollen wir uns jedoch gar nicht die Prototypkette ansehen. Um herauszufinden, ob ein Objekt selbst eine Eigenschaft mit einem gegebenen Namen enthält, rufen Sie Folgendes auf:

```
obj.hasOwnProperty(stringOrSymbol)
```

Um ein Objekt auf das Vorhandensein einer aufzählbaren Eigenschaft zu prüfen, gehen Sie wie folgt vor:

```
obj.propertyIsEnumerable(stringOrSymbol)
```

Bei der Verwendung dieser Methoden kann es jedoch zu einem Problem kommen. Denn es ist möglich, dass ein Objekt die Methoden überschreibt und so falsche Angaben zu seinen Eigenschaften liefert. Daher ist es sicherer, den Operator `in` und Funktionen wie `Object.getOwnPropertyDescriptor` zu verwenden.

11.6 Objekte schützen

Die Klasse `Object` hat drei aufeinander aufbauende Funktionen, um Objekte in zunehmendem Maße zu schützen:

1. `Object.preventExtensions(obj)`: Es ist nicht möglich, eigene Eigenschaften hinzuzufügen oder den Prototyp zu ändern.
2. `Object.seal(obj)`: Zusätzlich ist es hierbei nicht möglich, Eigenschaften zu löschen oder zu konfigurieren.

3. `Object.freeze(obj)`: Zusätzlich ist es hierbei nicht möglich, Eigenschaften festzulegen.

Alle drei Funktionen geben das geschützte Objekt zurück. Beispielsweise können Sie wie folgt ein Objekt konstruieren und einfrieren:

```
const frozen = Object.freeze({ ... })
```

Dieser Schutz gilt jedoch nur im strikten Modus.

Selbst das Einfrieren macht ein Objekt jedoch nicht völlig unveränderlich, da die Eigenschaftswerte nach wie vor veränderlich sein können:

```
const fred = Object.freeze({ name: 'Fred', luckyNumbers: [17, 29] })
fred.luckyNumbers[0] = 13 // OK: luckyNumbers ist nicht eingefroren
```

Wenn Sie völlige Unveränderbarkeit erreichen wollen, müssen Sie rekursiv alle abhängigen Objekte einfrieren (siehe Übung 8).

Um herauszufinden, ob ein Objekt mithilfe einer dieser Funktionen geschützt wurde, rufen Sie `Object.isExtensible(obj)`, `Object.isSealed(obj)` oder `Object.isFrozen(obj)` auf.

11.7 Objekte erstellen und ändern

Die Funktion `Object.create` gibt Ihnen die volle Kontrolle darüber, wie das neue Objekt angelegt wird. Sie geben dabei den Prototyp sowie die Namen und Deskriptoren aller Eigenschaften an:

```
const obj = Object.create(proto, propertiesWithDescriptors)
```

Dabei ist `propertiesWithDescriptors` ein Objekt mit Eigenschaftsnamen als Schlüsseln und Deskriptoren als Werten (siehe Abschnitt 11.4 »Eigenschaften auflisten«).

Wenn Ihnen die Eigenschaftsnamen und -werte in einem iterierbaren Objekt aus Schlüssel-Wert-Paaren vorliegen, können Sie `Object.fromEntries` aufrufen, um ein Objekt mit all diesen Eigenschaften zu erstellen:

```
let james = Object.fromEntries([['name', 'James Bond'], ['id', '007']])
```

Der Aufruf `Object.assign(target, source1, source2, ...)` kopiert alle aufzählbaren eigenen Eigenschaften der Quellen ins Ziel und gibt das aktualisierte Ziel zurück:

```
james = Object.assign(james, { salary: 300000 }, genericSpy)
```

Heutzutage gibt es jedoch kaum noch einen Grund, `Object.assign` zu nutzen. Verwenden Sie stattdessen lieber einen Verteilungsoperator: `{ ...james, salary: 300000, ...genericSpy }`.

11.8 Auf den Prototyp zugreifen und ihn ändern

Die Prototypkette ist ein Grundprinzip der JavaScript-Programmierung. Wenn Sie die Schlüsselwörter `class` und `extends` verwenden, wird die Prototypkette automatisch eingerichtet. In diesem Abschnitt erfahren Sie, wie Sie diese manuell verwalten können.

Um den Prototyp eines Objekts abzurufen (also den Wert des internen Slots `[[Prototype]]`), verwenden Sie folgenden Aufruf:

```
const proto = Object.getPrototypeOf(obj)
```

Betrachten Sie dazu das folgende Beispiel:

```
Object.getPrototypeOf('Fred') === String.prototype
```

Nehmen wir an, Sie haben die Instanz einer Klasse, die mit dem Operator `new` erstellt wurde:

```
const obj = new ClassName(args)
```

In diesem Fall ist `Object.getPrototypeOf(obj)` dasselbe wie `ClassName.prototype`. Sie können den Prototyp eines beliebigen Objekts aber auch wie folgt festlegen:

```
Object.setPrototypeOf(obj, proto)
```

In Kapitel 4 sind wir vor der Einführung des Operators `new` bereits kurzzeitig so vorgegangen.

Den Prototyp eines vorhandenen Objekts zu ändern, ist jedoch eine ziemlich langsame Operation, da JavaScript-VMs davon ausgehen, dass dies eigentlich nicht möglich ist. Wenn Sie ein Objekt mit einem maßgeschneiderten Prototyp benötigen, ist es daher besser, die Methode `Object.create` aus Abschnitt 11.7 »Objekte erstellen und ändern« zu verwenden.

Der Aufruf `proto.isPrototypeOf(obj)` gibt `true` zurück, wenn sich `proto` in der Prototypkette von `obj` befindet. Sofern Sie keinen besonderen Prototyp festgelegt haben, können Sie auch einfach den Operator `instanceof` verwenden: `obj instanceof ClassName` ist gleichwertig mit `ClassName.prototype.isPrototypeOf(obj)`.

Hinweis

Im Gegensatz zu allen anderen Prototypobjekten ist `Array.prototype` tatsächlich ein Array.

11.9 Objekte klonen

Um uns den Stoff aus den letzten Abschnitten an einem Beispiel anzusehen, wollen wir eine Funktion schreiben, die eine tiefe Kopie oder einen Klon eines Objekts anfertigt. Bei naiver Betrachtung scheint sich für diesen Zweck der Verteilungsoperator anzubieten:

```
const cloned = { ...original } // Im Allgemeinen kein echter Klon
```

Dabei werden jedoch nur die aufzählbaren Eigenschaften und keine Prototypen kopiert.

Um auch die Prototypen und sämtliche Eigenschaften zu kopieren, können wir wie folgt vorgehen:

```
const cloned = Object.create(Object.getPrototypeOf(original),
  Object.getOwnPropertyDescriptors(original)) // Besser, aber immer noch
                                               // flach
```

Jetzt hat der Klon zwar denselben Prototyp und dieselben Eigenschaften wie das Original und auch alle Attribute der Eigenschaften wurden übernommen, aber die Kopie ist immer noch flach. Veränderbare Eigenschaftswerte wurden nicht geklont. Um sich klarzumachen, welche Probleme flache Kopien mit sich bringen, betrachten Sie das folgende Objekt:

```
const original = { radius: 10, center: { x: 20, y: 30 } }
```

Wie Sie in Abbildung 11–1 sehen, sind `original.center` und `clone.center` dasselbe Objekt. Bei einer Veränderung von `original` wird auch `clone` angepasst:

```
original.center.x = 40 // clone.center.x wird ebenfalls geändert
```

Um Abhilfe zu schaffen, können Sie alle Werte rekursiv klonen:

```
const clone = obj => {
  if (typeof obj !== 'object' || Object.isFrozen(obj)) return obj
  const props = Object.getOwnPropertyDescriptors(obj)
  let result = Object.create(Object.getPrototypeOf(obj), props)
```

```
    for (const prop in props)
      result[prop] = clone(obj[prop])
    return result
  }
```

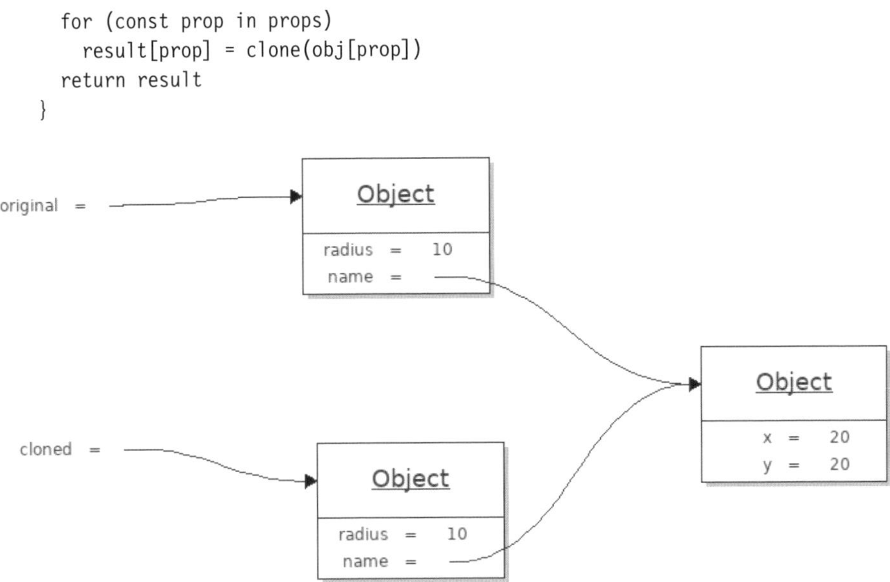

Abb. 11–1 *Flache Kopie*

Sind zyklische Verweise vorhanden, lässt sich diese Vorgehensweise jedoch nicht anwenden.

Nehmen wir an, zwei Personen haben jeweils die andere als ihren besten Freund (siehe Abb. 11–2):

```
const fred = { name: 'Fred' }
const barney = { name: 'Barney' }
fred.bestFriend = barney
barney.bestFriend = fred
```

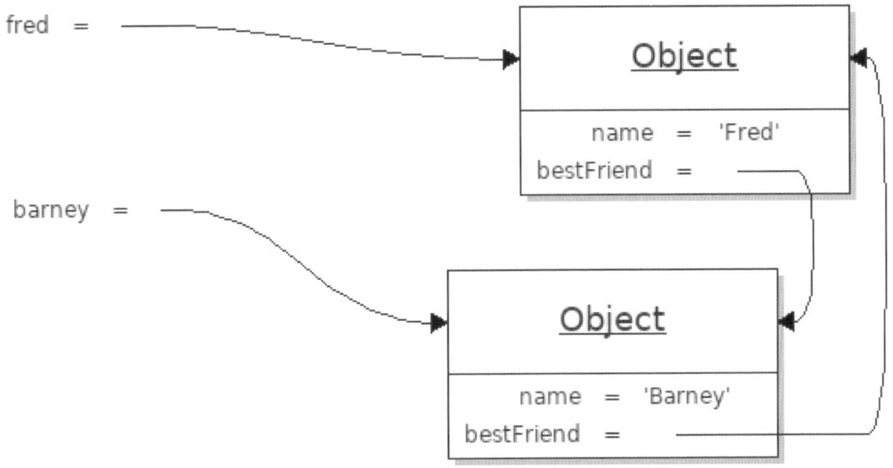

fred =
Object
name = 'Fred'
bestFriend =
barney =
Object
name = 'Barney'
bestFriend =

Abb. 11–2 *Zyklische Verweise*

Wenn wir fred jetzt rekursiv klonen, erhalten wir ein neues Objekt:

```
cloned = { name: 'Fred', bestFriend: clone(barney) }
```

Was aber macht clone(barney)? Die Funktion erstellt das Objekt { name: 'Barney', bestFriend: clone(fred) }. Das ist aber nicht das, was wir haben wollen, denn dadurch bekommen wir eine unendliche Rekursion. Selbst wenn nicht, hätte das resultierende Objekt die falsche Struktur. Schließlich erwarten wir ein Objekt, das sich wie folgt verhält:

```
cloned.bestFriend.bestFriend === cloned
```

Daher müssen wir den rekursiven Klonvorgang neu definieren. Wenn ein Objekt bereits geklont wurde, soll es nicht erneut geklont, sondern stattdessen der Verweis auf den existierenden Klon verwendet werden. Das lässt sich durch eine Zuordnung (Map) der ursprünglichen Objekte zu den geklonten Objekten erreichen. Bei einem noch nicht geklonten Objekt wird der Map der Verweis auf das Original und den Klon hinzugefügt, bei einem bereits geklonten nur der Klon nachgeschlagen:

```
const clone = (obj, cloneRegistry = new Map()) => {
  if (typeof obj !== 'object' || Object.isFrozen(obj)) return obj
  if (cloneRegistry.has(obj)) return cloneRegistry.get(obj)
  const props = Object.getOwnPropertyDescriptors(obj)
  let result = Object.create(Object.getPrototypeOf(obj), props)
  cloneRegistry.set(obj, result)
  for (const prop in props)
    result[prop] = clone(obj[prop], cloneRegistry)
  return result
}
```

Damit sind wir einer perfekten Klonfunktion schon ziemlich nahegekommen. Allerdings funktioniert sie nicht für Arrays. Der Aufruf clone([1, 2, 3]) gibt zwar ein Array-artiges Objekt mit dem Prototyp Array.prototype zurück, allerdings handelt es sich dabei nicht um ein Array: Array.isArray gibt false zurück.

Die Lösung besteht darin, Arrays mit Arrays.from und nicht mit Object.create zu kopieren. Die endgültige Version unserer Funktion sieht daher wie folgt aus:

```
const clone = (obj, cloneRegistry = new Map()) => {
  if (typeof obj !== 'object' || Object.isFrozen(obj)) return obj
  if (cloneRegistry.has(obj)) return cloneRegistry.get(obj)
  const props = Object.getOwnPropertyDescriptors(obj)
  let result = Array.isArray(obj) ? Array.from(obj)
    : Object.create(Object.getPrototypeOf(obj), props)
```

```
    cloneRegistry.set(obj, result)
    for (const prop in props)
      result[prop] = clone(obj[prop], cloneRegistry)
    return result
  }
```

11.10 Funktionseigenschaften

Nachdem wir die Methoden der Klasse `Object` besprochen haben, wollen wir uns als Nächstes die Funktionsobjekte ansehen. Jede mit dem Schlüsselwort `function` definierte Funktion verfügt über die folgenden drei nichtaufzählbaren Eigenschaften:

- `name`: der Name, mit dem die Funktion definiert wurde, bzw. bei einer anonymen Funktion der Name der Variablen, zu der sie zugewiesen wurde (siehe Übung 14).
- `length`: die Anzahl der Argumente, wobei ein Restargument nicht mitgezählt wird.
- `prototype`: ein Objekt zur Aufnahme von Prototypeigenschaften.

In klassischem JavaScript gibt es keinen Unterschied zwischen Funktionen und Konstruktoren. Selbst im strikten Modus können alle Funktionen mit `new` aufgerufen werden. Daher hat jede Funktion auch ein `prototype`-Objekt.

Sehen wir uns dieses Objekt etwas genauer an. Es hat keine aufzählbaren Eigenschaften, aber eine nichtaufzählbare namens `constructor`, die auf die Konstruktorfunktion verweist (siehe Abb. 11–3). Nehmen wir beispielsweise an, wir definieren die Klasse `Employee`. Wie jede andere Funktion verfügt die Konstruktorfunktion `Employee` über die Eigenschaft `prototype` und es gilt:

```
Employee.prototype.constructor === Employee
```

Jedes Objekt erbt seine `constructor`-Eigenschaft vom Prototyp. Daher können Sie den Klassennamen eines Objekts wie folgt abrufen:

```
obj.constructor.name
```

Hinweis

Innerhalb eines Konstruktors wird der eigenartig aussehende Ausdruck `new.target` zu der Funktion ausgewertet, mit der das Objekt erstellt wird. Mithilfe dieses Ausdrucks können Sie herausfinden, ob ein Objekt als Instanz einer Teilklasse angelegt wird, was manchmal nützlich ist (siehe Abb. 11). Außerdem können Sie ermitteln, ob die Funktion ohne `new` aufgerufen wurde, denn in diesem Fall gilt `new.target === undefined`.

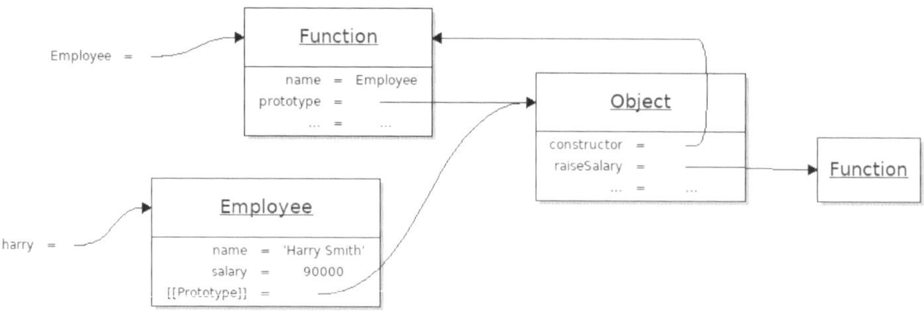

Abb. 11–3 *Die Eigenschaft* `constructor`

11.11 Argumente binden und Methoden aufrufen

Wenn Sie die Methode `bind` auf eine Funktion anwenden, gibt sie eine neue Funktion mit fixierten Argumenten zurück:

```
const multiply = (x, y) => x * y
const triple = multiply.bind(null, 3)
triple(14) // Gibt 42 zurück, also multiply(3, 14)
```

Da ein Argument von `multiply` durch `bind` fixiert wird, hat die resultierende Funktion `triple` nur noch ein Argument.

Das erste Argument von `bind` ist die Bindung für den Parameter `this`:

```
const isPet = Array.prototype.includes.bind(['cat', 'dog', 'fish'])
```

Mithilfe von `bind` können Sie eine Methode in eine Funktion umwandeln:

```
button.onclick = this.handleClick.bind(this)
```

In keinem der hier vorgestellten Fälle ist es jedoch notwendig, `bind` zu verwenden. Genauso gut können Sie auch explizit eine Funktion definieren:

```
const triple = y => multiply(3, y)
const isPet = x => ['cat', 'dog', 'fish'].includes(x)
button.onclick = (...args) => this.handleClick(...args)
```

Die Methode `call` ähnelt `bind`. Allerdings werden alle Argumente bereitgestellt und die Funktion oder Methode aufgerufen:

```
let answer = multiply.call(null, 6, 7)
let uppercased = String.prototype.toUpperCase.call('Hello')
```

Natürlich wäre es viel einfacher, `multiply(6, 7)` oder `'Hello'.toUpperCase()` aufzurufen. Es gibt jedoch eine Situation, in der ein solcher direkter Funktionsaufruf nicht funktioniert. Betrachten Sie dazu das folgende Beispiel:

```
const spacedOut = Array.prototype.join.call('Hello', ' ') // 'H e l l o'
```

Der folgende Aufruf ist nicht möglich:

```
'Hello'.join(' ')
```

Das liegt daran, dass `join` keine Methode von `String`, sondern von `Array` ist, die lediglich auf Strings angewendet wird.

Auch `apply` ähnelt `call`, aber ihre Argumente befinden sich mit Ausnahme von `this` in einem Array (oder einem Array-ähnlichen Objekt):

```
String.prototype.substring.apply('Hello', [1, 4]) // 'ell'
```

Wenn Sie eine beliebige, in einer Variablen `f` gespeicherte Funktion auf beliebige Argumente anwenden müssen, ist es einfacher, den Ausdruck `f(...args)` statt `f.apply(null, args)` zu verwenden. Enthält die Variable `f` dagegen eine *Methode*, haben Sie keine andere Wahl, als `f.apply(obj, args)` zu verwenden, denn es ist nicht möglich, `obj.f(...args)` aufzurufen.

> **Hinweis**
>
> Bevor das Schlüsselwort `super` zu JavaScript hinzugefügt wurde, mussten Sie `bind`, `call` oder `apply` verwenden, um den Konstruktor einer Oberklasse aufzurufen (siehe Übung 16).

11.12 Proxys

Ein Proxy ist eine Entität, die Benutzern gegenüber wie ein Objekt erscheint, aber den Zugriff auf Eigenschaften und Prototypen sowie den Aufruf von Methoden abfängt, sodass dabei beliebige Aktionen ausgeführt werden können.

Beispielsweise kann ein objektrelationaler Mapper (ORM) Methodennamen wie den folgenden unterstützen:

```
const result = orm.findEmployeeById(42)
```

`Employee` entspricht dabei einer Datenbanktabelle. Wenn es keine solche Tabelle gibt, führt die Methode jedoch zu einem Fehler.

In dem vorigen Code ist `orm` ein Proxy-Objekt, das alle Methodenaufrufe abfängt. Wird es mit einer Methode der Form `find...ById` aufgerufen, entnimmt es den Tabellennamen aus dem Methodennamen und schlägt in der Datenbank nach.

Das ist eine äußert vielseitige Vorgehensweise, die sich sehr dynamisch und wirkungsvoll einsetzen lässt, u. a. für folgende Zwecke:

- Automatische Protokollierung der Änderung von Eigenschaften oder des Zugriffs darauf
- Steuerung des Zugriffs auf Eigenschaften, z.B. zur Validierung oder zum Schutz sensibler Daten
- Dynamische Eigenschaften, z.B. DOM-Elemente und Datenbankspalten
- Durchführung von Aufrufen über das Netzwerk wie lokale Aufrufe

Um einen Proxy zu erstellen, müssen Sie zwei Objekte angeben:

- Das *Ziel* ist das Objekt, dessen Operationen Sie steuern wollen.
- Der *Handler* ist ein Objekt mit *Trap-Funktionen*, die bei einer Bearbeitung des Proxys aufgerufen werden.

Die 13 möglichen Trap-Funktionen sind in Tabelle 11–3 aufgeführt.

Sehen wir uns zunächst ein einfaches Beispiel an, in dem wir die Lese- und Schreibvorgänge an dem Objekt `obj` protokollieren. Im Handler müssen wir dazu zwei Trap-Funktionen einrichten:

```
const obj = { name: 'Harry Smith', salary: 100000 }
const logHandler = {
  get(target, key, receiver) {
    const result = target[key]
    console.log(`get ${key.toString()} as ${result}`)
    return result
  },
  set(target, key, value, receiver) {
    console.log(`set ${key.toString()} to ${value}`)
    target[key] = value
    return true
  }
}
const proxy = new Proxy(obj, logHandler)
```

Der Parameter `target` der Funktionen `get` und `set` ist das Zielobjekt des Proxys (hier also `obj`). Beim Empfänger (`receiver`) handelt es sich um das Objekt, auf dessen Eigenschaften zugegriffen wurde. Das ist das `proxy`-Objekt, sofern es sich nicht in der Prototypkette eines anderen Objekts befindet.

Nun müssen wir statt des ursprünglichen Objekts den Proxy an den zu überwachenden Code übergeben.

Nehmen wir an, jemand ändert das Gehalt:

```
proxy.salary = 200000
```

Dadurch wird die folgende Benachrichtigung erstellt:

```
set salary to 200000
```

Nicht abgefangene Operationen werden an das Ziel übergeben. In unserem Beispiel führt der folgende Aufruf dazu, dass das Feld `salary` im Ziel gelöscht wird:

```
delete proxy.salary
```

Die JavaScript-API enthält eine praktische Proxy-Implementierung, mit der Sie vertrauenswürdigem Code ein mit einem Proxy versehenes Objekt übergeben, aber danach den Zugriff verhindern können, wenn Sie kein Vertrauen mehr zu dem haben, was später geschieht.

Richten Sie den Proxy wie folgt ein:

```
const target = ...
const p = Proxy.revocable(target, {})
```

Die Funktion `proxy.revocable` gibt ein Objekt mit der Eigenschaft `proxy`, das mit einem Proxy versehene Objekt und die Methode `revoke` zurück, mit der Sie den Zugriff auf den Proxy widerrufen können.

Wenn Sie den Proxy an vertrauenswürdigen Code übergeben, können alle Operationen auf das Zielobjekt zugreifen:

Rufen Sie danach Folgendes auf:

```
p.revoke() // p.proxy ist nicht mehr verwendbar
```

Daraufhin lösen alle Operationen auf dem Proxy eine Exception aus.

Zum Abfangen von Operationen müssen Sie einen Handler bereitstellen. Wenn Sie mit dem Standardverhalten zufrieden sind, geben Sie einfach ein leeres Objekt an. Ein Beispiel für einen nichttrivialen Handler finden Sie in Übung 24.

Name	Description
`get(target, key, receiver)`	`receiver[key]`, `receiver.key`
`set(target, key, value, receiver)`	`receiver[key] = value`, `receiver.key = value`
`deleteProperty(target, key)`	`delete proxy[key]`, `delete proxy.key`

→

Name	Description
has(target, key)	key in target
getPrototypeOf(target)	Object.getPrototypeOf(proxy)
setPrototypeOf(target, proto)	Object.setPrototypeOf(proxy, proto)
isExtensible(target)	Object.isExtensible(proxy)
preventExtensions(target)	Object.preventExtensions(proxy)
getOwnPropertyDescriptor(target, key)	Object.getOwnPropertyDescriptor(proxy, key), Object.keys(proxy)
ownKeys(target)	Object.keys(proxy), Object.getOwnProperty(Names|Symbols)(proxy)
defineProperty(target, key, descriptor)	Object.defineProperty(proxy, key, descriptor)
apply(target, thisArg, args)	thisArg.proxy(...args), proxy(...args), proxy.apply(thisArg, args), proxy.call(thisArg, ...args)
construct(target, args, newTarget)	new proxy(args) oder Aufruf durch super

Tab. 11–3 *Trap-Funktionen*

11.13 Die Klasse Reflect

Die Klasse Reflect implementiert die 13 Trap-Operationen aus Tabelle 11–3. Anstatt die Aktionen manuell zu implementieren, können Sie die entsprechenden Reflect-Funktionen aufrufen:

```
const logHandler = {
  get(target, key, receiver) {
    console.log(`get ${key.toString()}`)
    return Reflect.get(target, key, receiver)
      // Statt return target[key]
  },
  set(target, key, value, receiver) {
    console.log(`set ${key.toString()}`)
    return Reflect.set(target, key, value, receiver)
      // Statt target[key] = value; return true
    }
}
```

Nehmen wir an, wir möchten *alle* Operationen protokollieren, die sich abfangen lassen. Bis auf den Funktionsnamen sieht der Code für jede der Handler-Funktionen gleich aus. Anstatt also die ganzen fast identischen Handler-Funktionen zu schreiben, richten Sie einen zweiten Proxy ein, der die Get-Methode für den Funktionsnamen abfängt:

```
const getHandler = {
  get(target, trapKey, receiver) {
    return (...args) => {
      console.log(`Trapping ${trapKey}`)
      return Reflect[trapKey](...args);
    }
  }
}

const logEverythingHandler = new Proxy({}, getHandler)

const proxy = new Proxy(obj, logEverythingHandler)
```

Um den Ablauf besser zu verstehen, sehen wir ihn uns an einem Beispiel an:

1. Der Benutzer des Proxys ändert eine Eigenschaft:
   ```
   proxy.name = 'Fred'
   ```
2. Die entsprechende Methode von `logEverythingHandler` wird aufgerufen:
   ```
   logEverythingHandler.set(obj, 'name', 'Fred', proxy)
   ```
3. Um diesen Aufruf ausführen zu können, muss die virtuelle Maschine die `set`-Methode von `logEverythingHandler` ausfindig machen.
4. Da `logEverythingHandler` selbst ein Proxy ist, wird die `get`-Methode von dessen Handler aufgerufen:
   ```
   getHandler.get({}, 'set', logEverythingHandler)
   ```
5. Dieser Aufruf gibt als Wert von `logEverythingHandler.set` eine Funktion zurück:
   ```
   (...args) => { console.log(`Trapping set`); return Reflect.set(...args) }
   ```
6. Jetzt kann der in Schritt 2 begonnene Funktionsaufruf fortgesetzt werden. Die Funktion wird hier mit den Argumenten `(obj, 'name', 'Fred', proxy)` aufgerufen.
7. An der Konsole wird eine Meldung ausgegeben. Darauf folgt der Aufruf:
   ```
   Reflect.set(obj, 'name', 'Fred', proxy)
   ```
8. Dieser Aufruf führt dazu, dass `obj.name` auf `'Fred'` gesetzt wird.

Wenn Sie die Argumente der Trap-Funktionen protokollieren wollen (also das Ziel und den Proxy), müssen Sie sehr vorsichtig sein, damit Sie keine unendliche Rekursion hervorrufen. Eine Möglichkeit besteht darin, eine Map der bekannten Objekte zu haben und diese nach dem Namen geordnet auszugeben. Ein Aufruf von `toString` dagegen würde weitere Trap-Aufrufe verursachen.

```
const knownObjects = new WeakMap()

const stringify = x => {
  if (knownObjects.has(x))
    return knownObjects.get(x)
  else
    return JSON.stringify(x)
}

const logEverything = (name, obj) => {
  knownObjects.set(obj, name)
  const getHandler = {
    get(target, trapKey, receiver) {
      return (...args) => {
        console.log(`Trapping ${trapKey}(${args.map(stringify)})`)
        return Reflect[trapKey](...args);
      }
    }
  }

  const result = new Proxy(obj, new Proxy({}, getHandler))
  knownObjects.set(result, `proxy of ${name}`)
  return result
}
```

Jetzt können Sie Folgendes aufrufen:

```
const fred = { name: 'Fred' }
const proxyOfFred = logEverything('fred', fred)
proxyOfFred.age = 42
```

Daraufhin sehen Sie die folgenden Protokollieranweisungen:

```
Trapping set(fred,age,42,proxy of fred)
Trapping getOwnPropertyDescriptor(fred,age)
Trapping defineProperty(fred,"age",{"value":42,
  "writable":true,"enumerable":true,"configurable":true})
```

Die Klasse `Reflect` wurde für die Arbeit mit Proxys erstellt, aber drei ihrer Methoden sind auch für sich allein nützlich, da sie etwas mehr Komfort bieten als ihre klassischen Gegenstücke:

1. `Reflect.deleteProperty` gibt einen booleschen Wert zurück, der angibt, ob der Löschvorgang erfolgreich war. Das macht der Operator `delete` nicht.
2. `Reflect.defineProperty` gibt einen booleschen Wert zurück, der angibt, ob die Definition erfolgreich war. Dagegen löst `Object.defineProperty` bei einem Fehlschlag eine Exception aus.

3. `Reflect.apply(f, thisArg, args)` ruft garantiert `Function.prototype.apply` auf. Das ist bei `f.apply(thisArg, args)` nicht unbedingt der Fall, da die Eigenschaft `apply` umdefiniert werden kann.

11.14 Proxy-Invarianten

Wenn Sie Proxy-Operationen implementieren, prüft die virtuelle Maschine, ob sie sinnvolle Werte zurückgeben. Beispielsweise wird Folgendes untersucht:

- `construct` muss ein Objekt zurückgeben.
- `getOwnPropertyDescriptor` muss ein Deskriptorobjekt oder `undefined` zurückgeben.
- `getPrototypeOf` muss ein Objekt oder `null` zurückgeben.

Außerdem führt die virtuelle Maschine Konsistenzprüfungen für Proxy-Operationen durch. Ein Proxy muss bestimmte Aspekte seines Ziels beachten, darunter die Folgenden:

- nicht schreibbare Zieleigenschaften
- nicht konfigurierbare Zieleigenschaften
- nicht erweiterbare Ziele

Die ECMAScript-Spezifikation nennt Invarianten, die ein Proxy erfüllen muss. Beispielsweise enthält die Beschreibung der `get`-Operation auf Proxys folgende Anforderung: »Der (von `get`) gemeldete Wert einer Eigenschaft muss gleich dem Wert der entsprechenden Eigenschaft des Zielobjekts sein, wenn die Zielobjekteigenschaft eine nicht schreibbare und nicht konfigurierbare eigene Dateneigenschaft ist.«

Ebenso gilt, dass `has` eine nicht konfigurierbare Zieleigenschaft nicht verbergen kann. Ist ein Ziel nicht erweiterbar, muss die Operation `getPrototypeOf` den tatsächlichen Prototyp zurückgeben, während `has` und `getOwnPropertyDescriptor` die tatsächlichen Eigenschaften angeben.

Diese Invarianten sind sinnvoll, wenn ein Proxy ein bestehendes Objekt erweitert, ohne ihm irgendwelche Eigenschaften hinzuzufügen. Leider zwingen sie uns jedoch dazu, über die vom Proxy ergänzten Eigenschaften zu lügen. Stellen Sie sich ein Array-artiges Objekt vor mit einem Bereich von Werten, etwa Integern zwischen 10 und 99. Es ist jedoch gar nicht nötig, diese Werte zu speichern, da wir sie auch dynamisch berechnen können. Dazu eignen sich Proxys sehr gut. Mit der folgenden Funktion können wir einen solchen Bereichs-Proxy erstellen:

```
const createRange = (start, end) => {
  const isIndex = key =>
    typeof key === 'string' && /^[0-9]+$/.test(key) && parseInt(key) < end -
        start

  return new Proxy({}, {
    get: (target, key, receiver) => {
      if (isIndex(key)) {
        return start + parseInt(key)
      } else {
        return Reflect.get(target, key, receiver)
      }
    }
  })
}
```

Die Trap-Funktion `get` produziert bei Bedarf Werte aus dem Bereich:

```
const range = createRange(10, 100)
console.log(range[10]) // 20
```

Es ist jedoch nicht möglich, die Schlüssel zu durchlaufen:

```
console.log(Object.keys(range)) // []
```

Das ist nicht verwunderlich. Wir müssen als Erstes die Trap-Funktion `ownKeys` definieren:

```
ownKeys: target => {
  const result = Reflect.ownKeys(target)
  for (let i = 0; i < end - start; i++)
    result.push(String(i))
  return result
}
```

Doch selbst nachdem wir `ownKeys` zum Handler hinzugefügt haben, gibt `Object.keys(range)` ein leeres Array zurück.

Um dieses Problem zu lösen, müssen wir Deskriptoren für die Indexeigenschaften bereitstellen:

```
getOwnPropertyDescriptor: (target, key) => {
  if (isIndex(key)) {
    return {
      value: start + Number(key),
      writable: false,
      enumerable: true,
      configurable: true // Nicht das, was wir eigentlich wollen
    }
  } else {
```

```
        return Reflect.getOwnPropertyDescriptor(target, key)
    }
}
```

Jetzt gibt `Object.keys` ein Array mit den Werten `'10'` bis `'99'` zurück. Es gibt jedoch einen Wermutstropfen: Die Indexeigenschaften müssen konfigurierbar sein, da sich sonst die Invariantenregel bemerkbar macht. Es ist nicht möglich, eine nicht konfigurierbare Eigenschaft zu melden, die nicht bereits im Ziel vorhanden ist (und unser Ziel ist ein leeres Objekt!). Wir wollen die Indexeigenschaften zwar nicht konfigurierbar machen, aber es bleibt uns keine andere Wahl. Wenn wir das Löschen und die Neukonfiguration der Indexeigenschaften verhindern möchten, müssen wir noch weitere Traps hinzufügen. Mehr darüber erfahren Sie in Übung 27.

Wie Sie sehen, ist die Implementierung dynamischer Eigenschaften in Proxys nichts für schwache Nerven. Bringen Sie Eigenschaften daher nach Möglichkeit im Ziel des Proxys unter. In unserem Beispiel sollte der Bereichs-Proxy über die Eigenschaft `length` und die Methode `toString` verfügen. Fügen Sie beide einfach zum Zielobjekt hinzu und fangen Sie sie in den Traps nicht ab (siehe Übung 28).

11.15 Übungen

1. Warum ist die Methode `Symbol.toPrimitive` für die Klasse `Percent` aus Abschnitt 11.2 »Anpassung mithilfe von Symboleigenschaften« unzulänglich? Versuchen Sie, Prozentwerte zu addieren und zu multiplizieren. Warum ist es nicht möglich, eine Korrekturmaßnahme zu finden, die sich sowohl für die Prozentarithmetik als auch für die String-Verkettung eignet?

2. Mit einem Glob-Muster lassen sich Dateinamen finden. In der einfachsten Form steht * für eine beliebige Folge von Zeichen außer dem Pfadtrennzeichen /, während ? für ein einzelnes Zeichen steht. Schreiben Sie die Klasse `Glob` und erlauben Sie den String-Methoden `match`, `matchAll`, `replace`, `search` und `split` unter Verwendung bekannter Symbole, Glob-Muster zu nutzen.

3. Laut Tabelle 11–1 können Sie das Verhalten von `x instanceof y` ändern, indem Sie dafür sorgen, dass `y` über eine bekannte Symboleigenschaft verfügt. Richten Sie es ein, dass `x instanceof Natural` prüft, ob `x` ein Integer größer oder gleich 0 ist, und `x instanceof Range(a, b)` prüft, ob `x` ein Integer aus dem angegebenen Bereich ist. Ich will damit nicht sagen, dass das eine sinnvolle Vorgehensweise wäre, allerdings ist es schon bemerkenswert, dass dies möglich ist.

4. Definieren Sie die Klasse `Person`, sodass die Methode `toString` für sie und ihre Unterklassen `[object` *Klassenname*`]` zurückgibt.

5. Schauen Sie sich die Ausgabe der folgenden Aufrufe an und erklären Sie die Ergebnisse:

```
Object.getOwnPropertyDescriptors([1,2,3])
Object.getOwnPropertyDescriptors([1,2,3].constructor)
Object.getOwnPropertyDescriptors([1,2,3].prototype)
```

6. Nehmen wir an, Sie versiegeln ein Objekt mit dem Aufruf `Object.seal(obj)`. Der Versuch, eine nicht vorhandene Eigenschaft zu ändern, löst im strikten Modus eine Exception aus. Allerdings ist es immer noch möglich, nicht vorhandene Eigenschaften zu lesen, ohne dass eine Exception auftritt. Schreiben Sie die Funktion `reallySeal`, bei der Lese- und Schreibvorgänge an nicht vorhandenen Eigenschaften des zurückgegebenen Objekts zu einer Exception führen. Tipp: Proxys!

7. Suchen Sie im Internet nach »JavaScript object clone« und schauen Sie sich einige Blogartikel sowie Antworten auf Stack Overflow an. Wie viele der beschriebenen Vorgehensweisen funktionieren tatsächlich bei einem gemeinsam genutzten, veränderbaren Status und zyklischen Verweisen?

8. Scheiben Sie die Funktion `freezeCompletely`, die ein Objekt und rekursiv auch seine gesamten Eigenschaftswerte einfriert. Berücksichtigen Sie dabei zyklische Abhängigkeiten.

9. Suchen mithilfe von `Object.getOwnPropertyDescriptors` alle Eigenschaften des Arrays `[1, 2, 3]`, der Funktion `Array` und von `Array.prototype`. Warum haben alle drei die Eigenschaft `length`?

10. Konstruieren sie mit `newString('Fred')` ein neues String-Objekt und setzen Sie seinen Prototyp auf `Array.prototype`. Welche Methoden können Sie auf das Objekt anwenden? Probieren Sie als Erstes `map` und `reverse` aus.

11. Der Ausdruck `new.target` – vorgestellt in dem Hinweiskasten am Ende von Abschnitt 11.10 »Funktionseigenschaften« – wird bei der Konstruktion eines Objekts mit dem Operator `new` auf die Konstruktorfunktion gesetzt. Nutzen Sie dies aus, um eine abstrakte Klasse `Person` zu erstellen, die mit `new` nicht instanziiert werden kann. Erlauben Sie jedoch die Instanziierung konkreter Unterklassen wie `Employee`.

12. Wie können Sie abstrakte Klassen mithilfe der Eigenschaft `constructor` des Prototyps statt mit der Technik aus der vorherigen Übung bilden? Welche Vorgehensweise ist stabiler?

13. Der Ausdruck `new.target` ist `undefined`, wenn eine Funktion ohne `new` aufgerufen wird. Welche einfachere Möglichkeit gibt es, um diesen Umstand im strikten Modus zu erkennen?

14. Untersuchen Sie die Eigenschaft `name` von Funktionen. Auf was ist sie gesetzt, wenn die Funktion ohne Namen definiert wird? Auf was, wenn sie ohne Namen definiert, aber einer lokalen Variablen zugewiesen wird? Wie sieht es bei anonymen Funktionen aus, die als Argumente übergeben oder als Funktionsergebnisse zurückgegeben werden? Was ist mit Pfeilausdrücken?

15. In Abschnitt 11.11 »Argumente binden und Methoden aufrufen« haben Sie gelernt, dass Sie `call` verwenden müssen, um eine Methode einer anderen Klasse aufzurufen. Geben Sie ein ähnliches Beispiel für `bind` an.

16. In dieser Übung vollziehen Sie nach, wie JavaScript-Programmierer die Verarbeitung implementieren mussten, bevor es die Schlüsselwörter `extends` und `super` gab. Gegeben sei die folgende Konstruktorfunktion:

    ```
    function Employee(name, salary) {
      this.name = name
      this.salary = salary
    }
    ```

    Methoden werden zum Prototyp hinzugefügt:

    ```
    Employee.prototype.raiseSalary = function(percent) {
      this.salary *= 1 + percent / 100
    }
    ```

    Schreiben Sie nun die Unterklasse `Manager`, ohne die Schlüsselwörter `extends` und `super` zu verwenden. Legen Sie den Prototyp von `Manager.prototype` mit `Object.setPrototypeOf` fest. Im Konstruktor `Manager` müssen Sie den Konstruktor `Employee` für das *vorhandene* `this`-Objekt aufrufen, anstatt ein neues zu erstellen. Verwenden Sie die in Abschnitt 11.11 »Argumente binden und Methoden aufrufen« beschriebene Methode `bind`.

17. Bei dem Versuch, die vorherige Übungsaufgabe zu lösen, geht Klein Fritzchen wie folgt vor, anstatt `Object.setPrototypeOf` zu verwenden:

    ```
    Manager.prototype = Employee.prototype
    ```

    Welche unseligen Auswirkungen hat das?

18. Wie am Ende von Abschnitt 11.8 »Auf den Prototyp zugreifen und ihn ändern« erwähnt, ist `Array.prototype` tatsächlich ein Array. Bestätigen Sie das mit `Array.isArray`. Warum ist `[] instanceof Array` falsch? Was geschieht mit Arrays, wenn Sie dem Array `Array.prototype` Elemente hinzufügen?

19. Verwenden Sie das Protokollier-Proxy aus Abschnitt 11.12 »Proxys«, um das Lesen und Schreiben von Array-Elementen zu überwachen. Was geschieht, wenn Sie ein Element lesen oder schreiben? Was geschieht, wenn Sie die Eigenschaft `length` lesen oder schreiben? Was geschieht, wenn Sie das Proxy-Objekt in der Konsole untersuchen, indem Sie seinen Namen eingeben?

20. Es ist immer ziemlich ärgerlich, wenn man sich beim Namen einer Eigenschaft oder Methode vertippt. Sorgen Sie mithilfe eines Proxys für eine automatische Korrektur. Dabei soll der ähnlichste existierende Name verwendet werden. Dazu benötigen Sie ein Maß für die Ähnlichkeit von Strings, z.B. die Anzahl identischer Zeichen oder die Levenshtein-Distanz.

21. Sie können das Verhalten von Objekten, Arrays und Strings ändern, indem Sie Methoden der Klasse `Object`, `Array` bzw. `String` überschreiben. Implementieren Sie einen Proxy, der solche Überschreibvorgänge verhindert.

22. Ein Ausdruck der Form `obj.prop1.prop2.prop3` löst eine Ausnahme aus, wenn eine der Zwischeneigenschaften `null` oder `undefined` zurückgibt. Mithilfe von Proxys lässt sich dieses Ärgernis jedoch beseitigen. Definieren Sie dazu als Erstes ein sicheres Objekt, das beim Nachschlagen einer beliebigen Eigenschaft sich selbst zurückgibt. Schreiben Sie dann die Funktion `safe(obj)` als Proxy für `obj`, die beim Nachschlagen einer Eigenschaft mit dem Wert `null` oder `undefined` das sichere Objekt zurückgibt. Zusatzpunkte gibt es dafür, diese Technik auf Methodenaufrufe zu erweitern, sodass auch `safe(obj).m1().m2().m3()` keine Exception auslöst, wenn eine der Zwischenmethoden `null` oder `undefined` zurückgibt.

23. Erstellen Sie einen Proxy, der eine XPath-artige Syntax zur Suche nach Elementen in HTML- und XML-Dokumenten unterstützt:

```
const root = makeRootProxy(document)
const firstItemInSecondList = root.html.body.ul[2].li[1]
```

24. Erstellen Sie einen widerrufbaren Proxy (siehe Abschnitt 11.12 »Proxys«), der alle Eigenschaften schreibgeschützt macht, bis der Zugriff komplett widerrufen wird.

25. In Abschnitt 11.14 »Proxy-Invarianten« gibt die Trap-Funktion `getOwnPropertyDescriptor` einen Deskriptor für Indexeigenschaften zurück, deren Attribut `configurable` den Wert `true` hat. Was geschieht, wenn Sie dieses Attribut auf `false` setzen?

26. Debuggen Sie die Trap-Funktion `ownKeys` aus Abschnitt 11.14 »Proxy-Invarianten«, indem Sie die Aufrufe des Ziels `{}` mit der Methode `logEverything` aus Abschnitt 11.13 »Die Klasse Reflect« protokollieren. Stellen Sie einen weiteren Protokollieraufruf in die Trap-Funktion `getOwnPropertyDescriptor`. Lesen Sie anschließend Abschnitt 9.5.11 des ECMAScript-Standards von 2020. Folgt Ihre Implementierung dem Algorithmus des Standards?

27. Fügen Sie Traps zu dem Bereichs-Proxy aus Abschnitt 11.14 »Proxy-Invarianten« hinzu, um zu verhindern, dass Indexeigenschaften gelöscht oder geändert werden. Fügen Sie auch ein `has`-Trap hinzu.

28. Ergänzen Sie den Bereichs-Proxy aus Abschnitt 11.14 »Proxy-Invarianten« um die Eigenschaft `length` und die Methode `toString`. Fügen Sie sie zum Proxy-Ziel hinzu und geben Sie in den Traps keine besondere Verarbeitung dafür an. Geben Sie die geeigneten Attribute an.

29. Der Bereichs-Proxy aus Abschnitt 11.14 »Proxy-Invarianten«, wird durch einen Aufruf der Funktion `createRange` instanziiert. Verwenden Sie eine Konstruktorfunktion, sodass ein Benutzer `new Range(10, 100)` aufrufen kann, um eine Proxy-Instanz zu erhalten, die genauso aussieht, als wäre sie eine Instanz der Klasse `Range`.

30. Führen Sie die vorherige Übung so fort, dass die Klasse `Range` die Klasse `Array` erweitert. Achten Sie darauf, die Eigenschaft `Symbol.species` festzulegen (siehe Abschnitt 11.2.3 »species«).

12 Iteratoren und Generatoren

In diesem kurzen Kapitel erfahren Sie, wie Sie Iteratoren für `for-of`-Schleifen und zum Verteilen von Arrays erstellen. Dadurch können Sie auch in Ihrem eigenen Code Iteratoren anwenden.

Die Implementierung eines Iterators kann ziemlich mühselig sein, lässt sich aber mithilfe von Generatoren vereinfachen. Ein Generator ist eine Funktion, die mehrere Werte produziert, nach jedem Wert anhält und die Arbeit wieder aufnimmt, wenn der nächste Wert angefordert wird. Außerdem bilden Generatoren das Rückgrat einer asynchronen Programmierung ohne Callbacks.

Der gesamte Stoff in diesem Kapitel ist auf einem höheren Niveau angesiedelt.

12.1 Iterierbare Werte

Am häufigsten werden iterierbare Werte in JavaScript wahrscheinlich in `for-of`-Schleifen verwendet. So sind beispielsweise Arrays iterierbar. Die folgende Schleife durchläuft die Elemente eines gegebenen Arrays:

```
for (const element of [1, 2, 7, 9])
```

Auch Strings sind iterierbar. Die folgende Schleife durchläuft die Codepunkte des gegebenen Strings:

```
for (const ch of 'Hello')
```

Folgende Werte sind iterierbar:

- Arrays und Strings
- Mengen (Sets) und Maps
- Die von den Methoden `keys`, `values` und `entries` von Arrays, typisierten Arrays, Mengen und Maps (aber nicht von `Object`) zurückgegebenen Objekte
- DOM-Datenstrukturen wie diejenigen, die vom Aufruf `document.querySelectorAll('div')` zurückgegeben werden

Im Allgemeinen ist ein Wert iterierbar, wenn er über eine Methode mit dem Schlüssel `Symbol.iterator` verfügt, die ein Iterator-Objekt zurückgibt:

```
const helloIter = 'Hello'[Symbol.iterator]()
```

Ein Iterator-Objekt verfügt über die Methode `next`. Sie produziert ein Objekt mit dem nächsten Wert und gibt einen Indikator zurück, der anzeigt, ob die Iteration abgeschlossen ist:

```
helloIter.next() // Produziert { value: 'H', done: false }
helloIter.next() // Produziert { value: 'e', done: false }
...
helloIter.next() // Produziert { value: 'o', done: false }
helloIter.next() // Produziert { value: undefined, done: true }
```

Betrachten Sie eine Schleife der folgenden Form:

```
for (const v of iterable)
```

Hier wird ein Iterator-Objekt durch den Aufruf von `iterable[Symbol.iterator]()` bezogen. Die Methode `next` dieses Objekts wird in jedem Schleifendurchlauf aufgerufen und produziert jedes Mal ein Objekt der Form `{ value: ..., done: ... }`.

Solange done den Wert false hat, wird die Variable v auf die Eigenschaft value des Objekts gesetzt. Sobald done aber true ist, wird die for-of-Schleife beendet.

In JavaScript werden iterierbare Werte in folgenden Situationen verwendet:

- wie bereits erwähnt in Schleifen der Form for (const v of iterable),
- bei der Verteilung eines Arrays: [...iterable],
- bei der Destrukturierung von Arrays: [first, second, third] = iterable,
- bei der Funktion Array.from(iterable),
- bei Mengen- und Map-Konstruktoren: new Set(iterable),
- bei der Direktive yield*, die Sie weiter hinten in diesem Kapitel kennenlernen werden,
- bei jeder anderen Verwendung des Iterators, den die von iterable[Symbol.iterable]() zurückgegebene Funktion konstruiert.

12.2 Iterierbare Objekte implementieren

In diesem Abschnitt sehen wir uns an, wie Sie iterierbare Objekte für for-of-Schleifen, Array-Verteilungen usw. erstellen können.

Am besten ist es, sich das an einem konkreten Beispiel anzusehen. Dazu schreiben wir zunächst die iterierbare Klasse Range, deren Iterator Werte zwischen zwei gegebenen Grenzen produziert:

```
class Range {
  constructor(start, end) {
    this.start = start
    this.end = end
  }
  ...
}
```

In einer for-of-Schleife können wir dann eine Instanz von Range verwenden:

```
for (const element of new Range(10, 20))
  console.log(element) // Gibt 10 11 ... 19 aus
```

Ein iterierbares Objekt muss eine Methode namens Symbol.iterator haben. Da der Methodenname kein String ist, wird er in eckige Klammern eingeschlossen:

```
class Range {
  ...
  [Symbol.iterator]() { ... }
}
```

Diese Methode gibt ein Objekt mit einer next-Methode zurück. Um diese Objekte zu produzieren, definieren wir eine weitere Klasse:

```
class RangeIterator {
  constructor(current, last) {
    this.current = current
    this.last = last
  }
  next() { ... }
}

class Range {
  ...
  [Symbol.iterator]() { return new RangeIterator(this.start, this.end) }
}
```

Die Methode next gibt Objekte der Form `{ value: ..., done: ... }` zurück:

```
next() {
  ...
  if (...) {
    return { value: irgendein Wert, done: false }
  } else {
    return { value: undefined, done: true }
  }
}
```

Wenn Sie wollen, können Sie `done: false` und `value: undefined` auch weglassen.

Unser Beispiel sieht damit wie folgt aus:

```
class RangeIterator {
  ...
  next() {
    if (this.current < this.last) {
      const result = { value: this.current }
      this.current++
      return result
    } else {
      return { done: true }
    }
  }
}
```

Da wir zwei Klassen definiert haben, wird deutlich, dass die Methode `Symbol.iterator` die Instanz einer anderen Klasse mit einer next-Methode zurückgibt. Es ist jedoch auch möglich, Iterator-Objekte im laufenden Betrieb zu erstellen:

```
class Range {
  constructor(start, end) {
    this.start = start
    this.end = end
  }
  [Symbol.iterator]() {
    let current = this.start
    let last = this.end
    return {
      next() {
        if (current < last) {
          const result = { value: current }
          current++
          return result
        } else {
          return { done: true }
        }
      }
    }
  }
}
```

Die Methode `Symbol.iterator` gibt ein Objekt mit einer `next`-Methode zurück, die wiederum die Objekte `{ value: current }` und `{ done: true }` zurückgibt.

Diese Form ist kompakter, aber nicht ganz so leicht verständlich.

12.3 Abschließbare Iteratoren

Wenn ein Iterator-Objekt über eine Methode namens `return` (!) verfügt, ist es *abschließbar* (closeable). Dabei wird die Methode `return` aufgerufen, wenn die Iteration vorzeitig beendet wird. Nehmen wir an, `lines(filename)` sei über die Zeilen einer Datei iterierbar. Betrachten Sie nun die folgende Funktion:

```
const find = (filename, target) => {
  for (const line of lines(filename)) {
    if (line.includes(target)) {
      return line // iterator.return() aufgerufen
    }
  } // iterator.return() nicht aufgerufen
}
```

Die Methode `return` des Iterators wird aufgerufen, wenn die Schleife durch eine `return`-, `throw`-, `break`- oder eine benannte `continue`-Anweisung abrupt abgebrochen wird. In unserem Beispiel geschieht das, wenn eine Zeile den Ziel-String enthält.

Ist der Ziel-String dagegen in keiner Zeile zu finden, gibt die `for-or`-Schleife die Steuerung auf reguläre Weise zurück, sodass die Methode `return` nicht aufgerufen wird.

Wenn Sie next manuell für einen Iterator aufrufen, den Iterator aber schon vor dem Eingang von done: true nicht mehr weiterverwenden, sollten Sie iterator.return() aufrufen.

Nach return dürfen Sie next natürlich nicht mehr aufrufen.

Die Implementierung eines abschließbaren Iterators ist mühselig, da Sie die Logik für den Abschluss an zwei Stellen unterbringen müssen, nämlich im Aufruf von return und in dem Zweig der Methode next, der die Abwesenheit weiterer Werte erkennt.

Der folgende Code ist das Skelett einer Funktion, die ein iterierbares Objekt für die Zeilen einer Datei zurückgibt. In Übung 6 werden Sie dieses Grundgerüst ausbauen.

```
const lines = filename => {
  const file = ... // Öffnet die Datei
  return {
    [Symbol.iterator]: () => ({
      next: () => {
        if (done) {
          ... // Schließt die Datei
          return { done: true }
        } else {
          const line = ... // Liest eine Zeile
          return { value: line }
        }
      },
    ['return']: () => {
        ... // Schließt die Datei
        return { done: true } // Muss ein Objekt zurückgeben
      }
    })
  }
}
```

12.4 Generatoren

In den vorherigen Abschnitten haben Sie gesehen, wie Sie einen Iterator einrichten können, dessen Methode next bei jedem Aufruf einen Wert produziert. Die Implementierung kann jedoch mühselig sein, da sich der Iterator zwischen den aufeinander folgenden Aufrufen von next einige Aspekte des Status merken muss. Selbst bei einem einfachen Zahlenbereich ist das nicht trivial. Leider können Sie dafür auch nicht einfach eine Schleife verwenden:

```
for (let i = start; i < end; i++)
  ...
```

Das funktioniert nicht, da die Werte hier alle auf einmal produziert werden und nicht einer nach dem anderen.

Innerhalb einer *Generatorfunktion* können Sie jedoch genau auf diese Weise vorgehen:

```
function* rangeGenerator(start, end) {
  for (let i = start; i < end; i++)
    yield i
}
```

Das Schlüsselwort `yield` sorgt dafür, dass ein Wert produziert, die Funktion aber nicht verlassen wird. Nach jedem Wert wird die Funktion vorübergehend angehalten. Wird der nächste Wert angefordert, so fährt die Funktion hinter der `yield`-Anweisung fort und produziert schließlich einen weiteren Wert.

Das Symbol * kennzeichnet die Funktion als Generatorfunktion. Im Gegensatz zu einer regulären Funktion, die nur einen einzigen Wert produzieren kann, nämlich wenn sie die Steuerung zurückgibt, erzeugt eine Generatorfunktion bei jeder Ausführung der `yield`-Anweisung einen Wert.

Wenn Sie eine Generatorfunktion aufrufen, wird deren Rumpf noch nicht ausgeführt. Stattdessen erhalten Sie ein Iterator-Objekt:

```
const rangeIter = rangeGenerator(10, 20)
```

Wie jeder Iterator verfügt auch das Objekt `rangeIter` über eine Methode namens `next`. Wenn Sie `next` zum ersten Mal aufrufen, wird der Rumpf der Generatorfunktion ausgeführt, bis er eine `yield`-Anweisung erreicht. Dann gibt die Methode `next` ein Objekt der Form `{ value:` *produzierter Wert*, `done: false }` zurück:

```
let nextResult = rangeIter.next() // { value: 10, done: false }
```

Bei jedem weiteren Aufruf von `next` wird die Ausführung der Generatorfunktion an der letzten `yield`-Anweisung wieder aufgenommen und bis zur nächsten `yield`-Anweisung fortgeführt:

```
nextResult = rangeIter.next() // { value: 11, done: false }
...
nextResult = rangeIter.next() // { value: 19, done: false }
```

Wenn die Generatorfunktion zurückkehrt, gibt die Methode `next` das Objekt `{ value:` *Rückgabewert*, `done: true }` zurück, um anzuzeigen, dass die Iteration abgeschlossen ist:

```
nextResult = rangeIter.next() // { value: undefined, done: true }
```

Löst der Code der Generatorfunktion eine Exception aus, wird der Aufruf von next mit dieser Exception abgebrochen.

Hinweis

In JavaScript ist yield flach, d.h., Sie können Werte nur innerhalb der Generatorfunktion produzieren und nicht in einer Funktion, die von der Generatorfunktion aufgerufen wird.

Eine Generatorfunktion kann benannt oder anonym sein:

```
function* myGenerator(...) { ... }
const myGenerator = function* (...) { ... }
```

Objekteigenschaften und Methoden, die Generatorfunktionen sind, müssen Sie ein Sternchen voranstellen:

```
const myObject = { * myGenerator(...) { ... }, ... }
  // Syntaktischer Zuckerguss für myGenerator: function* (...) { ... }

class MyClass {
  * myGenerator(...) { ... }
  ...
}
```

Pfeilfunktionen können keine Generatoren sein.

Eine Generatorfunktion können Sie überall dort aufrufen, wo ein iterierbarer Wert akzeptiert wird, also in for-of-Anweisungen, Array-Verteilungen usw.:

```
[...rangeGenerator(10, 15)] // Das Array [10, 11, 12, 13, 14]
```

12.5 Verschachtelte yield-Anweisungen

Angenommen wir wollen alle Elemente eines Arrays durchlaufen. Arrays sind zwar ohnehin iterierbar, aber trotzdem wollen wir hier einen Generator einrichten. Die Implementierung ist auch ganz einfach:

```
function* arrayGenerator(arr) {
  for (const element of arr)
    yield element
}
```

Was aber geschieht, wenn arr über ein Element verfügt, das wiederum ein Array ist, also z.B. [1, [2, 3, 4], 5]? In einem solchen Fall möchten wir eine Abflachung vornehmen und nacheinander die Elemente 1, 2, 3, 4 und 5 produzieren. Unser erster Versuch dazu könnte wie folgt aussehen:

```
function* flatArrayGenerator(arr) {
  for (const element of arr)
    if (Array.isArray(element)) {
      arrayGenerator(element) // Fehler: Produziert keine Elemente
    } else {
      yield element
    }
}
```

Das funktioniert jedoch nicht, denn der folgende Aufruf führt nicht den Rumpf der Funktion `arrayGenerator` aus, sondern erwirbt lediglich den Iterator und verwirft ihn wieder:

```
arrayGenerator(element)
```

Daher setzt der folgende Aufruf `result` auf das Array `[1, 5]`:

```
const result = [...flatArrayGenerator([1, [2, 3, 4], 5])]
```

Um alle Werte eines Generators innerhalb einer Generatorfunktion zu erhalten, müssen Sie die Anweisung `yield*` verwenden:

```
function* flatArrayGenerator(arr) {
  for (const element of arr)
    if (Array.isArray(element)) {
      yield* arrayGenerator(element) // Produziert die generierten Elemente
                                     // eines nach dem anderen
    } else {
      yield element
    }
}
```

Versuchen Sie damit erneut Folgendes aufzurufen:

```
const result = [...flatArrayGenerator([1, [2, 3, 4], 5])]
```

Jetzt ergibt sich das abgeflachte Array `[1, 2, 3, 4, 5]`.

Bei einem noch tiefer verschachtelten Array bekommen wir jedoch immer noch nicht das richtige Ergebnis: `flatArrayGenerator([1, [2, [3, 4], 5], 6])` produziert die Werte `1`, `2`, `[3, 4]`, `5` und `6`.

Die Lösung für dieses Problem besteht darin, `flatArrayGenerator` rekursiv aufzurufen:

```
function* flatArrayGenerator(arr) {
  for (const element of arr)
    if (Array.isArray(element)) {
      yield* flatArrayGenerator(element)
    } else {
      yield element
    }
}
```

Dieses Beispiel sollte Ihnen zeigen, wie Sie mit `yield*` die Einschränkungen von Generatorfunktionen in JavaScript umgehen können. Eine `yield`-Anweisung muss sich immer in der Generatorfunktion selbst befinden und darf nicht in einer Funktion stehen, die von dem Generator aufgerufen wird. Die Anweisung `yield*` hilft dabei, mit Situationen fertig zu werden, in denen eine Generatorfunktion eine andere aufruft, da sie die von dem aufgerufenen Generator produzierten Werte einfügt.

Die Anweisung `yield*` fügt auch die Werte eines iterierbaren Objekts ein, wobei sie bei jedem Aufruf von `next` einen Wert produziert. Damit können wir `arrayGenerator` auch einfach wie folgt definieren:

```
function* arrayGenerator(arr) {
  yield* arr
}
```

Hinweis

Außer den produzierten Werten kann eine Generatorfunktion an ihrem Ende auch noch einen anderen Rückgabewert ausgeben:

```
function* arrayGenerator(arr) {
  for (const element of arr)
    yield element
  return arr.length
}
```

Der Rückgabewert wird in das Ergebnis der letzten Iteration eingeschlossen, wenn die Eigenschaft done den Wert `true` hat. Beim Durchlaufen der produzierten Werte wird der Rückgabewert ignoriert. Sie können ihn jedoch als Wert eines `yield*`-Ausdrucks innerhalb einer anderen Generatorfunktion erfassen:

```
function* elementsFollowedByLength(arr) {
  const len = yield* arrayGenerator(arr);
  yield len;
}
```

12.6 Generatoren als Verbraucher

Bis jetzt haben wir Generatoren immer dazu verwendet, eine Folge von Werten zu produzieren. Allerdings können Generatoren auch Werte verbrauchen. Wenn Sie `next` mit einem Argument aufrufen, wird sie zum Wert des `yield`-Ausdrucks:

```
function* sumGenerator() {
  let sum = 0
  while (true) {
    let nextValue = yield sum
    sum += nextValue
  }
}
```

Hier wird der Wert des Ausdrucks `yield sum` in der Variablen `nextValue` gespeichert und zur Summe addiert. Dabei gibt es eine Zwei-Wege-Kommunikation:

- Der Generator empfängt Werte vom Aufrufer der Methode `next` und summiert sie.
- Der Generator sendet die aktuelle Summe an den Aufrufer der Methode `next`.

> **Vorsicht**
>
> Um an die erste `yield`-Anweisung zu kommen, brauchen Sie einen ersten Aufruf von `next`. Anschließend können Sie `next` mit den vom Generator konsumierten Werten aufrufen.

Beim Aufruf der Methode `return` (!) wird der Generator abgeschaltet, sodass alle weiteren Aufrufe von `yield` das Objekt `{ value: undefined, done: true }` ergeben.

Die vollständige Folge der Iterator-Aufrufe sieht wie folgt aus:

```
const accum = sumGenerator()
accum.next() // Schreitet bis zum ersten yield voran
let result = accum.next(3) // Gibt { value: 3, done: false } zurück
result = accum.next(4) // Gibt { value: 7, done: false } zurück
result = accum.next(5) // Gibt { value: 12, done: false } zurück
accum.return() // Schaltet ab und gibt { value: undefined, done: true }
               // zurück
```

Der Aufruf von `throw(error)` für das Iterator-Objekt führt dazu, dass der Fehler in dem ausstehenden `yield`-Ausdruck ausgelöst wird. Wenn die Generatorfunktion den Fehler abfängt und bis zu einer `yield`- oder `return`-Anweisung voranschreitet, gibt die Methode `throw` ein Objekt der Form `{ value: ..., done: ... }` zurück. Endet die Generatorfunktion, weil der Fehler nicht abgefangen oder ein anderer Fehler ausgelöst wurde, dann löst `throw` den betreffenden Fehler aus.

Mit anderen Worten: throw verhält sich ebenso wie next, führt aber dazu, dass der yield-Ausdruck einen Fehler auslöst, anstatt einen Wert zu produzieren.

Betrachten Sie als Beispiel für throw die folgende Variante des Summengenerators:

```
function* sumGenerator() {
  let sum = 0
  while (true) {
    try {
      let nextValue = yield sum
      sum += nextValue
    } catch {
      sum = 0
    }
  }
}
```

Durch den Aufruf von throw wird der kumulierte Wert zurückgesetzt:

```
const accum = sumGenerator()
accum.next() // Schreitet bis zum ersten yield voran
let result = accum.next(3)
result = accum.next(4)
result = accum.next(5)
accum.throw() // Gibt { value: 0, done; false } zurück
```

Wenn Sie throw aufrufen, bevor der erste yield-Ausdruck erreicht ist, wird der Generator abgeschaltet und der Fehler durch den Aufruf von throw ausgelöst.

12.7 Generatoren in der asynchronen Verarbeitung

Bei der Lektüre des vorherigen Abschnitts haben Sie sich gefragt, warum Sie überhaupt jemals einen Generator zur Akkumulation von Werten verwenden sollten. Schließlich gibt es doch viel einfachere Möglichkeiten, um eine Summe zu berechnen. Wirklich interessant werden solche Generatoren erst bei der asynchronen Programmierung.

Daten, die Sie von einer Webseite lesen wollen, stehen nicht sofort zur Verfügung. Wie Sie in Kapitel 9 gesehen haben, verfügt ein JavaScript-Programm nur über einen einzigen Ausführungs-Thread. Während Sie auf etwas warten, kann das Programm nichts anderes tun. Daher werden Webanfragen asynchron durchgeführt: Wenn die angeforderten Daten zur Verfügung stehen, erhalten Sie einen Callback. In dem folgenden Beispiel rufen Sie mit der Klasse XMLHttpRequest (die in Webbrowsern zur Verfügung steht, aber nicht in Node.js) eine echte Zufallszahl ab:

```
const url = 'https://www.random.org/integers/?num=1&min=1&max=1000000000\
&col=1&base=10&format=plain&rnd=new'
const req = new XMLHttpRequest();
req.open('GET', url)
req.addEventListener('load', () => console.log(req.response)) // Callback
req.send()
```

Diesen Vorgang wollen wir nun in eine Funktion stellen. Als Parameter hat sie eine Handler-Funktion, die aufgerufen wird, wenn die Zufallszahl eingegangen ist:

```
const trueRandom = handler => {
  const url = 'https://www.random.org/integers/?num=1&min=1&max=1000000000\
&col=1&base=10&format=plain&rnd=new'
  const req = new XMLHttpRequest();
  req.open('GET', url)
  req.addEventListener('load', () => handler(parseInt(req.response)))
  req.send()
}
```

Damit können wir nun auf einfache Weise einen echten Zufalls-Integer abrufen:

```
trueRandom(receivedValue => console.log(receivedValue))
```

Nehmen wir aber an, wir wollten drei solche Zufallszahlen addieren. Dazu müssten wir drei Aufrufe tätigen und die Summe berechnen, wenn alle Antworten vorliegen. So etwas ist jedoch nichts für schwache Nerven:

```
trueRandom(first =>
  trueRandom(second =>
    trueRandom(third => console.log(first + second + third))))
```

Natürlich könnten Sie dazu wie in Kapitel 9 Promises und die `async`/`await`-Syntax verwenden. Generatoren verfügen sogar über eingebaute Promises. In diesem Abschnitt sehen wir uns an, wie Generatoren bei der asynchronen Verarbeitung behilflich sein können.

Um den Anschein von synchronen Aufrufen zu erwecken, wollen wir einen Generator verwenden, dem die noch zu schreibende Funktion `nextTrueRandom` einen zufälligen Integer liefert:

```
function* main() {
  const first = yield nextTrueRandom()
  const second = yield nextTrueRandom()
  const third = yield nextTrueRandom()
  console.log(first + second + third)
}
```

Durch den Start dieses Generators wird ein Iterator produziert:

```
const iter = main()
```

Das ist der Generator, dem wir die Werte übergeben, sobald sie zur Verfügung stehen:

```
const nextTrueRandom = () => {
  trueRandom(receivedValue => iter.next(receivedValue))
}
```

Jetzt müssen wir nur noch eines tun, nämlich die Iteration starten:

```
iter.next() // Startet die Iteration
```

Damit beginnt die Ausführung der Funktion `main`. Sie ruft `nextTrueRandom` auf und hält den Ausdruck `yield` an, bis jemand `next` für den Iterator aufruft.

Der Aufruf von `next` findet erst statt, wenn die asynchronen Daten zur Verfügung stehen. Das ist auch der Punkt, an dem die Verwendung von Generatoren interessant wird, denn damit können wir die Berechnung anhalten, bis der Wert bereitsteht. Wenn der Wert schließlich eingeht, ruft die Funktion `nextTrueRandom` ihrerseits `iter.next(receivedValue)` auf. Dieser Wert wird in `first` gespeichert.

Im zweiten `yield`-Ausdruck wird die Ausführung erneut angehalten usw. Wenn schließlich alle drei Werte vorliegen, können wir die Summe berechnen.

Nach der Einführung von Generatoren in ES7 wurden sie kurze Zeit als eine Möglichkeit angepriesen, um auf asynchrone Callbacks zu verzichten. Wie Sie gesehen haben, ist ihre Einrichtung jedoch alles andere als leicht nachvollziehbar. Es ist viel einfacher, Promises und die `async`/`await`-Syntax aus Kapitel 9 zu verwenden. Generatoren, die Werte konsumieren, bildeten einen wichtigen Meilenstein auf dem Weg zu Promises, werden von Anwendungsprogrammierern aber nur selten verwendet.

12.8 async-Generatoren und -Iteratoren

Eine Generatorfunktion produziert Werte, die sich mit einem Iterator abrufen lassen. Bei jedem Aufruf von `iter.next()` wird der Generator bis zur nächsten `yield`-Anweisung ausgeführt und hält sich dann selbst an.

Ein *async-Generator* ähnelt einer Generatorfunktion, allerdings können Sie in seinem Rumpf den Operator `await` verwenden. Ein solcher Generator produziert in der Zukunft eine Folge von Werten.

Um einen `async`-Generator zu deklarieren, müssen Sie sowohl das Schlüsselwort `async` als auch das Sternchen zur Kennzeichnung einer Generatorfunktion verwenden:

```
async function* loadHanafudaImages(month) {
  for (let i = 1; i <= 4; i++) {
    const img = await loadImage(`hanafuda/${month}-${i}.png`)
    yield img
  }
}
```

Durch den Aufruf eines `async`-Generators erhalten Sie einen Iterator. Wenn Sie `next` für diesen Iterator aufrufen, kann es jedoch sein, dass der nächste Wert noch gar nicht zur Verfügung steht. Möglicherweise ist nicht einmal bekannt, ob die Iteration überhaupt noch fortgesetzt wird. Daher gibt `next` ein Promise für ein `{ value: ..., done: ... }`-Objekt zurück.

Natürlich könnten Sie die versprochenen Werte von dem Iterator abrufen, aber das wäre ziemlich mühselig (siehe Übung 16). Einfacher ist es, eine besondere Form der `for`-Schleife zu verwenden, nämlich eine `for-await-of`-Schleife:

```
for await (const img of loadHanafudaImages(month)) {
  imgdiv.appendChild(img)
}
```

Diese `for-await-of`-Schleife muss sich innerhalb einer `async`-Funktion befinden, da sie den Operator `await` für jedes generierte Promise aufruft.

Wird auch nur eines der Promises abgelehnt, löst die `for-await-of`-Schleife eine Exception aus. Die Iteration endet dann.

Die `for-await-of`-Schleife kann mit beliebigen *iterierbaren async-Objekten* umgehen. Ein solches Objekt hat eine Eigenschaft mit dem Schlüssel `Symbol.asyncIterator`. Dabei ist der Wert dieser Eigenschaft eine Funktion, die einen *async-Iterator* zurückgibt. Ein `async`-Iterator verfügt über eine `next`-Methode, die Promises für `{ value: ..., done: ... }`-Objekte produziert. `async`-Generatoren bilden den komfortabelsten Mechanismus, um iterierbare `async`-Objekte zu produzieren. Aber eine manuelle Implementierung ist ebenfalls möglich (siehe Übung 17).

Vorsicht

Iterierbare `async`-Objekte sind *keine iterierbaren Objekte*! Sie lassen sich nicht für `for-of`-Schleifen, die Verteilung oder Destrukturierung verwenden. Beispielsweise ist Folgendes nicht möglich:

```
const results = [...loadHanafudaImages(month)]
// Fehler, kein Array eines Promise
for (const p of loadHanafudaImages(month)) p.then(imgdiv.
  appendChild(img))
// Fehler, keine Schleife, die das Promise durchläuft
```

Hinweis

Die for-await-of-Schleife kann auch mit regulären iterierbaren Objekten umgehen. Dabei verhält sie sich genauso wie eine for-or-Schleife.

Das iterierbare async-Objekt im folgenden Beispiel produziert einen Bereich von Zahlen mit einer Verzögerung zwischen den einzelnen Werten:

```
class TimedRange {
  constructor(start, end, delay) {
    this.start = start
    this.end = end
    this.delay = delay
  }

  async *[Symbol.asyncIterator]() {
    for (let current = this.start; current < this.end; current++) {
      yield await produceAfterDelay(current, this.delay)
    }
  }
}
```

Mit await und yield ist die Implementierung der Iterator-Funktion ganz einfach. Wir warten lediglich, bis der nächste Wert zur Verfügung steht, und geben ihn dann aus.

Die Ergebnisse können Sie dann in einer for-await-of-Schleife verarbeiten:

```
let r = new TimedRange(1, 10, 1000)
for await (const e of r) console.log(e)
```

Zu guter Letzt wollen wir uns noch ein realistischeres Beispiel ansehen. Viele APIs verfügen über den Parameter page, der es ermöglicht, Daten von aufeinanderfolgenden Seiten abzurufen:

```
https://chroniclingamerica.loc.gov/search/titles/results/
  ?terms=michigan&format=json&page=5
```

Hier blättern wir damit durch die Ergebnisse einer solchen Abfrage:

```
async function* loadResults(url) {
  let page = 0
  try {
    while (true) {
      page++
      const response = await fetch(`${url}&page=${page}`)
      yield await response.json()
    }
```

```
    } catch {
      // Beendet die Iteration
    }
  }
```

Wenn wir den Generator aus einer `for-await-of`-Schleife aufrufen, durchlaufen wir alle Antworten. Für sich allein genommen ist das nicht besonders spannend, denn das hätten wir auch ohne Generator in einer `async`-Funktion tun können. Allerdings lässt sich dieser Generator als Baustein für andere, praktischere Funktionen einsetzen. Normalerweise führen APIs eine Paginierung durch, da zu erwarten ist, dass der Client den Vorgang beendet, sobald er ein zufriedenstellendes Ergebnis gefunden hat. Eine solche Suche, die aufhört, wenn der Callback `true` zurückgibt, können wir wie folgt einrichten:

```
const findResult = async (queryURL, callback) => {
  for await (const result of loadResults(queryURL)) {
    if (callback(result)) return result
  }
  return undefined
}
```

Beachten Sie dabei zwei Dinge: Erstens handelt es sich bei `findResult` nicht um einen Generator, sondern lediglich um eine `async`-Funktion. Da wir den schwierigeren Teil der Berechnung in einen `async`-Generator verlagern, können wir in einer beliebigen `async`-Funktion darauf zurückgreifen. Der wichtigere – und entscheidende – Punkt ist jedoch, dass der Abruf der Seiten träge erfolgt: Sobald eine Übereinstimmung gefunden wird, endet die Funktion `findResult` und schaltet den Generator ab, ohne weitere Seiten zu holen.

12.9 Übungen

1. Schreiben Sie eine Funktion, die einen iterierbaren Wert empfängt und jedes zweite Element ausgibt.

2. Schreiben Sie eine Funktion, die einen iterierbaren Wert empfängt und einen anderen iterierbaren Wert zurückgibt, der jedes zweite Element produziert.

3. Richten Sie einen iterierbaren Wert ein, der eine unendliche Anzahl von Würfelergebnissen produziert, also zufällige Integer zwischen `1` und `6`. Schreiben Sie ihn in einer einzigen Zeile:

   ```
   const dieTosses = { ... }
   ```

4. Schreiben Sie die Funktion `dieTosses(n)`. Sie soll einen iterierbaren Wert zurückgeben, der `n` zufällige Integer zwischen `1` und `6` produziert.

5. Was ist an der folgenden Implementierung eines `Range`-Iterators falsch?

```
class Range {
  constructor(start, end) {
    this.start = start
    this.end = end
  }
  [Symbol.iterator]() {
    let current = this.start
    return {
      next() {
        current++
        return current <= this.end ? { value: current - 1 } : { done:
true }
      }
    }
  }
}
```

6. Vervollständigen Sie den Datei-Iterator aus Abschnitt 12.3 »Abschließbare Iteratoren«. Verwenden Sie dabei die Methoden `openSync`, `readSync` und `close Sync` des Node.js-Moduls `fs` (`https://node.js.org/api/fs.html`). Beachten Sie, dass Sie die Datei sowohl in der Funktion `next` als auch in der Funktion `return` schließen müssen. Um eine Duplizierung des Codes zu vermeiden, können Sie `return` aus `next` heraus aufrufen.

7. Ändern Sie die Funktion `arrayGenerator` aus Abschnitt 12.5 »Verschachtelte yield-Anweisungen«, sodass für Array-Elemente, die Strings sind, jedes Zeichen einzeln produziert wird.

8. Erweitern Sie die vorherige Übung so, dass die Werte aller iterierbaren Array-Elemente separat produziert werden.

9. Erstellen Sie mithilfe eines Generators einen Baum-Iterator, der die Knoten eines Baumes einen nach dem anderen aufsucht. Wenn Sie mit der DOM-API vertraut sind, können Sie die Knoten eines DOM-Dokuments durchlaufen. Anderenfalls können Sie auch eine eigene Baumklasse entwerfen.

10. Erstellen Sie mit einem Generator und dem Algorithmus von Heap (`https://en.wikipedia.org/wiki/Heap%27s_algorithm`) einen Generator, der alle Permutationen eines Arrays produziert. Hat das Array beispielsweise die Werte `[1, 2, 3]`, so soll der Iterator `[1, 2, 3]`, `[1, 3, 2]`, `[2, 3, 1]`, `[2, 1, 3]`, `[3, 1, 2]` und `[3, 2, 1]` produzieren (allerdings nicht notwendigerweise in dieser Reihenfolge).

11. Wie können Sie dafür sorgen, dass die Methode `return` eines Generatorobjekts einen Wert zurückgibt? Ist es überhaupt sinnvoll, das zu tun?

12. In Abschnitt 12.6 »Generatoren als Verbraucher« ist eine Reihe von Fällen für das Verhalten der Methode `throw` aufgeführt. Erstellen Sie eine Tabelle, die jeden einzelnen Fall und das erwartete Verhalten nennt. Veranschaulichen Sie jeden Fall mit einem kurzen Programm.

13. Schreiben Sie die Funktion `trueRandomSum(n, handler)`, die die Summe von `n` Zufallszahlen berechnet und an den genannten Handler übergibt. Verwenden Sie dazu einen Generator (siehe den Abschnitt 12.6 »Generatoren als Verbraucher«).

14. Führen Sie die vorherige Übung erneut durch, diesmal aber ohne einen Generator zu verwenden.

15. Betrachten Sie die folgende `async`-Funktion:

    ```
    const putTwoImages = async (url1, url2, element) => {
      const img1 = await loadImage(url1)
      element.appendChild(img1)
      const img2 = await loadImage(url2)
      element.appendChild(img2)
      return element
    }
    ```

    Schauen Sie sich nun die folgende Generatorfunktion an, die Promises produziert:

    ```
    function* putTwoImagesGen(url1, url2, element) {
      const img1 = yield loadImage(url1)
      element.appendChild(img1)
      const img2 = yield loadImage(url2)
      element.appendChild(img2)
      return element
    }
    ```

Im Grunde genommen ist dies die Transformation, die der JavaScript-Compiler bei async-Funktionen vornimmt. Füllen Sie nun die mit ___ markierten Stellen in der Funktion genToPromise aus. Sie soll einen beliebigen Generator entgegennehmen, der Promises produziert, und in ein Promise umwandeln:

```
const genToPromise = gen => {
  const iter = gen()
  const nextPromise = arg => {
    const result = ___
    if (result.done) {
      return Promise.resolve(___)
    } else {
      return Promise.resolve(___).then(___)
    }
  }

  return nextPromise()
}
```

16. Verwenden Sie den von der Generatorfunktion loadHanafudaImages aus dem Abschnitt 12.8 »async-Generatoren und -Iteratoren« zurückgegebenen Iterator, um alle Bilder zu einem DOM-Element hinzuzufügen. Verwenden Sie dabei keine for-await-of-Schleife.

17. Schreiben Sie die Klasse TimedRange aus Abschnitt 12.8 »async-Generatoren und -Iteratoren« ohne eine Generatorfunktion um. Erstellen Sie den Iterator manuell, der Promises produziert.

18. Eine sinnvolle Verwendung einer for-await-of-Schleife ergibt sich bei Promise.all. Gegeben sei ein Array aus Bild-URLs. Wandeln Sie es in ein Array aus Promises um:

    ```
    const imgPromises = urls.map(loadImage)
    ```

    Führen Sie die URLs parallel aus, warten Sie jeweils auf das resultierende Promise und durchlaufen Sie die Antworten. Welche der folgenden vier Schleifen werden ohne Fehler ausgeführt? Welche sollten Sie nutzen?

    ```
    for (const img of Promise.all(imgPromises)) element.appendChild(img)
    for await (const img of Promise.all(imgPromises))
      element.appendChild(img)
    for (const img of await Promise.all(imgPromises))
      element.appendChild(img)
    for await (const img of await Promise.all(imgPromises))
      element.appendChild(img)
    ```

19. Welche der folgenden Schleifen werden ohne Fehler ausgeführt? Bei welchen davon weicht das Verhalten von denen aus der vorherigen Übung ab?

```
for (const p of urls.map(loadImage))
  p.then(img => element.appendChild(img))
for (const p of urls.map(async url => await loadImage(url)))
  element.appendChild(await p)
for await (const img of urls.map(url => await loadImage(url)))
  element.appendChild(img)
for (const img of await urls.map(loadImage))
  element.appendChild(img)
for await (const img of await urls.map(loadImage))
  element.appendChild(img)
```

20. Einige APIs (z.B. die von GitHub, die auf `https://developer.github.com/v3/guides/traversing-with-pagination` beschrieben wird) geben paginierte Ergebnisse mit einem etwas anderen Mechanismus als dem aus dem Beispiel in Abschnitt 12.8 »async-Generatoren und -Iteratoren« zurück. Der Header `Link` jeder Antwort enthält einen URL, um zum nächsten Ergebnis zu gelangen. Sie können ihn wie folgt abrufen:

```
let nextURL
  = response.headers.get('Link').match(/<(?<next>.*?)>; rel="next"/).groups.
    next;
```

Passen Sie die Generatorfunktion `loadResults` an diesen Mechanismus an. Zusatzpunkte gibt es, wenn Sie den regulären Ausdruck enträtseln können.

13
Einführung in TypeScript

TypeScript ist eine erweiterte Spielart von JavaScript, die zusätzlich eine Typisierung zur Kompilierzeit bietet. In TypeScript kennzeichnen Sie Variablen und Funktionen mit den erwarteten Typen. Wenn der Code die Typenregeln verletzt, meldet TypeScript einen Fehler. Im Allgemeinen ist das eine gute Sache, denn es ist weniger aufwendig, Fehler zur Kompilierzeit zu beheben, als ein Programm zu debuggen, das nicht richtig funktioniert. Außerdem können Ihre Entwicklungswerkzeuge Sie durch automatische Vervollständigung und Refactoring besser unterstützen, wenn Sie Angaben zu den Typen machen.

Dieses Kapitel bietet eine knappe Einführung in die Hauptmerkmale von TypeScript. Wie auch sonst in diesem Buch konzentriere ich mich dabei auf moderne Merkmale und erwähne veraltete Konstrukte nur am Rande. Dieses Kapitel soll Ihnen lediglich genug Kenntnisse vermitteln, um selbst entscheiden zu können, ob Sie TypeScript verwenden möchten.

Warum will nicht jeder TypeScript nutzen? Im Gegensatz zu ECMAScript, das von einem Standardisierungskomitee mit Mitgliedern aus mehreren Unternehmen reguliert wird, stammt TypeScript von einem einzigen Hersteller, nämlich Microsoft. Während der ECMAScript-Standard das korrekte Verhalten in geisttötender Ausführlichkeit beschreibt, ist die TypeScript-Dokumentation nur skizzenhaft und nicht schlüssig. TypeScript ist – ebenso wie JavaScript – manchmal unordentlich und inkonsistent, woraus noch mehr Möglichkeiten für Probleme und Durcheinander entstehen können. Außerdem wird TypeScript nicht synchron mit ECMAScript weiterentwickelt, weshalb es noch mehr bewegliche Teile zu beachten gilt. Nicht zuletzt fügen Sie Ihren Arbeitsabläufen mit TypeScript auch ein weiteres Element hinzu, das Schwierigkeiten verursachen kann.

Die Vor- und Nachteile müssen Sie für sich selbst abwägen. In diesem Kapitel erhalten Sie einen Eindruck von TypeScript, sodass Sie eine fundierte Entscheidung fällen können.

> **Tipp**
>
> Wenn Sie gern eine statische Typisierung hätten, aber noch Zweifel an TypeScript haben, sollten Sie sich Flow anschauen (`https://flow.org`), um zu sehen, ob Sie mit dessen Typsystem, Syntax und Werkzeugen zurechtkommen.

13.1 Typanmerkungen

Die folgende JavaScript-Funktion berechnet den Mittelwert zweier Zahlen:

```
const average = (x, y) => (x + y) / 2
```

Was aber geschieht bei dem folgenden Aufruf?

```
const result = average('3', '4')
```

Hier werden `'3'` und `'4'` zu `'34'` verkettet, was dann in die Zahl `34` konvertiert und diese durch `2` dividiert wird, sodass sich `17` ergibt. Das ist aber bestimmt nicht das, was Sie haben wollten.

In Fällen wie diesem gibt JavaScript keine Fehlermeldungen aus. Das Programm berechnet stillschweigend das falsche Ergebnis und läuft weiter. Sehr wahrscheinlich wird jedoch in der Folge irgendwo etwas schiefgehen.

In TypeScript dagegen können Sie Parameter wie folgt mit Anmerkungen versehen:

```
const average = (x: number, y: number) => (x + y) / 2
```

Damit ist jetzt klar, dass die Funktion `average` den Mittelwert zweier *Zahlen* berechnen soll. Bei dem folgenden Aufruf meldet der TypeScript-Compiler daher einen Fehler:

```
const result = average('3', '4') // TypeScript: Fehler zur Kompilierungszeit
```

Das ist es, was TypeScript leistet: Wenn Sie Anmerkungen zum Typ machen, erkennt TypeScript Typfehler, bevor das Programm ausgeführt wird, sodass Sie viel weniger Zeit für das Debugging aufwenden müssen.

In diesem Beispiel waren die Anmerkungen sehr einfach. Schauen wir uns aber ein anspruchsvolleres Beispiel an. Angenommen ein Argument soll eine Zahl, aber auch ein Array aus Zahlen sein können. In TypeScript können Sie das mit dem *Vereinigungstyp* (Union Type) ausdrücken, in diesem Fall `number | number[]`. Im folgenden Beispiel nutzen wir das, um einen oder mehrere Zielwerte durch einen anderen Wert zu ersetzen:

```
const replace = (arr: number[], target: number | number[], replacement:
number) => {
  for (let i = 0; i < arr.length; i++) {
    if (Array.isArray(target) && target.includes(arr[i])
        || !Array.isArray(target) && target === arr[i]) {
      arr[i] = replacement
    }
  }
}
```

Damit kann TypeScript jetzt prüfen, ob Ihre Aufrufe korrekt sind:

```
const a = [11, 12, 13, 14, 15, 16]
replace(a, 13, 0)        // OK
replace(a, [13, 14], 0) // OK
replace(a, 13, 14, 0)   // Fehler
```

> **Vorsicht**
>
> TypeScript kennt zwar die Typen der JavaScript-Bibliotheksmethoden, doch weist der Online-Playground eine Fehlkonfiguration auf (zumindest während ich diese Zeilen schreibe): Die Methode `includes` der Klasse `Array` wird nicht erkannt. Hoffentlich ist dieser Fehler behoben, wenn Sie dieses Buch lesen. Wenn nicht, ersetzen Sie `target.includes(arr[i])` durch `target.indexOf(arr[i]) >= 0`.

Hinweis

In den Beispielen verwende ich Pfeilfunktionen. In Funktionen, die mit `function` definiert sind, können Sie Anmerkungen jedoch auf die gleiche Weise angeben:

```
function average(x: number, y: number) { return (x + y) / 2 }
```

Um TypeScript praktisch nutzen zu können, müssen Sie wissen, wie Sie Typen der Art »Array vom Typ `T`« oder »Typ `T` oder Typ `U`« in der TypeScript-Syntax angeben. In vielen gängigen Situationen ist das ganz einfach. Die Typbeschreibungen können jedoch auch ziemlich kompliziert werden. Und es gibt Situationen, in denen Sie selbst in die Typüberprüfung eingreifen müssen. Aber das ist bei allen Typsystemen in der Praxis so. Es ist zunächst ein gewisser Einstiegsaufwand erforderlich, bevor Sie die Vorteile der Fehlererkennung zur Kompilierzeit einstreichen können.

13.2 TypeScript ausführen

Die einfachste Möglichkeit, um TypeScript auszuprobieren, bietet der Playground auf `https://www.typescriptlang.org/play`. Geben Sie dort einfach Ihren Code ein und führen Sie ihn aus. Wenn Sie mit dem Mauszeiger über einen Wert fahren, wird dessen Typ angezeigt. Fehler werden durch Unterstreichung mit Schlangenlinien gekennzeichnet (siehe Abb. 13–1).

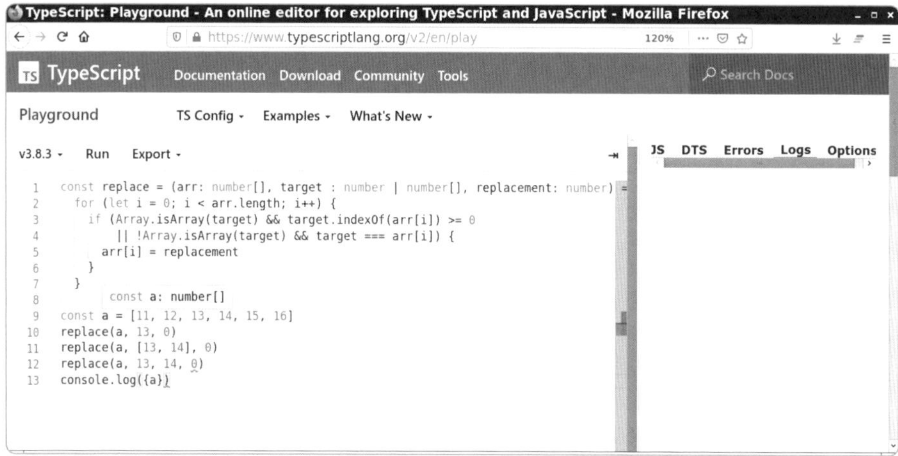

Abb. 13–1 TypeScript Playground

Visual Studio Code (`https://code.visualstudio.com/`) und andere Editoren und integrierte Entwicklungsumgebungen bieten hervorragende Unterstützung für TypeScript.

Um an der Befehlszeile mit TypeScript zu arbeiten, installieren Sie es mit dem Paketmanager `npm`. Für eine globale Installation verwenden Sie den folgenden Befehl:

```
npm install -g typescript
```

In diesem Kapitel setze ich voraus, dass TypeScript im *strikten Modus* läuft und ECMAScript der neuesten Version produziert. Ähnlich wie im einfachen JavaScript verhindert der strikte Modus auch in TypeScript schlampiges, veraltetes Verhalten. Um diese Einstellungen vorzunehmen, fügen Sie Ihrem Projektverzeichnis eine Datei namens `tsconfig.json` mit dem folgenden Inhalt hinzu:

```
{
  "compilerOptions": {
    "target": "ES2020",
    "strict": true,
    "sourceMap": true
  },
  "filesGlob": [
    "*.ts"
  ]
}
```

Um TypeScript-Dateien in JavaScript zu kompilieren, führen Sie in dem Verzeichnis, das die TypeScript-Dateien und `tsconfig.json` enthält, Folgendes aus:

```
tsc
```

Jede TypeScript-Datei wird in JavaScript übersetzt. Anschließend können Sie die resultierenden Dateien mit `node` ausführen.

Um eine REPL zu starten, führen Sie in einem Verzeichnis mit einer `tsconfig.json`-Datei Folgendes aus:

```
ts-node
```

Alternativ können Sie in einem beliebigen Verzeichnis auch wie folgt vorgehen:

```
ts-node -O '{ "target": "es2020", "strict": true }'
```

13.3 Typterminologie

Ein Typ beschreibt eine Menge von Werten, die eine Gemeinsamkeit aufweisen. So besteht der Typ `number` in TypeScript aus allen Werten, die in JavaScript Zahlen sind, also reguläre Zahlen wie `0`, `3.141592653589793` usw., aber auch `Infity`, `-Infin` ity und NaN. All diese Werte sind *Instanzen* des Typs number. Dagegen gehört der Wert 'one' nicht dazu.

Wie wir bereits gesehen haben, bezeichnet der Typ number[] Arrays aus Zahlen. der Wert [0, 3.141592653589793, NaN] ist damit eine Instanz des Typs number[], der Wert [0, 'one'] dagegen nicht.

Ein Typ wie number[] wird als *zusammengesetzt* bezeichnet. Arrays lassen sich aus beliebigen Typen erstellen, z.B. number[], string[] usw. Vereinigungstypen sind ein weiteres Beispiel für zusammengesetzte Typen. So besteht der folgende Vereinigungstyp aus den beiden einfacheren Typen number und number[]:

```
number | number[]
```

Typen, die nicht aus einfacheren Typen zusammengesetzt sind, werden dagegen als *primitiv* bezeichnet. In TypeScript geht es um die primitiven Typen number, string und boolean sowie einige weitere, die Sie im folgenden Abschnitt kennenlernen werden.

Zusammengesetzte Typen können ziemlich kompliziert werden. Mit einem *Typ-Alias* können Sie sie leichter lesbar und verwendbar machen. Angenommen Sie wollen Funktionen schreiben, die entweder eine einzelne Zahl oder ein Array annehmen können. Dafür können Sie ganz einfach einen Typ-Alias definieren:

```
type Numbers = number | number[]
```

Diesen Alias können Sie nun als Abkürzung für den zusammengesetzten Typ verwenden:

```
const replace = (arr: number[], target: Numbers, replacement: number) => ...
```

Hinweis

Der Operator typeof gibt den Typ einer Variablen oder Eigenschaft zurück. Damit können Sie eine Variable desselben Typs deklarieren:

```
let values = [1, 7, 2, 9]
let moreValues: typeof values = []
  // typeof values ist identisch mit number[]
let anotherElement: typeof values[0] = 42
  // typeof values[0] ist identisch mit number
```

13.4 Primitive Typen

Jeder primitive JavaScript-Typ ist auch in TypeScript ein primitiver Typ. Das heißt, TypeScript bietet die primitiven Typen `number`, `boolean`, `string`, `symbol`, `null` und `undefined`.

Der Typ `undefined` hat nur eine Instanz, nämlich den Wert `undefined`. Ebenso ist der Wert `null` die einzige Instanz des Typs `null`. Diese Typen werden Sie zwar nicht für sich allein nutzen, aber in Vereinigungstypen können sie sehr nützlich sein. So ist etwa eine Instanz des folgenden Typs entweder ein String oder der Wert `undefined`:

```
string | undefined
```

Der Typ `void` kann nur als Rückgabetyp einer Funktion verwendet werden. Er besagt, dass die Funktion keinen Wert zurückgibt (siehe Übung 2).

Der Typ `never` besagt, dass eine Funktion niemals zurückkehrt, da sie immer eine Ausnahme auslöst. Da Sie normalerweise keine Funktionen dieser Art schreiben werden, ist es ziemlich unwahrscheinlich, dass Sie diesen Typ jemals für eine Anmerkung verwenden. Abschnitt 13.13.6 »Bedingte Typen« zeigt jedoch noch einen anderen Verwendungszweck für `never`.

Der Typ `unknown` steht für einen beliebigen JavaScript-Wert. Sie können zwar jeden Wert in `unknown` umwandeln, aber ein Wert vom Typ `unknown` ist mit keinem anderen Typ kompatibel. Das ist für Parametertypen sehr generischer Funktionen sinnvoll (etwa `console.log`) oder für eine Schnittstelle mit externem JavaScript-Code. Darüber hinaus gibt es sogar noch den etwas weiter gefassten Typ `any`. Jede Konvertierung in *oder aus* dem Typ `any` ist zulässig. Allerdings sollten Sie den Typ `any` nur äußerst sparsam einsetzen, da Sie dadurch im Grunde genommen die Typüberprüfung ausschalten.

Ein Literalwert bezeichnet einen Typ, der als einzige Instanz den Wert selbst hat. Beispielsweise ist das String-Literal `'Mon'` ein TypeScript-Typ mit nur einem einzigen Wert, nämlich dem String `'Mon'`. Für sich allein ist ein solcher Typ nicht sehr praktisch, aber Sie können damit einen Vereinigungstyp wie den folgenden zusammenstellen:

```
'Mon' | 'Tue' | 'Wed' | 'Thu' | 'Fri' | 'Sat' | 'Sun'
```

Dies ist ein Typ mit sieben Instanzen, nämlich den Kurzbezeichnungen der Wochentage.

Bei einem solchen Typ bietet sich die Verwendung eines Alias an:

```
type Weekday = 'Mon' | 'Tue' | 'Wed' | 'Thu' | 'Fri' | 'Sat' | 'Sun'
```

Jetzt können Sie Variable mit der Anmerkung `Weekday` versehen:

```
let w: Weekday = 'Mon' // OK
w = 'Mo'               // Fehler
```

Ein Typ wie `Weekday` beschreibt eine finite Menge von Werten. Dabei kann es sich um Literale beliebiger Typen handeln:

```
type Falsish = false | 0 | 0n | null | undefined | '' | []
```

Hinweis

Um Konstanten ansprechendere Namen zu geben, können Sie in TypeScript einen Aufzählungstyp definieren:

```
enum Weekday { MON, TUE, WED, THU, FRI, SAT, SUN }
```

Auf diese Konstanten können Sie nun mit `Weekday.MON`, `Weekday.TUE` usw. verweisen. Sie sind synonym mit den Zahlen 0, 1, 2, 3, 4, 5 und 6. Es ist auch möglich, Werte zuzuweisen:

```
enum Color { RED = 4, GREEN = 2, BLUE = 1 }
```

Auch String-Werte sind zulässig:

```
enum Quarter { Q1 = 'Winter', Q2 = 'Spring', Q3 = 'Summer', Q4 = 'Fall' }
```

13.5 Zusammengesetzte Typen

TypeScript bietet verschiedene Möglichkeiten, um die einfachen Typen zu anspruchsvolleren zusammenzusetzen. In diesem Abschnitt lernen Sie alle diese Vorgehensweisen kennen.

Zu jedem Typ gibt es einen Array-Typ:

```
number[]   // Array aus number-Elementen
string[]   // Array aus string-Elementen
number[][] // Array aus number[]-Elementen
```

Diese Typen beschreiben Arrays, deren Elemente alle vom selben Typ sind. So kann beispielsweise ein `number[]`-Array nur Zahlen enthalten und keine Mischung aus Zahlen und Strings.

Allerdings verwenden JavaScript-Programmierer oft Arrays mit Elementen unterschiedlicher Typen, z.B. `[404, 'not found']`. In TypeScript können Sie ein solches Array als Instanz eines *Tupel-Typs* beschreiben, in diesem Fall `[number, string]`. Ein Tupel-Typ ist eine in eckige Klammern eingeschlossene Liste von Typen. Er bezeichnet Arrays fester Länge, deren Elemente jeweils vom angegebenen Typ sind. In unserem Beispiel ist der Wert `[404, 'not found']` eine Instanz des Tupels `[number, string]`, die Werte `['not found', 404]` und `[404, 'error','not found']` sind es dagegen nicht.

Hinweis

Der Typ eines Arrays, in dem auf eine Zahl und einen String noch weitere Elemente folgen, lautet wie folgt:

```
[string, number, ...unknown[]]
```

Ebenso wie ein Tupel-Typ die Typen der Elemente eines Arrays beschreibt, gibt ein *Objekttyp* die Eigenschaftsnamen und Typen von Objekten an:

```
{ x: number, y: number }
```

Mit einem Typ-Alias können Sie diese Deklaration einfacher verwenden:

```
type Point = { x: number, y: number }
```

Jetzt können Sie Funktionen definieren, deren Parameter Instanzen von `Point` sind:

```
const distanceFromOrigin = (p: Point) => Math.sqrt(Math.pow(p.x, 2) + Math.
  pow(p.y, 2))
```

Ein *Funktionstyp* beschreibt die Parameter- und Rückgabetypen einer Funktion:

```
(arg1: number, arg2: number) => number
```

Dies ist der Typ aller Funktion mit zwei Parametern und einem Rückgabewert vom Typ `number`. Die Funktion `Math.pow` ist eine Instanz dieses Typs, `Math.sqrt` aber nicht, da sie nur über einen Parameter verfügt.

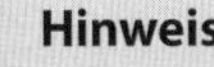

Hinweis

In TypeScript müssen Sie bei den Parametertypen eines Funktionstyps auch Parameternamen angeben, etwa `arg1` und `arg2` wie im vorigen Beispiel. Diese Namen werden ignoriert – mit einer Ausnahme. Eine Methode wird dadurch gekennzeichnet, dass der erste Parameter `this` heißt (siehe Abschnitt 13.8.2 »Der Instanztyp einer Klasse«). Für alle anderen Parameter in einem Funktionstyp verwende ich `arg1`, `arg2` usw., sodass Sie auf einen Blick erkennen können, dass es sich um einen Typ und nicht um eine echte Funktion handelt. Den Restparameter kennzeichne ich mit `rest`.

Vereinigungstypen haben Sie bereits kennengelernt. Die Werte des Vereinigungstyps `T | U` sind Instanzen von `T` oder `U`. Betrachten Sie das folgende Beispiel:

```
number | string
```

Eine Instanz dieses Typs ist entweder eine Zahl oder ein String. Das folgende Beispiel dagegen beschreibt Arrays, deren Elemente Zahlen oder Strings sein können:

```
(number | string)[]
```

Bei einem *Schnittmengentyp* (Intersection Type) der Form `T & U` müssen die Instanzen die Anforderungen von sowohl `T` als auch `U` erfüllen:

```
Point & { color: string }
```

Um als eine Instanz dieses Typs zu gelten, muss ein Objekt sowohl die numerischen Eigenschaften `x` und `y` aufweisen (was die Anforderungen für den Typ `Point` sind) als auch die String-wertige Eigenschaft `color`.

13.6 Typinferenz

Betrachten Sie den folgenden Aufruf unserer Mittelungsfunktion:

```
const average = (x: number, y: number) => (x + y) / 2
...
const a = 3
const b = 4
let result = average(a, b)
```

Typanmerkungen sind nur für die Funktionsparameter erforderlich. Der Typ der anderen Variablen wird geschlussfolgert (*Inferenz*). Die Initialisierung teilt TypeScript mit, dass `a` und `b` vom Typ `number` sein müssen, und aus einer Analyse des Codes der Funktion `average` kann TypeScript folgern, dass der Rückgabetyp und damit der Typ von `result` ebenfalls `number` ist.

Im Allgemeinen funktioniert diese Typinferenz sehr gut. Es gibt jedoch einige Fälle, in denen Sie TypeScript dabei helfen müssen. So kann es sein, dass der Anfangswert einer Variablen nicht ausreicht, um den beabsichtigten Typ zu erkennen. Nehmen wir beispielsweise an, Sie deklarieren einen Typ für Fehlercodes:

```
type ErrorCode = [number, string]
```

Als Nächstes möchten Sie eine Variable dieses Typs deklarieren. Die folgende Deklaration genügt dafür aber nicht:

```
let code = [404, 'not found']
```

Aus der rechten Seite schließt TypeScript auf den Typ `(number | string)[]`, also ein Array beliebiger Länge, wobei jedes Element eine Zahl oder ein String sein kann. Das aber ist ein viel allgemeinerer Typ als `ErrorCode`.

> **Tipp**
>
> Um zu erkennen, welche Typen durch Inferenz ermittelt werden, müssen Sie eine Entwicklungsumgebung verwenden, die Typinformationen anzeigt. In Abbildung 13–2 sehen Sie, wie solche geschlussfolgerten Typen in Visual Studio Code dargestellt werden.

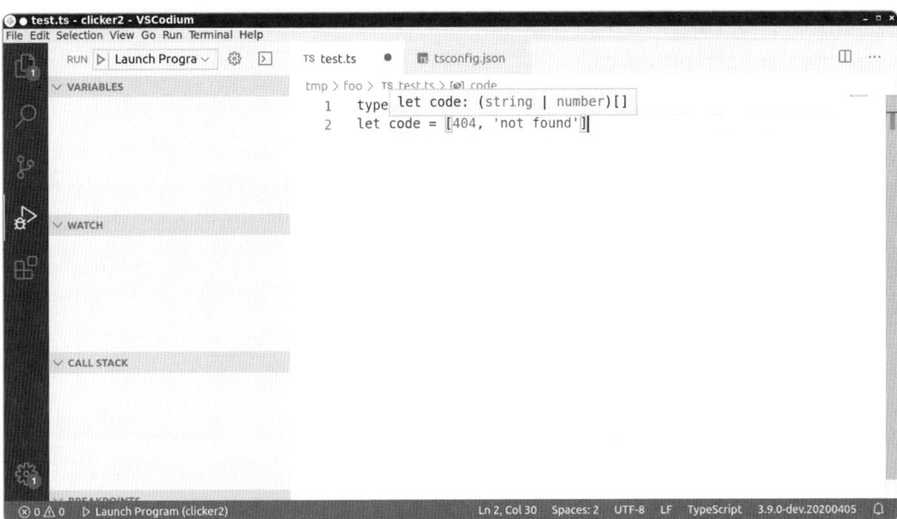

Abb. 13–2 *Typinformationen in Visual Studio Code*

Die Lösung besteht darin, die Variable mit einer Typanmerkung zu versehen:

```
let code: ErrorCode = [404, 'not found']
```

Das gleiche Problem stellt sich, wenn eine Funktion wie im folgenden Beispiel einen Wert mit einem nicht eindeutigen Typ zurückgibt:

```
const root = (x: number) => {
  if (x >= 0) return Math.sqrt(x)
  else return [404, 'not found']
}
```

Der geschlussfolgerte Typ ist `number | (number | string)[]`. Wollen Sie dagegen `number | ErrorCode` haben, müssen Sie hinter der Parameterliste eine Anmerkung für den Rückgabetyp einfügen:

```
const root = (x: number): number | ErrorCode => {
  if (x >= 0) return Math.sqrt(x)
  else return [404, 'not found']
}
```

In der Schreibweise mit `function` sieht diese Funktion wie folgt aus:

```
function root(x: number): number | ErrorCode {
  if (x >= 0) return Math.sqrt(x)
  else return [404, 'not found']
}
```

Wenn Sie eine Variable wie folgt mit `undefined` initialisieren, ist ebenfalls eine Typanmerkung erforderlich:

```
let result = undefined
```

Ohne Anmerkung schlussfolgert TypeScript den Typ `any`. (Den Typ `undefined` zu schlussfolgern, wäre sinnlos, denn dann könnte sich die Variable niemals ändern.) Daher müssen Sie den gewünschten Typ angeben:

```
let result: number | undefined = undefined
```

Daraufhin können Sie in `result` Zahlen speichern, aber keine Strings:

```
result = 3   // OK
result = '3' // Fehler
```

Manchmal wissen Sie auch mehr über den Typ eines Ausdrucks, als TypeScript durch Inferenz herausfinden kann. Nehmen wir an, Sie haben ein JSON-Objekt erhalten, dessen Typ Sie kennen. In diesem Fall können Sie eine *Zusicherung* (*Assertion*) für den Typ verwenden:

```
let target = JSON.parse(response) as Point
```

Eine Typzusicherung ähnelt einer Typumwandlung (Cast) in Java und C#, allerdings tritt keine Ausnahme auf, wenn der Wert nicht mit dem Zieltyp übereinstimmen sollte.

Bei der Verarbeitung eines Vereinigungstyps folgt TypeScript der Verzweigungsstruktur, um sicherzustellen, dass in jedem Zweig ein Wert vom korrekten Typ verwendet wird. Betrachten Sie dazu das folgende Beispiel:

```
const less = (x: number | number[] | string | Date | null) => {
  if (typeof x === 'number')
    return x - 1;
  else if (Array.isArray(x))
    return x.splice(0, 1)
  else if (x instanceof Date)
    return new Date(x.getTime() - 1000)
  else if (x === null)
    return x
  else
    return x.substring(1)
}
```

TypeScript versteht die Operatoren `typeof`, `instanceof` und `in` sowie die Funktion `Array.isArray` und führt selbst eine Prüfung auf `null` und `undefined` durch. Daher wird in den ersten vier Zweigen der Typ von `x` korrekt als `number`, `number[]`, `Date` bzw. `null` ermittelt. Im fünften Zweig bleibt nur `string` übrig, sodass TypeScript den Aufruf von `substring` erlaubt.

Manchmal funktioniert diese Art der Inferenz jedoch nicht:

```
const more = (values: number[] | string[]) => {
  if (array.length > 0 && typeof x[0] === 'number') // Fehler: Kein gültiger
                                                    // Typschutz
    return values.map(x => x + 1)
  else
    return values.map(x => x + x)
}
```

TypeScript kann die Bedingung nicht analysieren, weil sie zu kompliziert ist. In einer solchen Situation können Sie eine eigene *Typschutzfunktion* angeben. Ihre besondere Rolle ist an ihrem Rückgabetyp zu erkennen:

```
const isNumberArray = (array: unknown[]): array is number[] =>
  array.length > 0 && typeof array[0] === 'number'
```

Der Rückgabetyp `array is number[]` gibt an, dass diese Funktion einen booleschen Wert zurückgibt, der besagt, ob das Argument `array` den Typ `number[]` hat. Verwendet wird diese Funktion wie folgt:

```
const more = (values: number[] | string[]) => {
  if (isNumberArray(values))
    return values.map(x => x + 1)
  else
    return values.map(x => x + x)
}
```

Mit dem Schlüsselwort `function` können Sie dieselbe Typschutzfunktion wie folgt schreiben:

```
function isNumberArray(array: unknown[]): array is number[] {
  return array.length > 0 && typeof array[0] === 'number'
}
```

13.7 Untertypen

Einige Typen, etwa `number` und `string`, haben keinerlei Beziehung zueinander. Eine Variable vom Typ `number` kann keinen Wert vom Typ `string` enthalten und umgekehrt. Zwischen anderen Typen dagegen bestehen Beziehungen. So kann etwa eine Variable des Typs `number | string` einen Wert vom Typ `number` enthalten.

In einem solchen Fall ist `number` ein *Untertyp* von `number | string` und `number | string` ein *Obertyp* von `number` und `string`. Ein Untertyp ist stärker eingeschränkt als seine Obertypen. Eine Variable eines Obertyps kann Werte jedes Untertyps enthalten. Anders herum gilt das jedoch nicht.

In den folgenden Abschnitten sehen wir uns diese Untertypbeziehung etwas genauer an.

13.7.1 Die Substitutionsregel

Betrachten Sie den folgenden Objekttyp:

```
type Point = { x: number, y: number }
```

Das Objekt `{ x: 3, y: 4 }` ist unzweifelhaft eine Instanz von `Point`. Aber was ist mit dem folgenden Objekt?

```
const bluePoint = { x: 3, y: 4, color: 'blue' }
```

Ist dies ebenfalls eine Instanz von `Point`? Schließlich hat es ja die Eigenschaften `x` und `y`, deren Werte auch tatsächlich Zahlen sind.

In TypeScript lautet die Antwort Nein. Das Objekt `bluePoint` ist eine Instanz des folgenden Typs:

```
{ x: number, y: number, color: string }
```

Der Bequemlichkeit halber geben wir auch diesem Typ einen Namen:

```
type ColoredPoint = { x: number, y: number, color: string }
```

`ColoredPoint` ist ein Untertyp von `Point` und `Point` ein Obertyp von `ColoredPoint`. Ein Untertyp verlangt alle Anforderungen des Obertyps sowie einige zusätzliche.

Wenn ein Wert eines bestimmten Typs erwartet wird, können Sie auch eine Instanz eines Untertyps bereitstellen. Dies wird manchmal als *Ersetzungs-* oder *Substitutionsregel* bezeichnet.

Beispielsweise können wir einer Funktion mit einem `Point`-Parameter auch ein `ColoredPoint`-Objekt übergeben:

```
const distanceFromOrigin = (p: Point) => Math.sqrt(Math.pow(p.x, 2) + Math.
  pow(p.y, 2))
  const result = distanceFromOrigin(bluePoint) // OK
```

Die Funktion `distanceFromOrigin` erwartet zwar ein `Point`-Objekt, akzeptiert aber auch ein `ColoredPoint`. Schließlich spricht ja auch nichts dagegen, denn die Funktion benötigt lediglich Zugriff auf die numerischen Eigenschaften `x` und `y`, die auch zweifellos vorhanden sind.

Hinweis

Wie Sie gerade gesehen haben, muss der Typ einer Variablen nicht genau mit dem Typ des Wertes übereinstimmen, auf den sie verweist. In diesem Fall hat der Parameter `p` den Typ `Point`, der Wert, auf den er verweist, aber den Typ `ColoredPoint`. Wenn Sie eine Variable eines bestimmten Typs haben, können Sie sicher sein, dass die Werte, auf die sie verweist, zu diesem Typ *oder einem Untertyp* gehören.

In TypeScript gibt es eine Ausnahme von der Substitutionsregel: Es ist nicht möglich, einen Typ durch das *Objektliteral* eines Untertyps zu ersetzen. Der folgende Aufruf schlägt zur Kompilierzeit fehl:

```
const result = distanceFromOrigin({ x: 3, y: 4, color: 'blue' }) // Fehler
```

Dies wird als *Überprüfung auf überzählige Eigenschaften* (*Excess Property Check*) bezeichnet.

Die gleiche Prüfung erfolgt auch, wenn Sie einer typisierten Variablen ein Objektliteral zuweisen:

```
let p: Point = { x: 3, y: 4 }
p = { x: 0, y: 0, color: 'red' } // Fehler: überzählige Eigenschaft blue
```

Den Grund für diese Prüfung lernen Sie im nächsten Abschnitt kennen.

Die Prüfung auf überzählige Eigenschaften können Sie jedoch leicht umgehen, indem Sie einfach eine andere Variable einführen:

```
const redOrigin = { x: 0, y: 0, color: 'red' }
p = redOrigin // OK: p kann einen Wert vom Untertyp enthalten
```

13.7.2 Optionale und überzählige Eigenschaften

Wenn Sie ein Objekt vom Typ `Point` haben, können Sie keine Eigenschaften außer `x` und `y` lesen. Schließlich gibt es keine Garantie dafür, dass solche Eigenschaften überhaupt existieren.

```
let p: Point = ...
console.log(p.color) // Fehler: Diese Eigenschaft gibt es nicht
```

Das ist sinnvoll und genau die Art von Prüfung, die ein Typsystem durchführen sollte.

Wie sieht es aus, wenn wir versuchen, in eine solche Eigenschaft zu schreiben?

```
p.color = 'blue' // Fehler: Diese Eigenschaft gibt es nicht
```

Rein typtechnisch gesehen wäre das sicher, denn die Variable `p` würde nach wie vor auf einen Wert verweisen, der zu einem Untertyp von `Point` gehört. Allerdings verbietet TypeScript es, überzählige Eigenschaften einzubauen.

Sollen bestimmte Eigenschaften bei einigen, aber nicht allen Objekten eines Typs verfügbar sein, müssen Sie dafür *optionale Eigenschaften* verwenden. Eine mit `?` gekennzeichnete Eigenschaft ist zulässig, aber nicht erforderlich. Betrachten Sie dazu das folgende Beispiel:

```
type MaybeColoredPoint = {
  x: number,
  y: number,
  color?: string
}
```

Damit sind alle folgenden Anweisungen zulässig:

```
let p: MaybeColoredPoint = { x: 0, y: 0 } // OK: color ist optional
p.color = 'red' // OK: Die optionale Eigenschaft kann gesetzt werden
p = { x: 3, y: 4, color: 'blue' } // OK: Literale sind für optionale
                                  // Eigenschaften zulässig
```

Die Überprüfung auf überzählige Eigenschaften dient dazu, Schreibfehler bei optionalen Eigenschaften aufzuspüren. Betrachten Sie die folgende Funktion zum Zeichnen eines Punktes:

```
const plot = (p: MaybeColoredPoint) => ...
```

Der folgende Aufruf schlägt fehl:

```
const result = plot({ x: 3, y: 4, colour: 'blue' })
  // Fehler: überzählige Eigenschaft colour
```

Hier wurde die britische Schreibweise `colour` verwendet. Die Klasse `MaybeColored Point` hat jedoch keine Eigenschaft namens `color` und TypeScript erkennt diesen Fehler. Hätte der Compiler die Substitutionsregel angewendet, ohne eine Überprüfung auf überzählige Eigenschaften durchzuführen, hätte die Funktion einen Punkt ohne Farbe gezeichnet.

13.7.3 Untertypbeziehungen von Array- und Objekttypen

Ist ein Array farbiger Punkte spezifischer als ein Array aus Punkten? In TypeScript ist `ColoredPoint[]` ein Untertyp von `Point[]`. Allgemein ausgedrückt: Wenn `S` ein Untertyp von `T` ist, dann ist der Array-Typ `S[]` ein Untertyp von `T[]`. In TypeScript werden Arrays als *kovariant* bezeichnet, da die verschiedenen Array-Typen die gleichen Beziehungen zueinander haben wie ihre Elementtypen.

Diese Beziehung ist jedoch unsicher, denn damit ist es möglich, TypeScript-Programme zu schreiben, die zwar problemlos kompiliert werden, aber zur Laufzeit fehlschlagen. Betrachten Sie das folgende Beispiel:

```
const coloredPoints: ColoredPoint[] = [{ x: 3, y: 4, color: 'blue' },
                                       { x: 0, y: 0, color: 'red' }]
const points: Point[] = coloredPoints
  // points darf einen Wert vom Untertyp enthalten
```

Über die Variable `points` können wir nun einen einfachen Punkt vom Typ `Point` hinzufügen:

```
points.push({ x: 4, y: 3 })
  // Hinzufügen eines Point zu einem Point[] ist zulässig
```

Aber sowohl `coloredPoints` als auch `points` verweisen auf *dasselbe Array*. Der Versuch, den hinzugefügten Punkt aus der Variablen `coloredPoints` zu lesen, führt zu einem Laufzeitfehler:

```
console.log(coloredPoints[2].color.length)
  // Fehler: Die Eigenschaft 'length' von undefined kann nicht gelesen werden
```

Der Wert von `coloredPoints[2].color` ist `undefined`, was bei einem `ColoredPoint` nicht möglich sein sollte. Das Typsystem hat hier einen blinden Fleck.

Das war jedoch eine bewusste Entscheidung der Sprachentwickler. Theoretisch sollten nur unveränderbare Arrays kovariant sein und veränderbare Arrays *invariant*, d.h., es sollte keine Untertypbeziehung zwischen veränderbaren Arrays unterschiedlicher Typen geben. Invariante Arrays wären jedoch unkomfortabel. In diesem Fall wurde bei TypeScript – ebenso wie bei Java und C# – die Entscheidung getroffen, zugunsten des Komforts auf vollständige Typsicherheit zu verzichten.

Kovarianz gibt es auch bei den Objekttypen. Um zu bestimmen, ob ein Objekttyp der Untertyp eines anderen ist, können wir uns die Untertypbeziehungen der übereinstimmenden Eigenschaften ansehen. Die folgenden beiden Typen haben eine gemeinsame Eigenschaft:

```
type Colored = { color: string }
type MaybeColored = { color: string | undefined }
```

In diesem Fall ist `string` ein Untertyp von `string | undefined`, womit auch `Colored` ein Untertyp von `MaybeColored` ist.

Wenn `S` ein Untertyp von `T` ist, dann ist auch der Objekttyp `{` *p*: `S }` ein Untertyp von `{` *p*: `T }`. Gibt es mehrere Eigenschaften, müssen die Beziehungen alle dieselbe Richtung aufweisen.

Wie bei Arrays ist auch die Kovarianz von Objekten unsicher (siehe Übung 11).

In diesem Abschnitt haben Sie gesehen, wie die Beziehungen von Array- und Objekttypen von den Beziehungen ihrer Komponententypen abhängen. Die Beziehungen zwischen Funktionstypen werden in Abschnitt 13.12.3 »Untertypbeziehungen von Funktionstypen« besprochen, und die von Typen ganz allgemein in Abschnitt 13.13.5 »Untertypbeziehungen von generischen Typen«.

13.8 Klassen

In den folgenden Abschnitten sehen wir uns an, wie Klassen in TypeScript funktionieren. Als Erstes schauen wir uns die syntaktischen Unterschiede zwischen Klassen in JavaScript und TypeScript an. Danach beschäftigen wir uns damit, in welcher Beziehung Klassen zu Typen stehen.

13.8.1 Klassen deklarieren

Die Klassensyntax von TypeScript ähnelt der von JavaScript. Natürlich machen Sie dabei Typanmerkungen für die Parameter des Konstruktors und der Methoden. Außerdem müssen Sie die Typen der Instanzfelder angeben. Eine Möglichkeit dazu besteht darin, die Felder mit den Typanmerkungen wie folgt aufzulisten:

```
class Point {
  x: number
  y: number

  constructor(x: number, y: number) {
    this.x = x
    this.y = y
  }
```

```
    distance(other: Point) {
      return Math.sqrt(Math.pow(this.x - other.x, 2) + Math.pow(this.y -
          other.y, 2))
    }

    toString() { return `(${this.x}, ${this.y})` }

    static origin = new Point(0, 0)
  }
```

Alternativ können Sie auch Anfangswerte angeben, aus denen TypeScript den Typ schlussfolgern kann:

```
class Point {
  x = 0
  y = 0
  ...
}
```

Hinweis

Diese Syntax entspricht der Feldsyntax, die zurzeit noch ein Vorschlag der Stufe 3 in JavaScript ist.

Die Instanzfelder können Sie auch privat machen. TypeScript unterstützt die Syntax für private Merkmale, die sich in JavaScript zurzeit in Stufe 3 befindet.

```
class Point {
  #x: number
  #y: number

  constructor(x: number, y: number) {
    this.#x = x
    this.#y = y
  }

  distance(other: Point) {
    return Math.sqrt(Math.pow(this.#x - other.#x, 2) + Math.pow(this.#y
        - other.#y, 2))
  }

  toString() { return `(${this.#x}, ${this.#y})` }

  static origin = new Point(0, 0)
}
```

Hinweis

TypeScript unterstützt auch die Modifizierer `private` und `protected` für Instanzfelder und Methoden. Sie funktionieren auf die gleiche Weise wie in Java und C++ und stammen aus der Zeit, als JavaScript noch keine Syntax für private Variable und Methoden hatte. Ich werde in diesem Kapitel jedoch nicht auf diese Modifizierer eingehen.

Hinweis

Mit `readonly` können Sie Instanzfelder auch als schreibgeschützt kennzeichnen:

```
class Point {
  readonly x: number
  readonly y: number
  ...
}
```

Eine schreibgeschützte Eigenschaft kann nach ihrer ursprünglichen Zuweisung nicht mehr geändert werden:

```
const p = new Point(3, 4)
p.x = 0 // Fehler: Schreibgeschützte Eigenschaft kann nicht geändert
        // werden
```

Beachten Sie, dass `readonly` auf *Eigenschaften* angewendet wird, `const` dagegen auf *Variable*.

13.8.2 Der Instanztyp einer Klasse

Die Instanzen einer Klasse haben einen TypeScript-Typ, der alle öffentlichen Eigenschaften und Methoden enthält. Betrachten wir als Beispiel die Klasse `Point` mit den öffentlichen Feldern aus den vorherigen Abschnitten. Ihre Instanzen sind vom folgenden Typ:

```
{
  x: number,
  y: number,
  distance: (this: Point, arg1: Point) => number
  toString: (this: Point) => string
}
```

Der Konstruktor und die statischen Member gehören nicht zu dem Instanztyp.

Methoden können Sie wie im vorigen Beispiel dadurch kennzeichnen, dass Sie den ersten Parameter `this` nennen. Alternativ ist auch die folgende kompakte Schreibweise möglich:

```
{
  x: number,
  y: number,
  distance(arg1: Point): number
  toString(): string
}
```

Get- und Set-Methoden in Klassen führen zu weiteren Eigenschaften im Type-Script-Typ. Nehmen wir an, Sie definieren für die Klasse `Point` mit den privaten Instanzfeldern aus dem vorherigen Abschnitt die folgenden Methoden:

```
get x() { return this.#x }
set x(x: number) { this.#x = x }
get y() { return this.#y }
set y(y: number) { this.#y = y }
```

Dadurch erhält der TypeScript-Typ die Eigenschaften `x` und `y` vom Typ `number`.

Wenn Sie nur eine Get-Methode bereitstellen, ist die Eigenschaft schreibgeschützt.

Vorsicht

Wenn Sie nur eine Set-, aber keine Get-Methode bereitstellen, ist das Lesen der Eigenschaft zwar zulässig, gibt aber `undefined` zurück.

13.8.3 Der statische Typ einer Klasse

Wie bereits im letzten Abschnitt erwähnt, gehören der Konstruktor und die statischen Member nicht zum Instanztyp einer Klasse, sondern zum statischen Typ.

Der statische Typ unserer Beispielklasse `Point` sieht wie folgt aus:

```
{
  new (x: number, y: number): Point
  origin: Point
}
```

Die Syntax zur Angabe eines Konstruktors ähnelt derjenigen für eine Methode, allerdings müssen Sie hier `new` statt des Methodennamens verwenden.

Über den statischen Typ müssen Sie sich gewöhnlich keine Gedanken machen. (Beachten Sie aber Abschnitt 13.13.4 »Löschung«.) Allerdings sorgt er oft für Verwirrung. Betrachten Sie den folgenden Code:

```
const a = new Point(3, 4)
const b: typeof a = new Point(0, 0) // OK
const ctor: typeof Point = new Point(0, 0) // Fehler
```

Da es sich bei a um eine Instanz von Point handelt, ist typeof a der Instanztyp der Klasse Point. Was aber ist typeof Point? Hier ist Point die Konstruktorfunktion, denn schließlich ist eine Klasse in JavaScript nichts anderes. Deren Typ aber ist der statische Typ der Klasse. Damit können Sie ctor wie folgt initialisieren:

```
const ctor: typeof Point = Point
```

Anschließend können Sie new ctor(3, 4) aufrufen oder auf ctor.origin zugreifen.

13.9 Strukturelle Typisierung

Das Typsystem von TypeScript nutzt eine *strukturelle Typisierung*. Zwei Typen werden dabei als identisch angesehen, wenn sie dieselbe Struktur aufweisen. So gelten beispielsweise die beiden folgenden Typen als ein und derselbe Typ:

```
type ErrorCode = [number, string]
type LineItem = [number, string]
```

Die Namen der Typen spielen keine Rolle. Sie können ungehindert Werte zwischen diesen beiden Typen kopieren:

```
let code: ErrorCode = [404, 'Not found']
let items: LineItem[] = [[2, 'Blackwell Toaster']]
items[1] = code
```

Das klingt zwar gefährlich, ist aber nicht schlimmer als das, was Programmierer tagtäglich mit einfachem JavaScript veranstalten. In der Praxis, in der Sie es meistens mit Objekttypen zu tun haben, ist es ohnehin sehr unwahrscheinlich, dass zwei Typen genau dieselbe Struktur aufweisen. Wenn wir in unserem Beispiel Objekttypen verwenden, ergeben sich eher Typen wie die folgenden:

```
type ErrorCode = { code: number, description: string }
type LineItem = { quantity: number, description: string }
```

Dies sind verschiedene Typen, da die Namen der Eigenschaften nicht übereinstimmen.

Die strukturelle Typisierung unterscheidet sich stark von der Typsystemen in Java, C# und C++, in denen die Namen der Typen eine Rolle spielen. In JavaScript kommt es dagegen auf die Fähigkeiten eines Objekts an und nicht darauf, wie sein Typ heißt.

Um sich über diesen Unterschied klar zu werden, betrachten Sie die folgende JavaScript-Funktion:

```
const act = x => { x.walk(); x.quack(); }
```

In JavaScript kann die Funktion also mit jedem `x` umgehen, dass über die Methoden `walk` und `quack` verfügt.

In TypeScript können Sie dieses Verhalten mit einem Typ genau widerspiegeln:

```
const act = (x: { walk(): void, quack(): void }) => { x.walk(); x.quack(); }
```

Zur Breitstellung dieser Methoden können Sie die Klasse `Duck` verwenden:

```
class Duck {
  constructor(...) { ... }
  walk(): void { ... }
  quack(): void { ... }
}
```

Das ist eine tolle Sache, denn damit können Sie der Funktion `act` eine Instanz von `Duck` übergeben:

```
const donald = new Duck(...)
act(donald)
```

Nehmen wir nun aber an, wir haben noch ein anderes Objekt, das die Methoden `walk` und `quack` enthält, aber keine Instanz dieser Klasse ist:

```
const daffy = { walk: function () { ... }, quack: function () { ... } };
```

Auch dieses Objekt können Sie an die Funktion `act` übergeben. Diese Form der Typisierung wird als Duck Typing bezeichnet, was auf das im Englischen bekannte geflügelte Wort zurückgeht: »Wenn es geht wie eine Ente, schwimmt wie eine Ente und quakt wie eine Ente, muss es eine Ente sein.«

Die strukturelle Typisierung von TypeScript formalisiert diese Vorgehensweise. Anhand der Struktur des Typs prüft TypeScript zur Kompilierzeit, ob jeder Wert die erforderlichen Fähigkeiten hat. Die Namen der Typen spielen dabei keine Rolle.

13.10 Schnittstellen

Betrachten Sie den folgenden Objekttyp zur Beschreibung von Objekten mit einer ID-Methode:

```
type Identifiable = {
  id(): string
}
```

Mit diesem Typ können Sie eine Funktion definieren, die ein Element anhand seiner ID findet:

```
const findById = (elements: Identifiable[], id: string) => {
  for (const e of elements) if (e.id() === id) return e;
  return undefined;
}
```

Um eine Klasse zu einem Untertyp dieses Typs zu machen, können Sie sie mit einer `implements`-Klausel definieren:

```
class Person implements Identifiable {
  #name: string
  #id: string
  constructor(name: string, id: string) { this.#name = name; this.#id = id; }
  id() { return this.#id }
}
```

Jetzt prüft TypeScript, ob Ihre Klasse auch tatsächlich eine `id`-Methode mit den richtigen Typen bereitstellt.

Hinweis

Das ist der einzige Zweck der `implements`-Klausel. Wenn Sie sie weglassen, ist `Person` aufgrund der strukturellen Typisierung nach wie ein Untertyp von `Identifiable`.

Für Objekttypen gibt es eine alternative Syntax, die Java- und C#-Programmierern vertrauter vorkommen sollte:

```
interface Identifiable {
  id(): string
}
```

In älteren Versionen von TypeScript unterlagen Objekttypen stärkeren Einschränkungen als Schnittstellen (Interfaces). Heutzutage können Sie beide verwenden.

Es gibt jedoch einige kleine Unterscheide. Eine Schnittstelle kann eine andere erweitern:

```
interface Employable extends Identifiable {
  salary(): number
}
```

Bei Typdeklarationen müssen Sie stattdessen einen Schnittmengentyp verwenden:

```
type Employable = Identifiable & {
  salary(): number
}
```

Anders als Objekttypen können Schnittstellen stückweise definiert werden. So können Sie zunächst Folgendes schreiben:

```
interface Employable {
  id(): string
}
```

und dann an einer Stelle weiter hinten dies:

```
interface Employable {
  salary(): number
}
```

Die einzelnen Teile werden zusammengeführt. Bei Typdeklarationen geschieht dies nicht. Es ist jedoch fraglich, ob dies ein praktisches Merkmal ist.

Hinweis

In TypeScript kann eine Schnittstelle eine Klasse erweitern. Dabei greift sie alle Eigenschaften des Instanztyps der Klasse auf. Beispielsweise hat die folgende Schnittstelle die Felder und Methoden von `Point` und zusätzlich die Eigenschaft `z`:

```
interface Point3D extends Point { z: number }
```

Statt einer solchen Schnittstelle können Sie auch einen Schnittmengentyp verwenden:

```
type Point3D = Point & { z: number }
```

13.11 Indizierte Eigenschaften

Manchmal brauchen Sie auch Objekte, die beliebige Eigenschaften aufweisen können. In TypeScript können Sie eine *Indexsignatur* verwenden, um die Typüberprüfung wissen zu lassen, dass solche beliebigen Eigenschaften in Ordnung sind. Die Syntax dafür sieht wie folgt aus:

```
type Dictionary = {
  creator: string,
  [arg: string]: string | string[]
}
```

Der Variablenname für das Indexargument (hier `arg`) spielt dabei keine Rolle, aber Sie müssen einen Namen angeben.

Jede Instanz von `Dictionary` verfügt über die Eigenschaft `creator` sowie eine Reihe weiterer Eigenschaften, deren Werte Strings oder String-Arrays sind:

```
const dict: Dictionary = { creator: 'Pierre' }
dict.hello = ['bonjour', 'salut', 'allô']
let str = 'world'
dict[str] = 'monde'
```

Vorsicht

Die Typen der ausdrücklich angegebenen Eigenschaften müssen Untertypen des Indextyps sein. Der folgende Code ist daher falsch:

```
type Dictionary = {
  created: Date, // Fehler: weder string noch string[]
  [arg: string]: string | string[]
}
```

Wenn für `str` willkürliche Werte zulässig wären, ließe sich nicht mehr prüfen, ob eine Zuweisung zu `dict[str]` korrekt ist.

Auch Array-artige Typen mit Integern als Indexwerten lassen sich auf diese Weise beschreiben:

```
type ShoppingList = {
  created: Date,
  [arg: number] : string
}

const list: ShoppingList = {
  created: new Date()
}
list[0] = 'eggs'
list[1] = 'ham'
```

13.12 Komplexe Funktionsparameter

In den folgenden Abschnitten sehen wir uns an, wie Sie Typanmerkungen für optionale, Standard-, Rest- und destrukturierte Parameter vornehmen. Anschließend beschäftigen wir uns mit der Überladung (Overloading), also der Angabe mehrerer Parameter- und Rückgabetypen für eine einzige Funktion.

13.12.1 Optionale, Standard- und Restparameter

Betrachten Sie die folgende JavaScript-Funktion:

```
const average = (x, y) => (x + y) / 2 // JavaScript
```

In JavaScript müssen Sie sich Sorgen darüber machen, dass jemand `average(3)` aufruft, was zu `(3 + undefined) / 2` und damit zu `NaN` ausgewertet würde. In TypeScript besteht dieses Problem nicht, denn dort ist es nicht möglich, eine Funktion aufzurufen, ohne alle erforderlichen Argumente anzugeben.

Allerdings verwenden JavaScript-Programmierer oft optionale Parameter. In unserer Funktion `average` kann der zweite Parameter optional sein:

```
const average = (x, y) => y === undefined ? x : (x + y) / 2 // JavaScript
```

In TypeScript kennzeichnen Sie optionale Parameter mit ?:

```
const average = (x: number, y?: number) => y === undefined ? x : (x + y) / 2
  // TypeScript
```

Optionale Parameter müssen hinter den erforderlichen Parametern stehen.

Ebenso wie in JavaScript können Sie auch in TypeScript Standardparameter angeben:

```
const average = (x = 0, y = x) => (x + y) / 2 // TypeScript
```

Hier werden die Typen der Parameter aus den Typen der Standardwerte geschlussfolgert.

Restparameter werden genauso angegeben wie in JavaScript und erhalten eine Anmerkung für einen Array-Typ:

```
const average = (first = 0, ...following: number[]) => {
  let sum = first
  for (const value of following) { sum += value }
  return sum / (1 + following.length)
}
```

Diese Funktion hat folgenden Typ:

```
(arg1: number, ...arg2: number[]) => number
```

13.12.2 Parameter destrukturieren

In Kapitel 3 haben wir uns eine Funktion angesehen, die mit einem Konfigurationsobjekt (Configuration Object) aufgerufen werden kann:

```
const result = mkString(elements,
  { separator: ', ', leftDelimiter: '(', rightDelimiter: ')' })
```

Bei der Implementierung dieser Funktion können Sie natürlich einen Parameter für das gesamte Konfigurationsobjekt verwenden:

```
const mkString = (values, config) =>
  config.leftDelimiter + values.join(config.separator) + config.rightDelimiter
```

Es ist aber auch möglich, eine Destrukturierung anzuwenden und drei Parametervariable zu deklarieren:

```
const mkString = (values, { separator, leftDelimiter, rightDelimiter }) =>
  leftDelimiter + values.join(separator) + rightDelimiter
```

In TypeScript müssen Sie Typen dafür hinzufügen. Die Vorgehensweise, die sich dazu anzubieten scheint, funktioniert jedoch nicht:

```
const mkString = (values: unknown[], { // TypeScript
    separator: string,
    leftDelimiter: string, // Fehler: doppelter Bezeichner
    rightDelimiter: string // Fehler: doppelter Bezeichner
  }) => leftDelimiter + values.join(separator) + rightDelimiter
```

Die Syntax für TypeScript-Anmerkungen steht dabei im Konflikt mit der Syntax für die Destrukturierung. In JavaScript (und damit auch in TypeScript) können Sie aber auch Variablennamen hinter den Eigenschaftennamen angeben:

```
const mkString = (values, { // JavaScript
    separator: sep,
    leftDelimiter: left,
    rightDelimiter: right
  }) => left + values.join(sep) + right
```

Um die Typen korrekt anzugeben, fügen Sie dem gesamten Konfigurationsobjekt eine Typanmerkung hinzu:

```
const mkString = (values: unknown[], // TypeScript
    { separator, leftDelimiter, rightDelimiter }
      : { separator: string, leftDelimiter: string, rightDelimiter: string }) =>
  leftDelimiter + values.join(separator) + rightDelimiter
```

In Kapitel 3 haben wir für jede Option auch ein Standardobjekt angegeben. Damit sieht die Funktion wie folgt aus:

```
const mkString = (values: unknown[], // TypeScript
    { separator = ',', leftDelimiter = '[', rightDelimiter = ']' }
      : { separator?: string, leftDelimiter?: string, rightDelimiter?: string
        }) => leftDelimiter + values.join(separator) + rightDelimiter
```

Die Angabe von Standardwerten erfordert eine kleine Änderung an den Typen: Alle Eigenschaften sind jetzt optional.

13.12.3 Untertypbeziehungen von Funktionstypen

In Abschnitt 13.7.3 »Untertypbeziehungen von Array- und Objekttypen« haben Sie gesehen, dass Arrays kovariant sind. Wenn Sie den Typ der Elemente durch einen Untertyp ersetzen, erhalten Sie ein Array von einem Untertyp. Wenn beispielsweise `Employee` ein Untertyp von `Person` ist, dann ist `Employee[]` ein Untertyp von `Person[]`.

Auf ähnliche Weise sind Objekttypen bezüglich ihrer Eigenschaftstypen kovariant. Der Typ `{ partner:Employee }` ist ein Untertyp von `{ partner: Person }`.

In diesem Abschnitt sehen wir uns die Untertypbeziehungen von Funktionstypen an.

Mit Bezug auf ihre Parametertypen sind Funktionstypen *kontravariant*. Wenn Sie einen Parametertyp durch einen *Obertyp* ersetzen, erhalten Sie einen Untertyp. Nehmen wir beispielsweise folgenden Typ:

```
type PersonConsumer = (arg1: Person) => void
```

Dies ist ein Untertyp von:

```
type EmployeeConsumer = (arg1: Employee) => void
```

Daher kann eine Variable vom Typ `EmployeeConsumer` einen Wert vom Typ `PersonConsumer` festhalten:

```
const pc: PersonConsumer = (p: Person) => { console.log(`a person named ${p.
  name}`) }
const ec: EmployeeConsumer = pc
  // ec darf einen Wert von einem Untertyp festhalten
```

Diese Zuweisung ist sicher, da `pc` offensichtlich Instanzen von `Employee` akzeptieren kann. Schließlich ist sie dazu da, Instanzen der noch viel allgemeineren Klasse `Person` zu handhaben.

Bei den Rückgabetypen dagegen herrscht Kovarianz vor. Betrachten Sie folgenden Typ:

```
type EmployeeProducer = (arg1: string) => Employee
```

Dies ist ein Untertyp von:

```
type PersonProducer = (arg1: string) => Person
```

Die folgende Zuweisung ist sicher:

```
const ep: EmployeeProducer = (name: string) => ({ name, salary: 0 })
const pp: PersonProducer = ep
  // pp darf einen Wert von einem Untertyp festhalten
```

Der Aufruf von `pp('Fred')` produziert mit Sicherheit eine Instanz von `Person`.

Wenn Sie bei einem Funktionstyp den letzten Parametertyp weglassen, erhalten Sie einen Untertyp:

```
(arg1: number) => number
```

Dies ist ein Untertyp von:

```
(arg1: number, arg2: number) => number
```

Um zu sehen, warum das so ist, schauen Sie sich die folgende Zuweisung an:

```
const g = (x: number) => 2 * x
  // Typ (arg1: number) => number
const f: (arg1: number, arg2: number) => number = g
  // f darf einen Wert von einem Untertyp festhalten
```

Es ist gefahrlos möglich, `f` mit zwei Argumenten aufzurufen. Das zweite Argument wird dabei einfach ignoriert.

Ebenso erhalten Sie einen Untertyp, wenn Sie einen Parameter optional machen:

```
const g = (x: number, y?: number) => y === undefined ? x : (x + y) / 2
  // Typ (arg1: number, arg2?: number) => number
const f: (arg1: number, arg2: number) => number = g
  // f darf einen Wert von einem Untertyp festhalten
```

Auch hier kann `f` gefahrlos mit zwei Argumenten aufgerufen werden.

Auch durch das Hinzufügen eines Restparameters erhalten Sie einen Untertyp:

```
let g = (x: number, y: number, ...following: number[]) => Math.max(x, y, ...
following)
  // Typ: (arg1: number, arg2: number, ...rest: number[]) => number
let f: (arg1: number, arg2: number) => number = g
  // f darf einen Wert von einem Untertyp festhalten
```

Wiederum können Sie `f` problemlos mit zwei Parametern aufrufen.

Tabelle 13–1 gibt einen Überblick über alle bisher behandelten Regeln zu Untertypen.

Vorgang	Obertyp Eine Variable dieses Typs ...	Untertyp ... kann einen Wert dieses Typs festhalten
Typ eines Array-Elements durch einen Untertyp ersetzen	`Person[]`	`Employee[]`
Typ einer Objekteigenschaft durch einen Untertyp ersetzen	`{ partner: Person }`	`{ partner: Employee }`
Objekteigenschaft hinzufügen	`{ x: number, y: number }`	`{ x: number, y: number, color: string }`
Typ eines Funktionsparameters durch einen *Obertyp* ersetzen	`(arg1: Employee) => void`	`(arg1: Person) => void`
Rückgabetyp einer Funktion durch einen Untertyp ersetzen	`(arg1: string) => Person`	`(arg1: string) => Employee`
Letzten Parameter entfernen	`(arg1: number, arg2: number) => number`	`(arg1: number) => number`
Letzten Parameter optional machen	`(arg1: number, arg2: number) => number`	`(arg1: number, arg2?: number) => number`
Restparameter hinzufügen	`(arg1: number) => number`	`(arg1: number, ...rest: number[]) => number`

Tab. 13–1 *Untertypen bilden*

13.12.4 Überladung

In JavaScript ist es üblich, Funktionen zu schreiben, die flexibel verwendet werden können. Betrachten Sie als Beispiel die folgende Funktion, die zählt, wie oft ein Buchstabe in einem String vorkommt:

```
function count(str, c) { return str.length - str.replace(c, '').length }
```

Was aber machen wir, wenn uns ein Array aus Strings vorliegt? In JavaScript lässt sich das Verhalten einfach erweitern:

```
function count(str, c) {
  if (Array.isArray(str)) {
    let sum = 0
    for (const s of str) {
      sum += s.length - s.replace(c, '').length
    }
    return sum
```

```
    } else {
      return str.length - str.replace(c, '').length
    }
  }
```

In TypeScript müssen Sie einen Typ für diese Funktion angeben, was jedoch auch nicht allzu schwer ist. `str` kann entweder ein String oder ein Array aus Strings sein:

```
function count(str: string | string[], c: string) { ... }
```

Das funktioniert, da der Rückgabetyp in beiden Fällen `number` ist. Die Funktion hat also den folgenden Typ:

```
(str: string | string[], c: string) => number
```

Was aber machen wir, wenn der Rückgabetyp von den Argumenttypen abhängt? Nehmen wir an, unsere Funktion würde keine Zeichen zählen, sondern entfernen:

```
function remove(str, c) { // JavaScript
  if (Array.isArray(str))
    return str.map(s => s.replace(c, ''))
  else
    return str.replace(c, '')
}Jetzt ist der Rückgabetyp entweder string oder string[].
```

Es ist jedoch nicht gerade optimal, einen Vereinigungstyp wie `string | string[]` als Rückgabetyp zu verwenden. Betrachten Sie den folgenden Ausdruck:

```
const result = remove(['Fred', 'Barney'], 'e')
```

Hier sollte `result` vom Typ `string[]` und nicht vom Vereinigungstyp sein.

Das lässt sich durch *Überladen* der Funktion erreichen. Ein Überladen von Funktionen im herkömmlichen Sinn – also die Implementierung getrennter Funktionen mit demselben Namen, aber unterschiedlichen Parametertypen – ist in JavaScript nicht möglich. Stattdessen müssen Sie die Deklarationen auflisten, die sie gern getrennt implementieren würden, und daraufhin eine einzige Implementierung angeben:

```
function remove(str: string, c: string): string
function remove(str: string[], c: string): string[]
function remove(str: string | string[], c: string) {
  if (Array.isArray(str))
    return str.map(s => s.replace(c, ''))
  else
    return str.replace(c, '')
}
```

Bei Pfeilfunktionen sieht die Syntax etwas anders aus. Fügen Sie der Variablen, die die Funktion festhält, wie folgt eine Typanmerkung hinzu:

```
const remove: {
  (arg1: string, arg2: string): string
  (arg1: string[], arg2: string): string[]
} = (str: any, c: string) => {
  if (Array.isArray(str))
    return str.map(s => s.replace(c, ''))
  else
    return str.replace(c, '')
}
```

> **Vorsicht**
>
> Die Syntax für Überladen verwendet nicht die Pfeilsyntax für Funktionstypen, sondern erinnert eher an Schnittstellendeklarationen. Möglicherweise hat das historische Gründe.
>
> Auch die Typüberprüfung ist bei Pfeilfunktionen nicht so gut. Der Parameter `str` muss mit dem Typ any deklariert werden, nicht `string | string[]`. Bei Deklarationen mit `function` gibt sich TypeScript mehr Mühe und prüft die Ausführungspfade der Funktion, um zu garantieren, dass `string`-Argumente `string`-Ergebnisse zurückgeben und `string[]`-Argumente `string[]`-Werte.

Die Syntax für überladene Methoden ähnelt der von Funktionen:

```
class Remover {
  c: string
  constructor(c: string) { this.c = c }

  removeFrom(str: string): string
  removeFrom(str: string[]): string[]
  removeFrom(str: string | string[]) {
    if (Array.isArray(str))
      return str.map(s => s.replace(this.c, ''))
    else
      return str.replace(this.c, '')
  }
}
```

13.13 Generische Programmierung

Die Deklaration einer Klasse, eines Typs oder einer Funktion ist *generisch*, wenn sie *Typparameter* für Typen verwendet, die noch nicht festgelegt sind, sondern später gefüllt werden können. Beispielsweise hat der TypeScript-Standardtyp `Set<T>` den Typparameter `T`, sodass es möglich ist, Mengen beliebiger Typen zu bilden, etwa `Set<string>` oder `Set<Point>`. In den folgenden Abschnitten erfahren Sie, wie Sie in TypeScript mit solchen generischen Deklarationen umgehen.

13.13.1 Generische Klassen und Typen

Das folgende Beispiel zeigt eine einfache generische Klasse, deren Instanzen Schlüssel-Wert-Paare enthalten:

```
class Entry<K, V> {
  key: K
  value: V
  constructor(key: K, value: V) {
    this.key = key
    this.value = value
  }
}
```

Die Typparameter `K` und `V` werden in gewinkelten Klammern hinter dem Klassennamen angegeben. In den Definitionen der Felder und im Konstruktor werden die Typparameter als Typen verwendet.

Zur *Instanziierung* einer Klasse ersetzen Sie die Typvariablen durch Typen. Beispielsweise ist `Entry<string, number>` eine gewöhnliche Klasse mit Feldern vom Typ `string` und `number`.

Ein *generischer Typ* ist ein Typ mit einem oder mehreren Typparametern:

```
type Pair<T> = { first: T, second: T }
```

Hinweis

Für einen Typparameter können Sie auch einen Standardwert angeben:

```
type Pair<T = any> = { first: T, second: T }
```

Der Typ `Pair` ist dann identisch mit `Pair<any>`.

TypeScript bietet generische Formen der Klassen `Set`, `Map` und `WeakMap`, die Sie in Kapitel 7 kennengelernt haben. Dabei müssen Sie einfach nur den Typ der Elemente angeben:

```
const salaries = new Map<Person, number>()
```

Die Typen können auch aus den Konstruktorargumenten abgeleitet werden. Beispielsweise wird die folgende Map als `Map<string, number>` typisiert:

```
const weekdays = new Map(
  [['Mon', 0], ['Tue', 1], ['Wed', 2], ['Thu', 3], ['Fri', 4], ['Sat', 5],
    ['Sun', 6]])
```

Hinweis

Die generische Klasse `Array<T>` ist identisch mit dem Typ `T[]`.

13.13.2 Generische Funktionen

Ebenso wie eine generische Klasse eine Klasse mit Typparametern ist, handelt es sich bei einer *generischen Funktion* um eine Funktion mit Typparametern. Das folgende Beispiel zeigt eine Funktion mit einem solchen Parameter. Sie zählt, wie oft der angegebene Zielwert in einem Array vorhanden ist:

```
function count<T>(arr: T[], target: T) {
  let count = 0
  for (let e of arr) if (e === target) count++
  return count
}
```

Durch die Verwendung eines Typparameters wird sichergestellt, dass das Array vom selben Typ ist wie das Ziel.

```
let digits = [3, 1, 4, 1, 5, 9, 2, 6, 5, 3, 5]
let result = count(digits, 5)  // OK
result = count(digits, 'Fred') // Typfehler
```

Die Typparameter einer generischen Funktion stehen immer vor der öffnenden Klammer für die Liste der Funktionsparameter. Eine generische Pfeilfunktion sieht wie folgt aus:

```
const count = <T>(arr: T[], target: T) => {
  let count = 0
  for (let e of arr) if (e === target) count++
  return count
}
```

Diese Funktion hat folgenden Typ:

```
<T> (arg1: T[], arg2: T) => number
```

Beim Aufruf einer generischen Funktion müssen Sie die Typparameter nicht angeben, da sie aus den Argumenttypen gefolgert werden. Beispielsweise hat `digits` in dem Aufruf `count(digits, 5)` den Typ `number[]`, woraus TypeScript schließen kann, dass `T` der Typ `number` sein muss.

Wenn Sie wollen, können Sie vor den Argumenten auch den Typ ausdrücklich angeben:

```
count<number>(digits, 4)
```

Das kann gelegentlich notwendig sein, wenn TypeScript nicht den beabsichtigten Typ ermittelt. Ein Beispiel dafür finden Sie im folgenden Abschnitt.

13.13.3 Typeinschränkungen

Manchmal müssen die Typparameter einer generischen Klasse oder Funktion besondere Anforderungen erfüllen. Das können Sie mithilfe einer *Typeinschränkung* ausdrücken.

Die folgende Funktion gibt alle ihre Argumente außer dem ersten zurück:

```
const tail = <T>(values: T) => values.slice(1) // Fehler
```

Das funktioniert jedoch nicht, da TypeScript nicht weiß, ob `values` über die Methode `slice` verfügt. Daher müssen wir eine Typeinschränkung angeben:

```
const tail = <T extends { slice(from: number, to?: number): T }>(values: T) =>
  values.slice(1) // OK
```

Die Typeinschränkung sorgt hier dafür, dass der Aufruf von `values.slice(1)` gültig ist. Das Schlüsselwort `extends` in einer Typeinschränkung bedeutet im Grunde genommen Untertyp. Die Entwickler von TypeScript haben einfach nur das vorhandene Schlüsselwort `extends` verwendet, anstatt sich ein neues Schlüsselwort oder Symbol auszudenken.

Jetzt können wir Folgendes aufrufen:

```
let result = tail([1, 7, 2, 9]) // Setzt result auf [7, 2, 9]
```

oder auch:

```
let greeting: String = 'Hello'
console.log(tail(greeting)) // Zeigt ello an
```

Natürlich können wir dem Typ, der als Einschränkung verwendet wird, auch einen Namen geben:

```
type Sliceable<T> = { slice(from: number, to?: number): T }
const tail = <T extends Sliceable<T>>(values: T) => values.slice(1)
```

Beispielsweise ist `number[]` ein Untertyp von `Sliceable<number[]>`, da die Methode `slice` eine Instanz von `number[]` zurückgibt. Ebenso ist `string` ein Untertyp von `Sliceable<string>`.

Vorsicht

Bei folgendem Aufruf schlägt die Kompilierung fehl:

```
console.log(tail('Hello')) // Fehler
```

Der Typ `'Hello'` ist kein Untertyp von `Sliceable<'Hello'>`. Das Problem besteht darin, dass es sich bei `'Hello'` sowohl um eine Instanz des Literaltyps `'Hello'` als auch des Typs `string` handelt. Da TypeScript den Literaltyp als den spezifischeren auswählt, schlägt die Typüberprüfung fehl. Um Abhilfe zu schaffen, können Sie ausdrücklich die Template-Funktion instanziieren:

```
console.log(tail<string>('Hello')) // OK
```

Eine andere Möglichkeit besteht darin, eine Typzusicherung zu verwenden:

```
console.log(tail('Hello' as string))
```

13.13.4 Löschung

Bei der Übersetzung von TypeScript-Code in einfaches JavaScript werden alle Typen gelöscht. Daher ist ein Aufruf wie der folgende unzulässig:

```
let newlyCreated = new T()
```

Zur Laufzeit gibt es kein `T`.

Um Objekte beliebiger Typen zu erstellen, müssen Sie eine Konstruktorfunktion verwenden:

```
const fill = <T>(ctor: { new() : T }, n: number) => {
  let result: T[] = []
  for (let i = 0; i < n; i++)
    result.push(new ctor())
  return result
}
```

Beachten Sie den Typ von `ctor`: eine Funktion, die mit `new` aufgerufen werden kann und einen Wert vom Typ `T` zurückgibt. Das ist ein Konstruktor. Der Konstruktor in diesem Beispiel hat keine Argumente.

Beim Aufruf der Funktion `fill` geben Sie den Namen einer Klasse an:

```
const dates = fill(Date, 10)
```

Der Ausdruck `Date` ist die Konstruktorfunktion. In JavaScript ist eine Klasse lediglich syntaktischer Zuckerguss für eine Konstruktorfunktion mit einem Prototyp.

Ebenso können Sie auch keine generische Überprüfung mit `instanceof` vornehmen. Der folgende Code funktioniert nicht:

```
const filter = <T>(values: unknown[]) => {
  let result: T[] = []
  for (const v of values)
    if (v instanceof T) // Fehler
      result.push(v)
    return result
}
```

Die Lösung besteht wiederum darin, den Konstruktor zu übergeben:

```
const filter = <T>(values: unknown[], ctor: new (...args: any[]) => T) => {
  let result: T[] = []
  for (const v of values)
    if (v instanceof ctor) // OK: Rechts von instanceof steht ein Konstruktor
      result.push(v)
  return result
}
```

Ein Aufruf kann nun beispielsweise wie folgt aussehen:

```
const pointsOnly = filter([3, 4, new Point(3, 4), Point.origin], Point)
```

In diesem Fall akzeptiert der Konstruktor beliebige Argumente.

> **Vorsicht**
>
> Die Überprüfung mit `instanceof` funktioniert nur bei *Klassen*. Es gibt keine Möglichkeit, zur Laufzeit zu prüfen, ob ein Wert eine Instanz eines Typs oder einer Schnittstelle ist.

13.13.5 Untertypbeziehungen von generischen Typen

Betrachten Sie einen generischen Typ wie den folgenden:

```
type Pair<T> = { first: T, second: T }
```

Nehmen wir nun an, wir haben einen Typ `Person` und einen Untertyp `Employee`. Welche Beziehung sollte zwischen `Pair<Person>` und `Pair<Employee>` bestehen?

Nach der Typtheorie gibt es drei Möglichkeiten für eine Typvariable: Sie kann kovariant sein (der Obertyp ändert sich mit den Untertypen), kontravariant (bei einer Änderung des Untertyps ändert sich der Obertyp in die andere Richtung) oder invariant (es gibt keine feste Beziehung zu den Untertypen).

In Java sind Typvariablen immer invariant. Allerdings können Sie Beziehungen durch Jokerzeichen ausdrücken, z.B. `Pair<? extends Person>`. In C# können Sie die Beziehung von Typparametern auswählen: `Entry<out K, in V>`. TypeScript verfügt über keinen vergleichbaren Mechanismus.

Um zu entscheiden, ob eine Instanz eines generischen Typs ein Untertyp eines anderen ist, setzt TypeScript einfach die tatsächlichen Typen ein und vergleicht dann die resultierenden nichtgenerischen Typen.

Beim Vergleich von `Pair<Person>` und `Pair<Employee>` ergibt sich durch das Einsetzen von `Person` und `Employee` Folgendes:

```
{ first: Person, second: Person }
```

Der Untertyp ist damit:

```
{ first: Employee, second: Employee }
```

Damit ist der Typ `Pair<T>` kovariant zu `T`. Das ist zwar unsicher (siehe Übung 15), allerdings war dies, wie bereits in Abschnitt 13.7.3 »Untertypbeziehungen von Array- und Objekttypen« gesagt, eine bewusste Entscheidung beim Design der Sprache.

Sehen wir uns nun ein anderes Beispiel an, bei dem sich Kontravarianz ergibt:

```
type Formatter<T> = (arg1: T) => string
```

Um `Formatter<Person>` und `Formatter<Employee>` zu vergleichen, werden die Typen eingesetzt. Dadurch ergibt sich ein Vergleich zwischen:

```
(arg1: Person) => string
```

und:

```
(arg1: Employee) => string
```

Da Funktionsparametertypen kontravariant sind, gilt das auch für die Typvariable `T` von `Formatter<T>`. Dieses Verhalten ist sicher.

13.13.6 Bedingte Typen

Ein bedingter Typ hat die Form `T extends U ? V : W`, wobei `T`, `U`, `V` und `W` Typen oder Typvariable sind. Betrachten Sie das folgende Beispiel:

```
type ExtractArray<T> = T extends any[] ? T : never
```

Wenn T ein Array ist, handelt es sich bei ExtractArray<T> um T selbst. Anderenfalls ist es never, also der Typ, der keine Instanzen hat.

Für sich allein genommen ist dieser Typ nicht sehr nützlich, allerdings können Sie damit Typen aus Vereinigungen herausfiltern:

```
Data = string | string[] | number | number[]
type ArrayData = ExtractArray<Data> // Der Typ string[] | number[]
```

Für die Alternativen string und number gibt ExtractArray den Typ never zurück, der einfach verworfen wird.

Nehmen wir nun an, Sie brauchen lediglich den Elementtyp. Folgendes funktioniert dabei nicht:

```
type ArrayOf<T> = T extends U[] ? U : never // Fehler: U ist nicht definiert
```

Stattdessen müssen Sie das Schlüsselwort infer verwenden:

```
type ArrayOf<T> = T extends (infer U)[] ? U : never
```

Hier prüfen wir, ob T den Typ X[] für irgendein X erweitert. Wenn ja, binden wir U an X. Bei der Anwendung auf einen Vereinigungstyp werden die Nicht-Arrays verworfen und die Arrays durch ihren Elementtyp ersetzt. Beispielsweise ist ArrayOf<Data> der Typ number | string.

13.13.7 Zugeordnete Typen

Eine weitere Möglichkeit, Indizes anzugeben, bieten *zugeordnete Typen* (Mapped Types). Wenn Sie einen Vereinigungstyp aus String-, Integer- oder Symbolliteralen haben, können Sie Indizes wie folgt definieren:

```
type Point = {
  [propname in 'x'|'y']: number
}
```

Dieser Point-Typ hat die Eigenschaften x und y, die beide vom Typ number sind.

Vorsicht

Diese Schreibweise ähnelt der Syntax für indizierte Eigenschaften (siehe Abschnitt 13.11 »Indizierte Eigenschaften«). Ein zugeordneter Typ hat jedoch nur eine Zuordnung und kann keine weiteren Eigenschaften aufweisen.

Dieses Beispiel ist nicht besonders praktisch. Zugeordnete Typen sind dazu da, vorhandene Typen umzuwandeln. So können Sie bei einem `Employee`-Typ alle Eigenschaften schreibgeschützt machen:

```
type ReadonlyEmployee = {
  readonly [propname in keyof Employee]: Employee[propname]
}
```

Dieses Beispiel enthält zwei neue syntaktische Konstruktionen:

- Der Typ `keyof T` ist der Vereinigungstyp aller Eigenschaftsnamen in `T`. In diesem Beispiel ist das `'name' | 'salary' | ...`.
- Der Typ `T[`*p*`]` ist der Typ der Eigenschaft mit dem Namen *p*. Beispielsweise ist `Employee['name']` der Typ `string`.

Zugeordnete Typen sind äußerst praktisch bei der generischen Programmierung. Die TypeScript-Bibliothek definiert den folgenden Hilfstyp:

```
type Readonly<T> = {
  readonly [propname in keyof T]: T[propname]
}
```

Dieser Typ kennzeichnet alle Eigenschaften von `T` als `readonly`.

Tipp

Durch das Verwenden von `Readonly` mit einem Parametertyp können Sie Aufrufern versichern, dass der Parameter nicht verändert wurde:

```
const distanceFromOrigin = (p: Readonly<Point>) =>
  Math.sqrt(Math.pow(p.x, 2) + Math.pow(p.y, 2))
```

Ein weiteres Beispiel ist der Hilfstyp `Pick`, mit dem Sie wie folgt eine Teilmenge von Eigenschaften auswählen können:

```
let str: Pick<string, 'length' | 'substring'> = 'Fred'
  // Kann nur length und substring auf str anwenden
```

Der Typ ist wie folgt definiert:

```
type Pick<T, K extends keyof T> = {
  [propname in K]: T[propname]
};
```

Beachten Sie, dass `extends` hier Untertyp bedeutet. Der Typ `keyof string` ist die Vereinigung aller Namen von String-Eigenschaften und ein Untertyp ist eine Teilmenge dieser Namen.

Es ist auch möglich, einen Modifizierer zu entfernen:

```
type Writable<T> = {
  -readonly [propname in keyof T]: T[propname]
}
```

Um den Modifizierer ? hinzuzufügen oder zu ergänzen, verwenden Sie ? bzw. -?:

```
type AllRequired<T> = {
  [propname in keyof T]-?: T[propname]
}
```

13.14 Übungen

1. Was beschreiben die folgenden Typen?

   ```
   (number | string)[]
   number[] | string[]
   [[number, string]]
   [number, string, ...:number[]]
   [number, string, ...:(number | string)[]]
   [number, ...: string[]] | [string, ...: number[]]
   ```

2. Machen Sie sich mit den Unterschieden zwischen Funktionen mit den Rückgabetypen `void` und `undefined` vertraut. Kann eine Funktion mit dem Rückgabetyp `void` über eine `return`-Anweisung verfügen? Kann sie `undefined` oder `null` zurückgeben? Muss eine Funktion mit dem Rückgabetyp `undefined` eine `return`-Anweisung haben oder kann sie `undefined` implizit zurückgeben?

3. Nennen Sie alle Typen der Funktionen in der Klasse `Math`!

4. Was ist der Unterschied zwischen den Typen `object`, `Object` und `{}`?

5. Erklären Sie den Unterschied zwischen diesem Typ

   ```
   type MaybeColoredPoint = {
     x: number,
     y: number,
     color?: string
   }
   ```

   und dem folgenden:

```
type PerhapsColoredPoint = {
  x: number,
  y: number,
  color: string | undefined
}
```

6. Gegeben sei der folgende Typ:

   ```
   type Weekday = 'Mon' | 'Tue' | 'Wed' | 'Thu' | 'Fri' | 'Sat' | 'Sun'
   ```

   Ist `Weekday` ein Untertyp von `string` oder `string` ein Untertyp von `Weekday`?

7. Welche Untertypbeziehung besteht zwischen `number[]` und `unknown[]`, zwischen `{ x: number, y: number }` und `{ x: number | undefined, y: number | undefined }` und zwischen `{ x: number, y: number }` und `{ x: number, y: number, z: number }`?

8. Welche Untertypbeziehung besteht zwischen `(arg: number) => void` und `(arg: number | undefined) => void`, zwischen `() => unknown` und `() => number` und zwischen `() => number` und `(number) => void`?

9. Welche Untertypbeziehung besteht zwischen `(arg1: number) => number` und `(arg1: number, arg2?: number) => number`?

10. Implementieren Sie die folgende Funktion, die für `x` entweder `bark` oder `meow` aufruft:

    ```
    const act = (x: { bark(): void } | { meow(): void }) => ...
    ```

    Verwenden Sie den Operator `in`, um zwischen den Alternativen zu unterscheiden.

11. Zeigen Sie, dass die Objektkovarianz unsicher ist. Verwenden Sie dabei die folgenden Typen:

    ```
    type Colored = { color: string }
    type MaybeColored = { color: string | undefined }
    ```

    Definieren Sie wie in dem Beispiel für Arrays aus Abschnitt 13.7.3 »Untertypbeziehungen von Array- und Objekttypen« je eine Variable für jeden dieser Typen, die aber beide auf denselben Wert verweisen. Führen Sie eine Situation herbei, in der sich eine Lücke in der Typprüfung zeigt. Ändern Sie dazu die Eigenschaft `color` der einen Variablen und lesen Sie die Eigenschaft mit der anderen.

12. In Abschnitt 13.11 »Indizierte Eigenschaften« haben Sie gesehen, dass die folgende Deklaration nicht möglich ist:

    ```
    type Dictionary = {
      created: Date, // Fehler: weder string noch string[]
      [arg: string]: string | string[]
    }
    ```

    Können Sie dieses Problem mit einem Schnittmengentyp lösen?

13. Betrachten Sie den folgenden Typ aus Abschnitt 13.11 »Indizierte Eigenschaften«:

    ```
    type ShoppingList = {
      created: Date,
      [arg: number] : string
    }
    ```

    Warum schlägt der folgende Code fehl?

    ```
    const list: ShoppingList = {
      created: new Date()
    }
    list[0] = 'eggs'
    const more = ['ham', 'hash browns']
    for (let i in arr)
      list[i + 1] = arr[i]
    ```

    Warum schlägt der folgende Code dagegen nicht fehl?

    ```
    for (let i in arr)
      list[i] = arr[i]
    ```

14. Geben Sie für jede Zeile von Tabelle 13–1 ein weiteres Beispiel für ein Obertyp-Untertyp-Paar an. Zeigen Sie bei jedem Paar, dass eine Variable des Obertyps eine Instanz eines Untertyps festhalten kann.

15. Die generische Klasse `Pair<T>` aus Abschnitt 13.13.5 »Untertypbeziehungen von generischen Typen« ist kovariant bezüglich `T`. Zeigen Sie, dass das unsicher ist. Definieren Sie wie in dem Beispiel für Arrays aus Abschnitt 13.7.3 »Untertypbeziehungen von Array- und Objekttypen« je eine Variable vom Typ `Pair<Person>` und `Pair<Employee>`, die beide auf denselben Wert verweisen. Ändern Sie den Wert durch eine der Variablen, sodass beim Lesen von der anderen Variablen ein Laufzeitfehler auftritt.

16. Vervollständigen Sie die folgende generische Funktion:

    ```
    const last = <...> (values: T) => values[values.length - 1]
    ```

Dabei sollen folgende Aufrufe möglich sein:

```
const str = 'Hello'
console.log(last(str))
console.log(last([1, 2, 3]))
console.log(last(new Int32Array(1024)))
```

Hinweis: Verlangen Sie, dass `T` über die Eigenschaft `length` sowie über eine indizierte Eigenschaft verfügt. Wie lautet der Rückgabetyp der indizierten Eigenschaft?

Stichwortverzeichnis

Symbole

A

G

H

I

J

K

L

M

P

R

S

T

U

V

W

X

Y

Z

Rezensieren
Sie dieses Buch

Senden
Sie uns Ihre Rezension
unter **www.dpunkt.de/rez**

Erhalten
Sie Ihr Wunschbuch aus
unserem Verlagsangebot